师范生职业发展与就业指导

Normal Students Career Development and Employment Guidance

□主编 韩刚

高等教育出版社·北京

内容简介

本书围绕师范生职业发展与就业指导内容展开，力图通过介绍生涯理论发展史，帮助师范生树立生涯教育意识，接受生涯教育大中小一体化理念。利用教师生涯周期理论，帮助师范生树立生涯发展规划意识。通过小组讨论等工具，反思自我的生涯成长规划。通过学习教师职业生涯周期，评估和反思人生观、职业观、教师观，确保三者保持一致，帮助师范生创建教师职业生涯的“指南针”。帮助师范生提高生涯适应力，增强生涯发展自信心。帮助师范生对标教师职业胜任力要求，寻找差距，确立努力方向。全书主要包括七个部分的内容：主动建构教师职业生涯，建构方向一致的人生观、职业观、教师观，师范生应掌握的生涯理论和常用工具，教师的职业生涯发展，求职准备，求职面试，师范生创业。

本书可供师范类专业作为职业发展与就业指导教材使用，亦可供其他有志于从事教育事业的非师范类大学生学习和参考。

图书在版编目（CIP）数据

师范生职业发展与就业指导 / 韩刚主编. -- 北京 : 高等教育出版社，2021.3（2023.1重印）
ISBN 978-7-04-055448-9

Ⅰ. ①师… Ⅱ. ①韩… Ⅲ. ①师范大学-毕业生-职业选择-教材 Ⅳ. ①G657.38

中国版本图书馆CIP数据核字(2021)第025037号

策划编辑 宋志伟　　责任编辑 宋志伟　　封面设计 李小璐　　版式设计 马 云
插图绘制 李沛蓉　　责任校对 胡美萍　　责任印制 耿 轩

出版发行 高等教育出版社
社　　址 北京市西城区德外大街4号
邮政编码 100120
印　　刷 三河市吉祥印务有限公司
开　　本 787 mm×960 mm 1/16
印　　张 14
字　　数 250千字
购书热线 010-58581118
咨询电话 400-810-0598
网　　址 http://www.hep.edu.cn
　　　　 http://www.hep.com.cn
网上订购 http://www.hepmall.com.cn
　　　　 http://www.hepmall.com
　　　　 http://www.hepmall.cn
版　　次 2021年3月第1版
印　　次 2023年1月第2次印刷
定　　价 35.00元

物 料 号 55448-00

前 言

国将兴，必贵师而重傅。

——《荀子·大略篇第二十七》

“百年大计，教育为本。教育大计，教师为本。”习近平一直非常重视教育发展和教师工作，他多次强调，要使教师成为“最受社会尊重的职业”。为深入贯彻落实党的十九大精神，十九届中央全面深化改革领导小组通过的第一个教育文件就是《全面深化新时代教师队伍建设改革的意见》。教师教育要围绕培养有理想信念、有道德情操、有扎实知识、有仁爱之心的好老师，为发展具有中国特色、世界水平的现代教育，培养社会主义事业建设者和接班人作出更大贡献。

教师职业生涯是每一位教师一生中投入时间和精力最多的人生组成部分。作为教师职前的重要准备阶段，师范生应合理规划教师职业生涯，并为之做好充分的准备。师范生跟大多数大学生一样，心理、生理发展水平慢慢趋于成熟，具有逻辑思维、辨别的能力，在自我意识方面表现出程度更强和发展更快的特点，人生观、价值观、世界观初步形成，开始有意识进行自我反省，通过不断自我对话，加强对自身的分析和把握。因此，在师范生中开展职业生涯教育和就业指导，有利于帮助他们认识自我、树立理想、明确目标、规划发展。

大部分师范生在高考填报志愿时已经选择了教师作为自己将来的职业。师范生的职业发展与就业指导所面临的不确定性相较其他学科专业的大学生要低一些。如何实施师范生职业生涯教育和就业指导，本书从核心理念、理论基础和学科特色三个方面提供了新的视角。

第一，以生涯建构为核心理念是师范生职业生涯教育的关键转变。工业化后，为了给每一个职业寻找最为合适的从业者，“人职匹配”理论应运而生。提高人们的职业选择能力，成为职业指导的重中之重。随着“全人理念”的发展，人们更多关注幸福的维度。如何拥有一个完美的人生旅程成为人们探索生涯、规划人生的出发点。人们开始强调自己创造幸福生活,也开始关注如何通过生涯建构来找寻人生的意义。教师是园丁,是人类灵魂的工程师,是塑造人的职业。师范生职业生涯教育理应以生涯建构为核心理念,通过生涯建构来创造属于每个人的“人生价值”。

第二,师范生职业生涯教育需要用好教师职业生涯周期理论。教师作为一个历史悠久的职业,具有自身鲜明的发展阶段特征。师范生在职业生涯教育和就业指导课程的学习过程中,应当主动学习、体会教师在不同阶段所面临的生涯问题,无论是教师的生理年龄,还是教师的心理特征,或是教师在职业生涯不同阶段所表现出的工作态度和实际需求,都能够以生涯周期特征呈现出来。通过对这些理论的学习,师范生将有所对照、有迹可循,从而为自己构建未来的教师职业生涯提供科学依据。

第三,大中小生涯教育一体化是师范生职业生涯教育的应有之义。作为大中小学生生涯教育的主要衔接者,师范生职业生涯教育的重要意义还在于播下一颗种子,让师范生树立生涯发展的意识和自觉,将来在教育一线播撒到广大中小学生中去,开花结果。一方面,师范生要通过学习掌握生涯教育的基本理论、发展历史和工具,从而具备实施和开展中小学生职业生涯教育活动的能力。另一方面,师范生还应主动思考如何将生涯教育与劳动教育、学科教学主动融合。在德、智、体、美、劳五育并举的新时代,大中小学在实施劳动教育时更加需要将生涯教育融入学科教学,潜移默化地引导和启发学生探索工作世界,认知行业、职业和岗位。

编者

2020 年 10 月

目 录

第一章　主动建构教师职业生涯

【本章引例】

“2020年长三角师资春季网络招聘专场”正在如火如荼地进行中。自3月27日开通线上招聘平台后五天，平台已累计收到应聘者简历74 942份。3月31日，平台启动首个视频面试专场，黄浦区、普陀区等八区的招聘单位在线视频面试达7 058次。五天收到7万余份简历，更多名校硕博、留学生乐于从教。近年来，随着教师薪资待遇和社会认可度的逐步提升，越来越多的应届毕业大学生愿意走上讲台。观察今年的师资招聘会，上海市教育人才交流服务中心负责人直言：“教师这一行业的吸引力，正在稳步提升。”

【案例思考】

近年来，上海市中小学、幼儿园教师的缺口总体较大。随着二孩政策的实施，基础教育的大量师资需求可能还将持续多年。然而，教师资格证考试国考已在全国推行，非师范专业毕业生可以通过考取教师资格证，获得进入基础教育系统的资格。师范院校的非师范专业毕业生及部分综合类大学毕业生也冲击着基础教育市场。与此同时，由于硕士研究生扩招以及就业市场普遍要求博士生，硕士研究生就业层次整体下移。加之经济发达地区基础教育系统用人单位倾向于选拔硕士研究生，尤其南部沿海城市对硕士研究生的需求极为旺盛。一些地区基础教育行业省级重点示范性高中为了提高师资素质、优化教师结构，在同等条件下已经基本优先选拔硕士研究生，甚至博士研究生。

因此,本科师范生就业形势愈发严峻。面对研究生学历和海外留学归国人员大量涌入师资招聘市场,师范生如何才能保持较强的竞争力呢?一方面,师范生需要全方位提升教师教育能力和水平。另一方面,师范生应该在大学期间主动建构未来教师职业生涯,坚定教师职业信仰,为成为一名合格教师做好准备。

第一节 新时代呼唤新教师

教育兴则国兴,教师强才有教育强。教师是立教之本,是教育事业的第一资源。一支业务精湛的高素质专业化教师队伍是全面落实立德树人根本任务的根本保障。全面深化新时代教师队伍建设改革,要全面贯彻党的教育方针,坚持社会主义办学方向,遵循教育规律和教师成长发展规律,全面提升教师素质能力,深入推进教师管理体制机制改革,形成优秀人才争相从教、教师人人尽展其才、好教师不断涌现的良好局面,要重视建好建强乡村教师队伍[①]。这是攸关教育改革发展、攸关千万教师的大事,标志着教师队伍建设的"极端重要性"战略地位正在深入落实,预示着教师队伍建设改革迎来新的重大发展机遇期。

一、教师队伍建设的极端重要性

教师的素养和教师教育的质量影响整个教育的质量。培养一支相对稳定的、高水平的师资队伍,永远是我国教育改革和改革发展的基石。进入新时代以来,党和国家对教师队伍建设的重视程度达到了新的历史高度:2013 年 9 月 9 日,习近平向全国广大教师致慰问信时,对广大教师提出了"三个牢固树立"的殷切希望,同时要求各级党委和政府把加强教师队伍建设作为教育事业发展最重要的基础工作来抓。2014 年 9 月 9 日,习近平在北京师范大学考察时提出希望广大教师争做"四有好老师",并首次用"极端重要性"来强调教师工作的战略地位,要求"各级党委和政府要从战略高度来认识教师工作的极端重要性,把加强教师队伍建设作为基础工作来抓"。2015 年 9 月 9 日,习近平给正在参加"国培计划 2014"培训的贵州教师回信,勉励广大教师为推动贫困地区教育事业的加快发展出谋划策,确保贫困地区每一个孩子都能接受良好教育,德智体美全面

① 全面深化新时代教师队伍建设改革:建设教育强国的基础工程. 新华网教育频道,2017-11-23.

发展，成为社会有用之才。[①]

党的十八大以来，我国进入新时代，教师队伍状况不断得到改善，教师队伍建设取得一系列成就：中小学师生比、教师队伍年龄结构和学历层次均得到了进一步优化，教师素质进一步提高。截至 2016 年，全国各级各类学校共有专任教师 1 578 万人。中小学生师比均有不同程度的下降，小学生师比下降至 17.12∶1，初中生师比下降低至 12.41∶1，普通高中生师比下降低至 13.65∶1（见表 1–1）。中青年教师成为教师队伍的主力军，45 岁（不含）以下中青年教师在中小学教师中占比达到 70.49%。大中小学专任教师的学历合格率均高于 97.90%。小学教师基本达到专科以上学历层次，初中教师基本取得本科以上学历[②]。

表 1–1　2016 年全国幼儿园、中小学教师情况[③]

类别	学校数量	在校生	专任教师	生师比	教师学历层次
幼儿园	24.0 万所	4 413.9 万人	223.2 万人	17.6∶1	大专及以上学历教师比例 76.5%
特殊教育学校	2 080 所	49.2 万人	5.3 万人	—	受过特殊教育专业培训的教师比例为 69.0%
小学	17.8 万所	9 913.0 万人	578.9 万人	17.1∶1	大专及以上学历教师比例 93.7%
初中	5.2 万所	4 329.4 万人	348.8 万人	12.4∶1	本科及以上学历教师比例 82.5%
普通高中学校	1.34 万所	2 366.7 万人	173.3 万人	13.7∶1	本科及以上学历教师比例 97.9%
中等职业教育学校	1.09 万所	1 599.0 万人	84.0 万人	19.8∶1	本科及以上学历教师比例 90.8%

当前，我国经济社会发展站在新的历史起点上，教师队伍建设也面临新的机遇和挑战。实现第一个百年奋斗目标，实现中华民族伟大复兴，知识和人才的重要性愈发突出。国际创新竞争、人才竞争最终也体现在教育的竞争上。随着城镇化、信息化进程加快，人口老龄化加速，全面二孩政策实施，群众对优质、公平、多样化教育的需求日益强烈，对共享教育改革发展成果的要求愈发强烈，对个性化教育、对优质师资力量的需求日益旺盛。这些都对稳定的教师数量、对教

① 教育部负责人就《中共中央国务院关于全面深化新时代教师队伍建设改革的意见》答记者问．新华网教育频道，2018–02–01.

② 党的十八大以来教师队伍建设进展成效．中华人民共和国教育部门户网站，2017–09–01.

③ 中国教育概况——2016 年全国教育事业发展情况．中华人民共和国教育部门户网站，2017–07–10.

师的素质能力提出新的更高的要求。在教育事业获得全面发展、发生全方位变化、实现系统性提升的基础上，如何建设教育强国？如何在从人力资源大国向人力资源强国转变中切实发挥教育的关键作用？答案是必先有一支教育强师。努力培养造就一大批一流教师，不断提高教师队伍整体素质，是当前和今后一段时间我国教育事业发展的紧迫任务，既要“让广大教师在岗位上有幸福感、事业上有成就感、社会上有荣誉感，让教师成为让人羡慕的职业”①，又要让广大教师自觉追求做“四有”好老师，做好学生的引路人，在立德树人、加快推进教育现代化、更好满足人民群众对教育的需求上自觉发挥更大作用。与此同时，大数据、云计算、移动互联网等信息技术正在同机器人和智能制造技术深度融合，新一轮科技革命和产业变革正深刻改变着人类的思维方式，这些对教育内容方式、形态模式和学习方式方法产生了革命性影响，也对教师的知识储备和能力素质带来了新的挑战。

面对新机遇、新挑战，我国的教师队伍建设还有进一步提升的空间。比如，在我们国家有的地方对教育和教师工作重视不够，在教育事业发展中重硬件轻软件、重外延轻内涵的现象还比较突出，对教师队伍建设的支持力度亟须加大；师范教育体系有所削弱，国家和地方对师范院校的投入和支持力度有待加强。从教师职业发展的角度看，有的教师素质能力难以适应新时期的人才培养需要，思想政治素质和师德水平需要提升，专业化水平需要提高；中小学教师的职业吸引力和职业发展保障激励不足，地位和待遇有待提高；教师城乡结构、学科结构分布不尽合理，准入、招聘、交流、退出等体制机制还不完善。因此，随着教师队伍建设“极端重要性”战略地位的凸显，必须加大对教师队伍的支持力度，加大对国家和地方师范院校的投入和支持力度，加快提升教师教育水平，提高未来教师的构成主体——师范生的培养质量。

二、办好师范专业是教师教育质量提升的突破口

师范毕业生是中小学教师队伍的主要来源，师范类专业办学质量水平直接决定中小学教师队伍整体水平，是影响中小学教育质量的关键因素。围绕全面深化新时代教师队伍建设改革，国家及教育主管部门已经深刻认识到加强教师队伍建设是建设教育强国、办好人民满意教育、加快教育现代化的基础，要努力实现教师队伍的整体素质提升和专业化建设，开启新时代教师队伍建设新征程。《国家中长期教育改革和发展规划纲要（2010—2020 年）》指出，加强教师教育，构建以师范院校为主体、综合大学参与、开放灵活的教师教育体系。深化教师教

① 总书记的尊师重教情——习近平总书记关心教师队伍建设工作纪实．中国教育新闻网，2018-02-03.

育改革，创新培养模式，增强实习实践环节，强化师德修养和教学能力训练，提高教师培养质量。党的十九大明确提出要“加强师德师风建设，培养高素质教师队伍”。2014 年 9 月，习近平在北京师范大学视察讲话时强调指出，要加强教师教育体系建设，加大对师范院校的支持力度，找准教师教育中存在的主要问题，寻求深化教师教育改革的突破口和着力点，不断提高教师培养培训质量。《国家教育事业发展“十三五”规划》提出，加强教师教育体系建设，办好一批师范院校和师范专业，改进教师培养机制、模式、课程，探索建立教师教育质量监测评估制度。以习近平新时代中国特色社会主义思想为指导，建立师范类专业认证制度、健全教师教育质量保障体系，是推动教师教育综合改革“牵一发而动全身”的突破口和着力点，是从源头上建设高素质教师队伍的一项重要举措。

近年来，我国推进中小学教师教育改革，构建现代教师教育体系，教师教育改革取得了积极进展，为基础教育和职业教育发展提供了强有力的师资保障。调整师范院校布局结构，形成了以师范院校为主、综合大学共同参与的教师培养格局。扎实推进师范生免费教育，2010—2015 年，六所部属师范大学招收 5.2 万多名免费师范生，落实 5.3 万多名免费师范毕业生到中小学任教①。全面推进教师教育课程改革，制定教师教育课程改革的指导意见与课程标准，推动师范院校调整修订师范生培养方案，加强师德教育与教育实践，提高师德教育课程比例，落实师范生教育实践不少于一个学期制度。实施教师教育国家级精品资源共享课建设计划。实施卓越教师培养计划，推进 80 个国家级卓越教师培养计划改革项目，带动江苏、河南等省级卓越教师培养计划启动，全国超过 60% 的教师教育院校制定了各具特色的行动方案，推进高校与地方政府、中小学（幼儿园、中等职业学校、特殊教育学校）“三位一体”协同育人机制改革。2015 年，全国共招收各类师范生（含学前教育专业）94.13 万人。其中，本科师范生招收 34.33 万人、专科师范生招收 17.62 万人②。2017 年，全国共有 187 所师范院校，383 所举办教师教育的非师范院校，为我国教师队伍培养和储备了一大批专业水平较高的教师教育人才③。

与此同时，教师教育综合改革也面临着开放化背景下的师范生培养质量保障制度亟待建立、综合化背景下的师范专业特色亟待强化、师范大学内涵式发展亟待引导等新情况和新问题。根据近三年六所部属师范大学对社会发布的《毕

---

①《国家中长期教育改革和发展规划纲要（2010—2020 年）》中期评估教师队伍建设专题评估报告 . 中华人民共和国教育部门户网站，2015-12-07.

②《关于政协十二届全国委员会第四次会议第 3865 号（教育类 388 号）提案答复的函》. [EB/OL]. 中华人民共和国教育部门户网站，2016-11-29.

③ 李支其 . 免费师范生教师职业生涯规划教育研究 . 西安：陕西师范大学，2010.

业生就业质量报告》数据来看,我国本科免费师范生毕业后基本按规定回原籍担任教师工作,只有少量免费师范生因为考取研究生等原因违约。但是,之前的一些研究成果显示,仍有部分免费师范生存在入学动机多样、主动学习动力不足、职业生涯发展规划不明的问题。对陕西师范大学的部分免费师范生进行随机抽样调查后发现,在让免费师范生填写“你选择读免费师范的主要原因”这一项的时候,39.6% 的同学选择喜欢从教,36% 的同学选择减轻家庭经济负担,35.1% 的同学选择就读免费师范是家长或老师的意思。对北京师范大学免费师范生的调查结果显示,仅有 30% 的被调查学生表示愿意终身从事教育事业,还有少部分(大约 15%)对教师职业根本不感兴趣,另外的大多数觉得是否从事教师职业无关紧要[①]。华东师范大学的被调查免费师范生,只有 23.1% 热爱教师职业,17.4%的学生表示是没有考虑,盲目选择就读免费师范的[②]。对西南大学的调查结果显示,47.9% 的被调查免费师范生表示有过违约的想法,13.9% 的被调查学生表示在入学一年后仍“后悔签约”“想要毁约”[③]。这充分说明实施师范生免费政策以后,免费师范生入学的动机是不纯粹的,大致受家庭经济条件的限制、家长或老师的意见、就业有保障等因素的影响。入学动机的多样化,导致部分学生入校后对从教还存在多样化的心理和学习态度,学习目标就会不专一,教师职业信念也会不坚定,教师职业生涯的规划不明确。

从省属师范大学对社会发布的《毕业生就业质量报告》数据来看,本科师范毕业生中,除少部分毕业生选择国内考研或出国留学等进一步深造外,每年都有相当比例的师范毕业生未到教育单位就业。特别是在长三角地区,一方面,随着“全面二孩”等人口政策出台后,幼儿园、小学基础教育学校师资紧缺,师范生就业形势呈现供小于求的局面;另一方面,上海、浙江、江苏、安徽等地的省属师范大学的师范毕业生中每年有近 20% 毕业后未到教育单位就业。这种供需矛盾中结构性问题的显现,进一步表明办好一批师范院校和师范专业,提升师范生培养质量,成为教师教育质量提升的突破口和着力点。推进教师教育综合改革,实施教师教育振兴行动计划,加大对师范院校支持力度,建设一批高水平教师教育基地,分级分类开展师范类专业认证迫在眉睫。教育部于 2017 年 10 月 26 日印发的《普通高等学校师范类专业认证实施办法(暂行)》明确指出,认证标准第二、三级认证从践行师德、学会教学、学会育人、学会发展 4 个方面凝练教师核心能力素质。师范院校、师范专业需要从培养目标、课程与教学、合作与实践、师资队

① 崔世莹 . 免费师范生学习动力问题调查及对策分析[J]. 学理论,2009(4):201.

② 张美蓉 . 免费师范生的心理分析及对策研究[J]. 文教资料,2009(4):218.

③ 陈思静 . 免费师范生从教意向研究[J]. 教学与管理,2009(9):70.

伍、支持条件等维度建构师范生职业生涯教育体系。

第二节　职业生涯教育唤醒师范生全面、终身发展

职业生涯是每一位教师一生中投入时间、精力最多的人生组成部分,每个教师在不同的职业发展阶段都应该有职业生涯目标和职业规划,并以此来管理自己的职业生涯。作为教师职前重要准备阶段,师范生在已经明确了自己的职业方向和发展目标的情况下,应该通过职业生涯规划,了解成为优秀教师要达到哪些标准,找出自己的不足之处,激励自己去努力和准备。

一、职业发展是师范生全面、终身发展的重要组成

通过职业生涯规划,师范生为个人树立明确的职业发展目标与职业理想,激励着个体要为将来的教师生涯目标和发展做准备。师范生跟大多数大学生一样,心理、生理发展水平慢慢趋于成熟,但在趋于成熟的过程中也易表现出缺乏社会经验,适应能力较差,自主性与依赖性并存,因理想与现实差异导致失望迷茫、情绪冲突等特征。师范生的心理发展特点说明:一方面,师范生有初步进行职业生涯规划的能力。他们能通过反省,不断认识自己,了解自己,发现自己的兴趣、性格是否适合做一名教师。同时,对未来充满期望,逐渐勾画出自己的发展目标与发展路线,在心中逐渐初步形成一幅职业生涯规划的蓝图。另一方面,由于心理发展的未成熟性和不稳定性,师范生的社会经验和认识水平没有达到独立、正确地调节自身行为的程度,处于一种波动、迷惘、起伏和抉择之中,易受周围环境的影响,很可能对自己当初所做的选择产生怀疑,严重影响着他们成为教师的职业理想。因此,师范生需要通过制定职业生涯规划来不断认识自己,分析自己的兴趣、性格、能力,克服各种环境因素的影响,树立坚定、崇高的理想,探寻出自己将来的发展目标。

教师是人类永恒的职业,但社会对从教条件的要求并不永恒,时代对教师的要求越来越高。职业生涯教育能够帮助未来教师树立终身学习的理念。“少小而学,及壮有为;壮年而学,及老不衰;老年而学,及死不朽。”终身学习观不仅能够帮助师范生主动适应未来职业生涯发展的挑战,也是消除职业倦怠、得到职业幸福的最佳途径。教师通过学习,可以不断寻求职业新鲜感和职业激情,不断实现教师职业发展。师范生职业生涯规划要与终身学习相结合,在职业生涯发

展过程中不断优化文化素养，不断建构新的知识和教育理念，不断学习教育教学专业理论，学习国内外教育教学改革与实践的先进经验和做法，努力使自己成为自主成长型的教师和自觉的教育实践者。每一名教师的职业生涯发展都不是线性的，有阶段性、动态性特点，各个发展阶段都有独特的发展需求，都要扮演不同的角色，但“学习者”这一角色却始终不变。终身学习打破了传统“一次性教育可以解决终身教育问题”的观念，教师的职业生涯也不再是一次性完成的。教师教育职前与职后的发展一体化的提出，正是终身学习理念在教师专业发展中的体现。教师职业生涯发展的终身性要求师范生通过终身学习在促进教师专业发展的同时，实现全面发展。师范生在职业发展过程中，要树立自我更新、自我超越的意识，了解生涯发展过程中每个阶段的学习需求，按照设定的学习目标，选择最适合自己的学习方式，最后将终身学习融入自身职业发展。

二、专业的师范生职业生涯教育需求日益迫切

就业竞争的加剧，同样使得师范生对就业的关注程度不断增加，在校师范生不同程度上都会考虑就业问题。同时师范生对就业问题关注的形式和内容也在不断发生变化，从最初的关注教师招录政策、学习求职技巧，近年来演变为从大学一年级就开始考虑职业发展、积累相关实习实践经验与就业的问题等。

虽然我国高师院校都在积极实施师范生职业生涯教育，而且在整体辅导体系和结构上进行着不同程度的推进和发展，但师范生职业生涯教育如何体现教师教育特色，一直是困扰广大高师院校从业者的焦点问题。从所收集到的近几年来有关我国高师院校职业生涯教育实践探索的材料来看，既呈现出多元化的课程趋势，又存在着不同程度的困惑。因此，师范院校目前面临的一项重要任务就是要不断地树立与时俱进的观念，加强师范生职业生涯教育课程建设研究，发挥职业生涯教育在促进师范生就业和职业生涯中的作用。进行师范生职业生涯教育研究是适应时代发展的必然要求，对于解决当前及未来师范大学师范生就业可能面临的系列问题，对于师范生职业生涯教育、就业服务体系的完善、职业素养的提升及促进就业均具有十分重要的现实意义。同时，也对于当今大学生职业生涯教育理念创新、内容开发及体系建设具有十分重要的理论意义。具体表现如下：

第一，从全国范围看，进行师范生职业生涯教育研究是适应当今社会发展形势下高等教育快速发展的必然要求。根据我国高等教育与社会发展的实际情况，中央提出了高等院校“扩招”的战略举措，高等教育规模迅速扩大，全国师范生招生规模也迅速扩大。高等教育进入了大众化阶段，师范毕业生人数急剧增

加,同时随着社会需求复杂性的增强,师范毕业生的就业结构和就业层次也呈现多样性的特点。师范生职业生涯教育如果仍局限于原有的高等教育形势,继续沿用计划管理模式进行教学,势必将使师范生就业与职业发展所呈现出的问题变得更为突出。由此,师范生职业生涯教育建设必须分析高等教育发展的新情况、新问题,开展师范生职业生涯教育的研究与创新。职业生涯规划的实质是个人依据自身素质对自己未来发展做出主动的、自觉的设计和规划,并根据变化而做出相应调整,达到最大限度地实现自我价值。职业生涯规划不仅仅是为自己确定一个职业方向,它最大的目的是着眼于人的发展,一种可持续的、最优化的发展。对于师范生来说,既然选择了以教师作为自己的职业,那就意味着自己认同了教师的社会角色,打算以这种生活方式来实现自我。因此,师范生职业生涯规划应该围绕自己能安心从教,为有能力从教而准备,为成为一名优秀的教师和教育家而努力,为终身从教等设计建构职业生涯,从而实现自我价值的升华。

第二,从上海范围看,上海近年来虽然也存在师资紧缺问题,但上海更缺好教师。在上海好教师需求日益激增的现实需求下,人才竞争压力也随之加大。全球科创中心建设和信息化的迅速发展,也要求高师院校培养和开发师范生的创新能力和综合运用信息的能力,提高师范毕业生在新需求下的人才竞争能力,对师范生进行职业生涯规划。在个体进行职业生涯规划过程的步骤里,其中一个是对外部环境的评估,包括对内外环境分析和社会环境分析,它是影响个体职业生涯规划的一个重要因素,要做好长期的职业生涯规划,就应该对社会环境做深入的分析。师范生职业生涯教育必须根据新的情况,从课程教学定位、内容方法等方面大力创新,有的放矢地开展职业生涯辅导与就业服务工作。

第三,教师的成长与成熟是有规律可循的,如何将好教师的生涯成长路径以生涯树的方式在职前培养阶段构建给在校师范生,帮助师范生明晰教师成长成才之路亦成为师范生职业生涯教育必须考虑的要素。科学合理的职业生涯规划,不仅是师范生走向成功的第一步,对其今后的人生发展也有着深远的意义和重要价值。美国教学与未来全国委员会在1996年设想了一个体系,在这个体系中,教师首先作为一名新手进入教师职业,历经学徒期和专业期,然后保持在专家期和杰出期的水平。教师的职业生涯周期使师范生认识到教学生涯亦有自身成长的问题,他们必须设法采取措施,以确保自身向专家水平发展。同时,明晰教师在不同发展期的独特需要,可以为处在实习与学徒期的师范生提供成为专家型教师所必需的恰当的支持,也可以为未来从教期间的"反思—更新—成长"过程做好准备。这种准备也帮助师范生认识到教师职业生涯将长期处于一个连续不断的学习周期之中。

第三节 从匹配到建构:师范生主动构建人生主题

人生主题是生涯建构的一个重要视角,以前我们希望找到合适的员工来塑造职业成功和工作满意,人生主题理论则让我们通过建立关联来整合主、客观世界,号召个体通过具体工作体验来体现自身价值和能力①。

一、较为明确的生涯预期降低了"人职匹配"论的作用

目前,高等师范院校开展的师范生职业生涯教育以"人职匹配"为主要理论依据。师范生根据职业人格和职业兴趣测评来判断自己是否最匹配从事教师职业。但是,职业配型理论在师范生职业生涯教育中往往会遇到来自两个方面的挑战:

第一,师范生高考填报志愿时,已经从主观上做出了立志从教的选择,在进入大学后再进行人格、兴趣等方面的测评时,往往会表现出主观能动性不强或者带来更大的职业困惑等现象。不少师范生因为早已确立了从事基础教育教师的志向,因此在职业生涯教育自我探索过程中,对于判断个体是不是适合从教没有太大热情。测评意愿不强、参与热情不高等问题,都造成了师范生职业生涯教育过程中效果不佳的问题。同时,部分师范生在认真完成职业测评后,发现从职业配型的角度来看,个体并不是最适合从教,给大学的学习生活带来了非常大的困扰。但是,从生涯建构理论来看,职业测评等只是一个相对客观的生涯视角,个体不能忽视主观能动性。个体独特的心理体验以及文化、社会、历史和经济条件等基础都有可能影响职业生涯。个体是完全有能力凭借主观能动性适应职业生涯的。

第二,职业测评的结果并非是唯一的、永恒的。生涯发展受内外环境中多种因素的影响。内环境主要涉及智能、性向、气质、性格等个体特质因素;外环境主要包括学校、家庭、同伴群体、劳工市场等社会背景因素②。这些影响因素在时间维度上递归迭代、循环演进,并且伴随着不少难以预知的机遇因素的影响,从而

---

① 关翩翩,李敏.生涯建构理论:内涵、框架与应用[J].心理科学进展,2015(12):2 177-2 186.

② PATTON W, MCMAHON M. Career development and systems theory: A new relationship [M]. Pacific Grove, CA: Brooks/Cole, 1999.

加剧了生涯发展的复杂性，要准确预测生涯前景十分困难[①]。师范生经过一段时间的学习生活后，各类职业测评的结果会出现变化，特别是职业兴趣测量，一些同学甚至会发生比较明显的变化。因此，如果只是用职业测评来探索个人的职业生涯，无疑是一种刻舟求剑的职业生涯教育。

美国斯坦福大学"设计人生"职业生涯教育课程，是该校近年来最受欢迎的选修课之一。2011 年，曾经在苹果公司工作过的斯坦福大学机械工程系副教授比尔·博内特（Bill Burnett）和机械工程设计系讲师戴夫·伊万斯（Dave Evants）共同创立了"设计人生"系列课程。2016 年秋天，两位课程主讲人将教学方法写成了一本书《设计人生：如何打造美好快乐生活》（*Designing Your Life*：*How to Build a Well-Lived*，*Joyfull Life*）。该书出版发行之后，他们的创新做法吸引了众多高校的关注，越来越多的高等教育人士开始与他们联系，希望了解更多的设计思路，以及如何在自己的学校创建类似的课程或项目。因此，实验室开展了面向其他高校的四天培训项目，并称之为"人生设计实验室"。2017 年，来自哈佛大学、耶鲁大学、麻省理工学院、康奈尔大学、达特茅斯学院、加州大学伯克利分校等美国 14 所著名高校的 45 位学生职业发展中心的负责人和工作人员齐聚斯坦福大学设计学院的"人生设计实验室"，花费四天时间学习设计思维，以及了解它如何帮助学生做好职业发展和人生规划。

建构主义认为学习是学生主动建构知识的过程[②]。"设计人生"将反思性色彩带入生涯教育，教学目标设计要求学习者重新定义人生，重构生涯问题，掌握建构工具、实践技能、调查方案和职业"雏形"演练，了解通往成功且有意义的职业生涯的途径，对不同的职业道路和职业生涯进行评估，与同龄人一起分享自己的想法，并了解别人是如何思考这些问题的，在其他领域运用学到的设计思维解决问题，将职业生涯建构与人生目标相结合，建构从斯坦福大学毕业 3~5 年的职业生涯方案，建构个人职业生涯框架。

博内特说："大学生是充满希望的'空容器'，未曾经历过权衡和妥协。他们的未来可以有很多不同的版本，有不同的'正确答案'，可以尽情设想，好好规划自己的人生。"但是，帮助人们设计自己的人生是具有挑战性的。举例来说，博内特和伊万斯坚持认为，不能直接告诉学生们哪些是他们应该追求的目标，哪些不是。例如，问"什么是你热爱的事情"是无效的，因为研究表明大多数人不只有一个感兴趣的区域。课堂上通常用"在什么场合下你会最活跃（或最投入）"作为讨论的问题，以此探寻每个人身上未经挖掘的潜质。此外，涉世未深的学生

---

① 曾维希．生涯发展的混沌特征与生涯辅导的范式整合［J］．电子科技大学学报：社会科学版，2012，14（1）：68–72.

② 王沛，康廷虎．建构主义学习理论述评［J］．教师教育研究，2004（5）：17.

在思考未来时容易产生认知偏差，比如认为自己只应该做某种职业，或成为某种类型的人，学校也应该帮助他们消除这些偏差。“我想，我们中很多人能够对那些恍惚、迷失的大学生产生共鸣。”在斯坦福“设计人生”职业生涯教育课程中，直接指出了生涯教育过程中使用“人职匹配”理念可能会带来以下三个误区。

1. 测评结果不是生涯结果

目前职业测评被广泛应用到大学生职业生涯教育过程中。作为自我认知的重要组成和主要手段，个性、兴趣、价值观等个人维度的特质通过各种量表测量出来。但是随着个体和周围环境的不断变化，测量的结果可能也会一直发生变化。课程设计者认为在一个快速变化的世界里，今天最受欢迎的 10 种工作中，有 6 种在十年前甚至都不存在。特别是在当今信息化、智能化快速发展的社会，测评结果所指向的职业、岗位要求也有可能因时而新地发生了变化。寻求依赖测评结果实施“人职匹配”的思维实施职业生涯教育无异于是在人生中做出刻舟求剑的行为。

2. 生涯规划不是唯一方案

从设计的角度看生涯规划问题，要求打开思路，拒绝自我设限。人生设计应该首先构思足够多的好点子，然后才能从中选择出更好的。选择的过程也并非通过测评和制定规划来实现。而是畅想三个可选计划，并和团队分享计划，通过原型设计、原型体验、头脑风暴和不断试错来建构生涯方案。在人生中寻路需要绘制大量的路线图，因为人生没有一个必须到达的目的地，你无法使用 GPS 定位，然后规划线路，径直到达。每个人能做的就是关注眼前出现的线索，尽最大的努力利用现有工具奋力前行。在“设计人生”课程中，寻路首先出现的线索是投入和能量。在寻路过程中的关键因素是跟随快乐前行，做能够吸引你、让你兴奋的事情，做能够激发你的活力的事情。①

3. 职业匹配不是最佳选择

“设计人生”在第一讲“分析测评你目前的生活”中就指出了在美国只有 27% 的大学生毕业后所从事的工作和他们的所学专业有关，3/4 的大学毕业生最后从事的工作都与他们所学的专业无关。同时，有 2/3 的职场人士对他们的工作不满意，有 15% 的人甚至痛恨他们的工作。② 这些人中，有相当一部分是认真地调查、访谈很多人，做很多测试，列出决策平衡单后做出的一个最好的决定，坚定推进职业生涯的。“设计人生”这门在生涯建构全新理念指导下的生涯教

① [美]比尔·博内特，戴夫·伊万斯. 斯坦福大学人生设计课[M]. 周芳芳，译. 北京：中信出版集团，2017：50.

② [美]比尔·博内特，戴夫·伊万斯. 斯坦福大学人生设计课[M]. 周芳芳，译. 北京：中信出版集团，2017：15–16.

育课程，把“小时候，你有什么目标”这个问题被重新定义为“你在什么时候最快乐、最有能量”。课程给出学生很多适合自己的选择，而且并不急于要求学生找到最适合的方向，而是决定从某个选择开始先试试看。用设计的方法就是做 AB 原型测试，边走边看，低成本试错。

二、职业环境快速变化使得教师职业生涯发展复杂多变

传统职业生涯模式的主导者是组织，对于个人而言，职业配型无疑是人们根据职业人格或职业兴趣来选择与自己最匹配的工作，但值得注意的是，职业配型理论有个前提假设：社会对职业的界定和分类是清晰且确定不变的。然而，如今雇佣关系的不稳定、组织边界的模糊等，都使职业生涯发展变得越来越让人看不透，信息技术进步让人的主观能动性得以更大程度发挥，个体职业生涯可以不依赖组织或某单一组织而获得推进，这些为生涯建构理论提供了现实基础[①]。师范生职业生涯发展不再是做客观选择题。教师职业的发展也不再是永恒不变的、固定的职业发展模式。

21 世纪的职业生涯教育注定要将生涯变化作为重要的趋势和主题。钟秉林认为“新时代教师专业发展面临网络教学、STEAM 教学（科学 science、技术 technology、工程 engineering、艺术 art、数学 mathematics）、高考改革和教育国际化四个新挑战”。顾明远认为“互联网、人工智能最大的特点是开放性、互动性、全球性、个性化。它改变着教育的概念、教育的生态环境，改变着教育形态、教育方式、师生关系、家庭关系等方方面面”。教育国际化、互联网教育、人工智能和 STEAM 教学等新科技、新经济、新挑战的出现，使得教师职业和教师职业生涯的特性都必将迎来巨大的变化，师范生比历史上任何一个时刻都更需要应付时常令人感到困惑不解的各种变化。那么从传统工业社会使用至今的，用于组织选拔最适合职员的职业配型是否还适用于当今的师范生职业生涯教育？是否还是师范生职业生涯管理的最佳策略？答案显然是否定的。因此，师范生主动建构教师职业生涯的过程必定要不断主动适应外部环境的新变化和新挑战，将职业动态发展视为人生主题，主动建构卓越教师职业生涯。

三、人生主题赋予师范生职业生涯价值感

职业生涯教育从工业时代开始，百余年的发展史经历了就业指导、生涯辅

① 关翩翩，李敏．生涯建构理论：内涵、框架与应用[J]．心理科学进展，2015，23(12)：2 178.

导、生涯建构三类主题。我国高等师范院校的职业发展教育已经经历了从最初的帮助师范生进行教师角色引导，到对师范生进行职业生涯教育两个阶段。而且这两个阶段在近十年里，相互交织、相互影响。面对复杂、多变的新时代，教师职业对创新、适应的要求越来越高。师范生职业生涯教育应当将师范生视为自身生涯的创作者，帮助每一个个体建构自身的卓越教师生涯。这就需要充分调动师范生的主观能动性，在生涯建构理论视角下，创作出属于每一个师范生自己的人生主题。

人生主题即个人生涯故事的主题，是指什么内容或者因素在个体的人生故事中起作用，是生涯故事中最显著和突出的部分。从建构主义的视角看，生涯分为客观生涯和主观生涯，建构主义更关注主观生涯。主观生涯是把过去的记忆、现在的经验和未来的期望编织在一起所形成的故事，这个故事使记忆、经验和期望被赋予了个人的意义。人生主题就是这个编织好的故事性的主题。一方面，主题给个体工作赋予意义和目的，使个体对所从事的工作承担负责；另一方面，主题让个体关注他们所从事的工作对社会的贡献以及对他人产生的影响。识别人生主题有助于强化个体的自我同一性，增加其社会价值感，加强个体间以及个体与社会间的联系①。师范生职业生涯教育中的人生主题有两个层面的主要内容：一是人生主题线索；二是人生主题体验。丰富、精彩的记忆，经验和期望足以帮助师范生编制一个好的故事性主题。

思考题

1. 谈谈你对新时代教师职业的认识。
2. 求职前，可以了解哪些国家和地方的师资招录政策？

本章练习

生涯人物访谈

寻找一位教师，可以是自己曾经的中小学教师，也可以是亲戚朋友中做教师的人，对他们进行访谈，并形成生涯访谈人物报告，字数不限。

---

① 侯悍超，侯志瑾，杨菲菲．叙事生涯咨询——生涯咨询的新模式[J]．中国临床心理学杂志，2014，22(3)：555-559.

✧ 访谈参考提纲

一、基本信息

姓名、职务是什么？本岗位属于哪个部门？部门主管是谁？所在的岗位的人员配置情况如何？从事本岗位多长时间？在本单位工作多长时间？工作的地点主要有哪些？所在的单位是否有明确的工资等级？如果有，请问您的工资等级是哪一级？

二、岗位职责

每天必须做的工作是什么，您是如何完成这些工作的？所负责的日常工作有几大方面？这几块工作中最核心的工作是什么？几方面工作中难度最大的是什么？工作的主要职责是什么？请列举2~3个实例。刚才所说的岗位职责是否与别的工作岗位职责有交叉的部分？如果有，是哪些？您平时又是怎么协调分工的？

三、工作权限

工作中是否有独立决策的权限？若有，主要有哪些方面的权限？所在的岗位还管辖哪些岗位？除了对本岗位工作负责外，哪些工作出了问题也需您负责？为了更好地开展工作，您觉得还应该增加哪些权限？

四、绩效指标

工作需要达到什么标准？衡量您所做的工作好坏的标准是什么？工作中，您的上级从哪些方面对您的工作进行考核？您认为这些考核是否合理，有无改进建议？

五、接触对象

您对谁直接负责，对谁间接负责？您管理的人员和岗位有哪些？在本部门内部，与您合作密切的岗位是什么？在本单位内，与您合作密切的跨部门岗位是什么？您是否需要与本单位以外的单位发生直接联系，双方关系是什么？

六、工作条件

您正常的工作时间从几点到几点？您的日常工作是否有午休时间？如果有，有多久？工作中需要用哪些设备？使用频率高吗？本岗位工作环境中存在什么样的不良因素？如果一个新员工担任此岗位，您觉得他(她)大概需要多长时间才能适应？

七、任职资格

您认为从事本岗位工作需要什么样的学历水平？您认为从事本岗位工作需要什么样的经验水平？您认为从事本岗位工作需要什么样的专业技能证书？您认为从事本岗位工作还需要什么样的能力特点？您本人在学历、经验、专业技术水平及能力方面的现状是什么？您认为还有哪些其他要求是胜任本岗位所必需的？

八、工作描述

请您用简练的语言对您的工作进行一定的描述。您所在岗位的职业特点有哪些？

九、职业生涯发展路径

入职后会有哪些培训机会？一般教师的职业发展路径有哪些？职称发展路径、职级发展路径、行政职务发展路径都有哪些？

第二章 建构方向一致的人生观、职业观、教师观

【本章引例】

“关于教师，我是这样理解的，选择了教师，就是选择了高尚。”正是因为这一点，人民教育家于漪老师的教师职业生涯就是“一辈子上下求索，就是为了做一名合格的人民教师”。在她心里，教育千斤重。三尺讲台是她最不舍得、最牵挂的地方。因为正是这个地方，让她觉得自己的生命在闪光。“上课就是用生命在歌唱，每节课都影响着孩子的生命质量。”于漪老师1978年被评为全国首批特级教师，先后荣获“上海市劳动模范”“全国先进工作者”“全国三八红旗手”“全国教书育人楷模”等称号；2018年获上海市教育事业杰出贡献奖，被授予“改革先锋”称号。2018年12月18日，党中央、国务院授予于漪同志改革先锋称号，颁授改革先锋奖章，并获评“基础教育改革的优秀教师代表”。2019年9月17日，国家主席习近平签署主席令，授予于漪“人民教育家”国家荣誉称号。同年9月25日，她被评为“最美奋斗者”。

【案例思考】

于老师已是90多岁的老人，有着60多年的教学生涯。她依然活跃在语文教学改革的第一线，坚守“在讲台上用生命唱歌”。她深爱着学生，痴迷着语文教学。“我做了一辈子教师，但一辈子还在学做教师！”她用这样的话语不断地鞭策着自己，也勉励着更多的青年教师。回溯于老师的教育人生，已经融于她血肉的教育，早就是生命里再也割舍不下的部分。从受业于师到授业

于人，她心存感激："老师使我从无知到有知，从知之甚少到逐步多起来，所以我就想，做一个老师是了不起的事，他可以使很多学生从不懂得做人的道理到懂得做人的道理，从无知到有知，所以我这一辈子最崇高的目标就是做一名合格的、优秀的教师。"于老师的教师观就是把语文教学看作自己一生的事业。

第一节 价值观与职业的匹配

价值观是个体关于什么是值得的、有价值的一系列信念，指个体对客观事物及对自己的行为结果的意义、作用、效果和重要性的总体评价，是推动并指引一个人做出决定、采取行动的原则与标准。职业价值观是个体一般价值观在职业生活中的体现，是人们依据自身的需要对待职业、职业行为和工作结果的比较稳定的、具有概括性和动力作用的一套信念系统。它不但决定了人们的择业倾向，而且决定了人们的工作态度；它是个人在长期的社会变化中所获得的关于职业经验和职业感受的结晶。

一、价值对职业选择的影响

（一）价值观对动机有导向作用

人们的行为动机受价值观的支配和制约。在同样的客观条件下，具有不同价值观的人，其动机模式不同，产生的行为也不相同，动机的目的方向受价值观的支配，只有那些经过价值判断被认为是可取的，才能转换为行为的动机，并以此为目标引导人们的行为。

（二）价值观反映个人需求，影响职业决策

价值观代表了一个人对于什么是好、什么是对，以及什么会令人喜爱的意见。每个求职者由于其所受教育的不同和所处环境的差异，在职业取向上的目标和要求也是不相同的。在许多场合，我们往往要在一些得失中做出抉择，而左右我们选择的，往往就是我们的职业价值观。例如，是要工作舒适轻松，还是要高标准的工资待遇；要成就一番事业，还是要安稳太平。当两者有冲突矛盾时，最终影响我们决策的，是存在于内心的职业价值观。

案例 2-1

宋承宇同学是社会体育专业的学生，他家境殷实，生活条件较好。到了毕业季，班级同学们都开始在各体育俱乐部进行实习，而宋同学在大学期间就考取了教师资格证，开始转战各中小学，报考体育教师。他周围的同学都非常不解，照理说体育健身私教收入高，而体育教师收入一般；体育健身俱乐部工作充满激情，自由职业并且收入不低，而体育教师天天重复着教学工作，小朋友非常难管理，还有可能受到来自家长的指责。作为社会体育专业毕业的学生，应该选择进体育俱乐部或者健身房这样的工作呀。面对同学们的疑惑，宋同学解释说自己家境还可以，以后工作的薪资只要不太差就行，关键是要稳定、压力小，而体育教师正好符合这样的条件。

案例思考

宋同学因为家境殷实、衣食无忧，所以其个人价值体系中并没有把"高收入"放在第一位，而是较多地考虑工作的"稳定性"。正是有这样的价值观，宋同学才会在选择职业时非常明确地将体育教师作为自己的目标岗位。

二、职业价值的内容

根据不同的划分标准，人们对职业价值观的种类划分也有所不同。我国学者阚雅玲将职业价值观分为收入与财富、兴趣特长、权力地位、自由独立、自我成长、自我实现、人际关系、身心健康、环境舒适、工作稳定、社会需要和追求新意 12 类；美国心理学家洛特克在其所著《人类价值观的本质》一书中，提出 13 种价值观，即成就感、审美追求、挑战、健康、收入与财富、独立性、爱、家庭与人际关系、道德感、欢乐、权利、安全感、自我成长和社会交往。

心理学家马丁·凯茨通过研究 250 种左右的职业，找出了十种与工作相关的价值观，认为在它们背后隐藏着我们的重要性倾向。这十种价值观分别是：

(1) 高收入。特指对超出实际需要的收入的强烈预期。

(2) 社会声望。个体在社会生活中具有威望，因地位和名誉等因素得到重视。

(3) 独立性。在工作中具有做决定的自由,有较大自由发挥的空间。

(4) 帮助别人。即以改善他人的健康、福利、教育状况为职业的主要内容。

(5) 稳定性。工作受经济形势、技术或者政策的影响较小,收入稳定,不会轻易失业。

(6) 多样性。工作中需要经常面对新问题、新环境和新的人际关系。

(7) 领导力。在工作中能够管理和激励他人,承担责任,影响事情的发展。

(8) 兴趣。所从事的职业符合个人的兴趣特点。

(9) 休闲。所从事的职业能够不影响甚至有利于个人的休闲爱好。

(10) 尽早工作。这是在对教育和实践关系上更热衷于后者的一种倾向。希望早日参加工作,认为积累工作经验和获得收入要比继续学习更有价值。

三、价值观探索的方法

目前自我价值观探索的方法主要分为标准化与非标准化两类。其中标准化方法主要采用舒伯职业价值观量表,非标准化方法主要采用市场游戏和拍卖游戏法。

(一) 标准化方法

标准化方法主要采用舒伯职业价值观量表。舒伯职业价值观量表是美国心理学家舒伯于 1970 年编制的,包含 3 个维度、15 个因子,可以了解人们对工作中各项特征的重要性的排序,用来衡量价值观。

其中的 3 个维度和 15 个因子分别是:

内在价值维度:智力激发、利他性、创造性、独立性、美感、成就、管理;

外在价值维度:工作环境、同事关系、监督关系和变动性;

外在报酬维度:声望、安全性、经济报酬和生活方式。

全表根据测试者对 52 道题的评分,排序归纳出测试者的核心价值观。

(二) 非标准化评估方法

非标准化评估方法主要采取市场游戏和拍卖游戏进行自我价值观的审视。

(1) 价值观市场游戏。每个小组 5 人,参照职业价值量表,将 13 种价值内容写在 26 张卡片上(每种价值各写 2 张),每人随机抽取 5 张,之后相互进行自由交换,每次只能一张换一张,或是和未被人选中的那一张进行交换,直到所有人都不愿再进行交换。组员可以根据自己手中的卡片总结自己的价值核心体系。

(2) 价值观拍卖游戏。组织一场虚拟的“拍卖会”,每个人手中有 5 000 元的筹码,将家庭、健康、自由、成功、爱、冒险、成就、名誉、人际交往、权利、成长与发展、安稳作为 12 个竞拍物,每个竞拍物的底价为 500 元,每次报价最低增加 100

元。每人先完成预拍品和承受价格的分配，随后开始虚拟拍卖。该游戏可以通过对预拍品和承受价格的分配、最终拍到的竞拍物、愿意牺牲其他竞拍物等细节来探索和了解自身的核心价值。

四、价值观的调试——树立正确的价值观

每个人的价值观并不是一成不变的，随着社会环境、生活环境和成长经历的不同，自我的价值观也会发生一定的变化。同时自身的价值观也往往会与现实发生偏差甚至是矛盾，这时也需要我们主动地调试自己的核心价值观。

（一）处理好职业价值观与金钱的关系

金钱是生活的基础，是每个人生存、生活所必须考虑的因素，也是大多数人在探索自身职业价值观时首先考虑的部分。有些家庭经济条件不太好的毕业生，在求职时将薪资作为其首要考虑因素，这是十分正常的事情。但是对于一些人来说，现在拥有的知识、能力和经验尚不足以使其获得大量财富，如果一味地强调报酬的高低，甚至怀有一夜暴富的心理则是非常不理智的。特别是这几年就业形势较为严峻，毕业生更应理性地思考自己的竞争力和市场需求，适当降低对薪资的期望值，而尽可能地将自我成长和自我实现作为在求职时的首选考量因素。

（二）处理好职业价值观与个人兴趣和特长的关系

在确定价值观时，一定要考虑它是否与自己的兴趣、特长相适应。如果选择了自己喜欢的工作，不论环境和社会的变化所造成自我价值改变有多少，个体都可以从对工作的兴趣中获得持续不断的能量，激发和调动自己的潜能，获得更好的发展；而且如果选择的职业是自己所擅长的工作，也会使个体在岗位上感觉事半功倍，不断从工作中获取成就感和满足感。

（三）处理好职业价值观的排序与取舍的问题

每个人的核心价值体系都不会只包括一种价值，然而工作岗位往往只能满足我们一种或两种价值需求。在这时，我们不可避免地要面对选择。古语说“鱼与熊掌不可兼得”，我们应该对自己的价值体系进行排序，寻找自己认为最重要的方面，这样在面临职位选择时才不会徘徊不定。

（四）处理好职业价值观中个人与社会的关系

人不能离开社会而独立存在，个人只有在工作中为社会做贡献才能实现自己的职业价值。只有当个体的工作符合社会要求时，我们才能获得他人的尊重和认可，才能寻得其他社会成员的帮助和支持，才能在工作岗位上获得更大的成功。相反，如果我们一味地追求自我的满足而忽视社会责任，则会被其他社会个

体所排斥和疏远，最终一无所得。

第二节 建构教师职业生涯“指南针”

教师在建构职业生涯过程中会出现不断的调整和适应，影响这些调整和适应的主要是个体独特的态度、信念和能力。这三个因素中，态度和信念直接与个体的人生观、职业观相关。师范生实施职业生涯教育，应该首先解决人生观、工作观和教师观三观一致性问题。积极的教师观必将积极有效地影响师范生职业生涯发展任务，影响师范生生涯转换或面临生涯困境时的生涯因应行为，从而促进师范生将生涯自我概念整合到教师职业生涯的角色中去。

一、回答“我要成为谁？”

当前，受社会环境因素、学校教育因素、家庭条件因素和师范生自身主体因素的影响，师范生职业价值观容易被功利取向和利己倾向所制约。国家在6所部属师范大学实施免费师范生政策以来，免费师范生违约、不愿赴农村基层任教、职业理想薄弱的问题引起了很多专家学者的关注。能否确立长期从教、终身从教的理想，关系着师范生免费教育改革试点工作的成效。应积极引导免费师范生把坚定从教理想，确立长期从教、终身从教的志向，教好每一名学生、促进每一名学生的成长发展作为人生价值追求，努力成为学生的良师益友，做学生爱戴、人民满意的教师。[①] 师范生职业生涯教育的重点应该是教师职业认同感和教师信仰的教育。就师范生职业生涯教育有哪些主要任务，对上海地区部分基础教育局局长和中小学校长进行了访谈。他们一致认为，师范生职业生涯教育的重中之重应该是职业理想信念教育，要进一步引导师范生热爱教师事业，加强认同感，真正将从事教师职业作为自己的终身事业，要进一步提升师范生对教师职业发展的认知和归属感。

马萨莉在《评师范教育——来自第一线的批评》一文中曾经尖锐地指出当时美国职前教师教育面临的严峻问题：“师范教育计划所必须克服的首要的或许是最为困难的障碍，在于这些未来的教师对他们所选择的专业缺乏固有的尊重和信奉。有不少将要成为教师的人，把教师证书看作一张职业保证书、一张猎取

① 黄蓉生．为了那份责任担当[J]．西南大学学报：社会科学版，2010，36(5)：1–6.

职业的最后的王牌。当找不着工作时，他们便去教书。很少有新教师能立志把自己的毕生精力奉献于教育事业。过去，社会责任感曾经激励教师们踏进教育领域；如今，这种热情已经冷却，取代它的是出于经济考虑的实用主义精神。我们的师范教育教出了这样一些顽固的实用主义者，对他们来说，教书只不过是获得更好的职业之前用以谋生的权宜之计罢了。”① 当前，我国部分师范生进入大学后，产生了“喘口气”的思想，认为上了大学就是“车到桥头船到岸”，迷迷糊糊地读完大学四年，毕业后总是有教师可做。师范生对未来职业发展建构缺乏主动性，对教师职业缺乏角色认同。作为教师职前最重要的准备阶段，师范生正处于从学生到教师的转变阶段，经历着“此刻我是谁”“我将要成为谁”的内心拷问。树立正确的师范生职业发展价值观，培育师范生对教师这一职业角色的认同，是师范生职业发展和专业成长的重要内驱动力，是为基础教育培养一大批热爱教育事业、愿意投身教育、具有良好职业发展愿景教师的基础和前提。

师范生职业生涯应以内在自我成长为核心。知识经济和信息化社会有太多的不确定性，加之快速发展，个体职业生涯正发生着翻天覆地的变化。在“人职匹配”论基础上，生涯建构理论更加进一步强调个体综合考虑自己的过往经验、当前感受以及未来抱负，从而做出职业发展行为选择。职业生涯这一重要的人生主题逐渐成为个体主观建构生涯内涵丰富的过程。“人生设计”职业生涯教育的主要内容就是用设计的思维建构职业生涯。设计思维通常用来开发创新的技术产品和服务，其由五个步骤组成：与用户产生共鸣，确定（或者重新定义）问题所在，头脑风暴，建立解决方案的雏形，测试（并且对测试失败坦然接受，再从头开始）。使用这种方法来思考学生未来的职业，可以帮助化解学生关于大学毕业后出路的焦虑，并让他们彻底审视在他们面前存在的不同的可能性。在这个过程中个体构建自我，建立职业行为的方向，并为生涯赋予意义。② “人生设计”课程采用人生主题的教学内容，通过建构、解构、重构、共构和行动，增强个体的生涯发展内驱力。

二、用日记记录生涯中的高光时刻

生涯建构论更加关注主观生涯，通过把个体过去的记忆、现在的经验和未来的期望编织在一起形成故事，这个故事使记忆、经验和期望被赋予了个人的意

① ［美］马萨莉．评师范教育——来自第一线的批评 // 瞿葆奎．教育学文集（第 12 卷教师）［C］. 北京：人民教育出版社，1991：549-550.

② Savickas M L. The theory and practice of career construction. In Brown S D，Lent R W. Career development and counseling：Putting theory and research to work. Hoboken，NJ：John Wiley and Sons，2005：42-70.

义。“设计人生”课程需要每一位学生记录“美好时光日志”,记录工作时感到烦躁、心神不安以及沮丧的时候,并记录下在那段时间做的事情;同时,记录下感到幸福、注意力集中、过得愉快的时刻,以及当时正在做的事情。通过记录关注个体什么时候特别投入、什么时候产生“心流体验”[①]、什么时候精力充沛,知道个体什么时候是最快乐的,从而知道如何设计人生。记录活动的同时,学生还被要求使用 AEIOU(活动 activities、环境 environment、互动 interactions、物体 objects、用户 users)进行反思。通过五套问题对日志问题进行反思。

一是活动(activities)。你到底在做什么?这是个结构性的活动还是非结构性的活动?你是团队领导者还是参与者?

二是环境(environment)。所处的环境是什么样的?这个环境对精神状态产生了什么重要影响?

三是互动(interactions)。和人或者机器有怎样的互动?这种互动对你来说是陌生的还是熟悉的?是正式的还是非正式的?

四是物体(objects)。是否与物体发生了互动?这个物体是什么?这些事物能带来投入感吗?

五是用户(users)。活动中还有其他人吗?是什么角色?这些人为活动带来的影响是正面的还是负面的?

最后学生根据“美好时光日志”绘制思维导图,建构三套“奥德赛计划”,与团队成员分享自己的计划。整个人生主题建构过程其实就是生涯建构论建构、解构、重构、共构和行动的过程。与“人职匹配”论采用测评等质性评估工具,并以数量形式表示评估结果的量化评估不同,人生主题采用了叙事生涯方式来帮助学生建构新的人生意义。学生在讲述、倾听、演绎故事过程中,通过反思得出自己的人生意义、成功准则和自我建议。

三、斯坦福大学的“人生指南针”

斯坦福大学“人生设计”职业生涯教育课程尝试由人生观、职业观组成的“人生指南针”来帮助学生建构职业人格。职业人格是指与个体生涯相关的能力、需求、价值观和兴趣。在生涯建构理论中,职业人格并不被认为是存在于机体内部的要素或特质,而是个体与环境互动过程中产生的适应性策略,个体可以根据

① 心流体验(Flow)由美国心理学家米哈里·齐克森米哈里(Mihaly Csikszentmihalyi)提出,是指全身心投入的一种心理状态。

情境采取或放弃特定策略。[①]“设计人生”课程的第二步就是创建个人的人生指南针。首先,学生需要知道工作对个人来说意味着什么、工作的目的是什么、工作的原因是什么、是什么让工作变得有趣,如果学生能够清楚地阐述这些问题,就建立起自己的工作观。其次,学生还要寻找个体的人生观。学生通过问自己,是什么赋予人生的意义,是什么让你的生活充满了价值,你是如何和你的家人、你所在的社区以及整个世界建立起联结的,为什么金钱、名誉和个人成就会提高你的生活满意度,在你的人生中,阅历、成长和成就感重要吗、有多重要等问题了解自己对世界以及世界如何运行的看法。最后,学生通过记录下工作观和人生观,并通过反思练习建构人生指南针。指南针的方向就是工作观和人生观一致的方向。

大学期间,师范生的人生观、工作观、教师观正处在极为重要的形成和发展期。师范生在形成这些价值取向的时候,往往是在对教师职业价值描述、价值分析的基础上形成的,也会受到自我成长、自我实现、成就满足、人际关系、收入、工作时间等多种因素的影响。对师范生职业价值的判断,决定了师范生在今后职业发展中对教师角色的态度是渴求、认同还是轻视。态度和信念的方向直接决定着师范生会采取职业价值追求还是职业价值规避的策略。对教师职业价值的认同成为师范生从事教师职业、献身教育事业的心理支柱。如果师范生对教师职业价值充满认同感,那么其教师职业发展的自觉意愿就会增强,就会为了自我成长、自我实现和成就满足而努力学习、努力工作、努力发展。

创建教师职业生涯的“指南针”就是要形成对教师职业正确的价值认识,就是要做到人生价值观、工作价值观、教师价值观的统一。

首先,反思人生价值观。人生价值观就是所确定的“人生最重要的事”,是对于人生价值问题的根本看法、观点和态度。人生价值观对师范生整个人生都起着极其重要的作用。师范生在确立“我为什么在这里”“生活的意义或者目的”“个人与他人的关系”等人生观方向的时候,就对个人的思想和行动方向,对工作观、教师观的形成产生了巨大影响。

其次,反思工作价值观。师范生在思考“我为什么工作”“工作为了什么”“工作意味着什么”“工作与个人、他人以及社会有什么关联”“什么是好工作或者有价值的工作”“工作与金钱关系”等问题的时候,会逐渐形成自己的工作价值观。确立什么样的工作价值观直接关系着他们个人的前途和命运。

最后,反思教师价值观。师范生对自己的教师价值观进行反思,就是要对照教育信仰进行反思。教育信仰是一种强烈而特殊的教师从教价值取向,这种取

---

① 侯悍超,侯志瑾,杨菲菲.叙事生涯咨询——生涯咨询的新模式[J].中国临床心理学杂志,2014,22(3):555-559.

向源自对教育活动价值的理解与尊崇，是教师的精神与源泉。师范生要主动发挥教育信仰的主动性、实践性和超越性特点，发挥它高于现实而具有超越现实的理想性质，帮助师范生建构正确的教师观。

四、通过反思确认“职业价值观”

创建教师生涯的“指南针”就是让师范生能够反思我是谁？我准备做什么？我信仰什么？实现三者之间的和谐一致有助于提升师范生的自我意识，让师范生产生职业发展的内驱动力，从而赢得幸福人生。如果一个师范生明白“我是一名教师”“我做的教师工作意味着什么”“我有教育信仰”，那么他的职业生涯发展一定会充满自我成长、自我实现、成就满足的动力机制，确立起“我要成为一名教师”的成长目标，指引并激励着他热情高涨、积极主动地投入专业学习活动中，努力积累自己的专业知识，锻炼自己的专业能力，全面提高自己的专业素质，最终实现职业生涯发展。师范生创建职业生涯的“指南针”可以通过人生主题线索、人生主题体验等路径来实现：

（一）人生主题线索

在师范生价值认同的过程中，应当借鉴西方价值观辨析学派的观点：“第一，必须诱发学生的态度和价值陈述；第二，必须无判断地和无批评地接受学生的思想、感情、信念和观念；第三，必须向学生提问题以帮助他思考自己的价值观念。”① 师范生职业生涯教育的人生主题线索就是要帮助师范生寻找到教师教育学习、见习、实习过程中所体会到的全身心投入的心理状态，以及关注自己什么时候特别投入，什么时候精力充沛、充满能量。通过回忆过往经历、记录心理体验、反思工作收获、追寻工作乐趣，引导师范生反思自己的价值观，认识到自己的使命之后形成的内心信念和意志，引导师范生树立正确的、稳定的、积极的职业价值取向。

（二）人生主题体验

师范生职业生涯教育的人生主题体验主要来自阅读教育经典，对现有的优秀教师进行生涯访谈，做出职业承诺，以及通过教育见习、实习等与未来职场生活直接接触方式获得。

1. 阅读教育经典

哲学家贺麟在谈及信仰与知识的关系时说：“盲目的信仰依于愚昧的知识。知识空洞者，其信仰必渺茫；知识混淆矛盾，必与信仰的杂乱反复相依随；知识系

---

① 李伯泰．教育心理学［M］．上海：华东师范大学出版社，2000.

统,则信仰必集中;知识高尚,则信仰亦必随之高尚。”[①] 因此,要鼓励师范生阅读教育经典著作,引发其对教育信仰的思考与认同。

2. 生涯原型访谈

普里斯发现,受到角色榜样影响的学生要比那些以经济利益为主要职业动机的学生更易选择教育专业[②]。优秀教师生涯访谈,就是为了了解这些优秀的教师职业发展经历,了解的内容包括:教师职场准备、教师生涯起步时的深刻印象、职业发展中相关技能的准备、职业发展的建议和意见等。

3. 做出职业承诺

提升师范生职业价值观的有效方法之一就是让师范生做出教师职业承诺,比如职业宣誓。职业宣誓不仅仅是一种教育仪式,更是一种教育行为、一种教育文化、一种教育思维。它凝聚了教育信仰、教师的专业精神以及教师的职业良心。职业承诺能够帮助师范生升华自己的教育使命感,将人生价值观、工作价值观和教师价值观统一起来。

4. 践行教师价值观

教育见习、实习对了解教师职业、建构教师生涯非常重要。生涯建构过程中,职场体验就是建构过程,人生主题的大量想法和主意都产生在这个阶段。

五、创建教师职业生涯“指南针”

第一步,尝试回答以下问题:

- 我为什么在这里?
- 我正在做什么?
- 这一切为什么重要?
- 我的人生目标是什么?
- 人生的意义是什么?

第二步,创建指南针,需要三样东西——教师观、工作观、人生观。

请同学们分别进行教师观、工作观、人生观的反思,每个反思 10 分钟,并用文字记录下来,大约 250 字,不要超过一页纸。

(1) 反思你的教师观:

- 为什么从事教师工作?

---

① 贺麟. 文化与人生[M]. 北京:商务印书馆,1988:90.

② Lynda Fielstein, Patricia Phelis. 教师新概念:教师教育理论与实践[M]. 王建平,等,译. 北京:中国轻工业出版社,2002:4.

- 教师工作意味着什么?
- 教师工作与个人、他人以及社会有什么关联?
- 有价值的教师工作是什么?

(2) 反思你的工作观:

- 工作是为了什么?
- 工作与金钱是什么关系?
- 一个人的经历、成长、成就感和工作有什么关系?

(3) 反思你的人生观:

- 我为什么在这里?
- 生活的意义或者目的是什么?
- 个人与他人之间有什么关系?
- 家庭、国家和周围世界的融合点在哪里?
- 什么是善? 什么是恶?
- 在生活中,快乐、悲伤、公平、不公平、爱、和平以及冲突的作用是什么?

评估:你最近怎样?

通常,我们把生活分为若干区域——健康、工作、娱乐和爱。就这 4 个方面的情况写几句话。在每个仪表盘(见图 2–1)上标出你的位置(0– 完美)。

在这四个方面,你是否存在需要解决的问题。

你的问题是不是一个完全无法解决的问题(如地球重力的问题),或者是一个不具有可操作性的问题(比如大幅提高教师的平均收入的问题)?

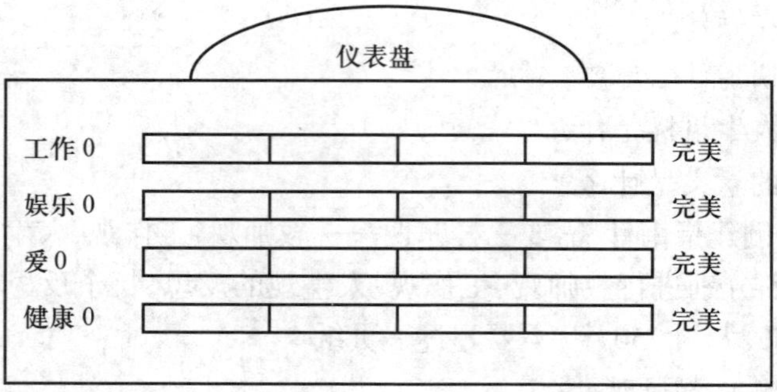

图 2–1 健康 / 工作 / 娱乐 / 爱(HWPL)仪盘表

(4) 判断人生观、工作观、教师观方向的一致性,请尝试回答以下的指南针问题:

- 你的教师观、工作观、人生观之间是否存在互补的地方?

➢ 这些观念存在哪些冲突？

➢ 这些观念的一方对另一方有促进作用吗？如果有，是怎么促进的？

第三节　从教师职业理想到教师信念再到教育信仰

教师工作价值观是人们对教师职业所赋予的一定看法、意义的总和，是教师自己或他人对教师职业的意义和价值的认知，是人们对待教师职业的一种信念和态度。教师作为教育工作者，承担着传承知识、培养未来的建设者和接班人的责任，在人类社会发展中起着承前启后、继往开来的作用，具有非常大的社会价值和精神价值。同时，教师作为一种职业本身而言，具有相当的稳定性，工作时间相对灵活，工作方式相对独立，对学生具有指挥权和建议权，能够带来较大的成就感和尊严感。

学者张凤琴根据马克思、恩格斯对于不同社会状态下人的自由程度的不同而经历的生存、享受、发展三个层次的划分，基于人们对教师职业价值的现实观念，将教师的职业价值观分为生存型、享受型、奉献型和发展型四种，如表 2–1 所示。

表 2–1　教师的职业价值观

类型	主要内容
“生存型”教师职业价值观	该价值观认为，教师仅仅是为了谋生和养家糊口而从事教师职业。该类教师主要从生计出发，站在功利的角度，以被动和消极的眼光看待自己的职业，如把教师看成知识的搬运工，把教师的工作看成无可奈何的选择，将教师职业当作寻找“更好”职业之前的跳板等。由于他们从事这一职业更多是出于无奈，因而感到困惑和痛苦。在这类教师身上我们看到的是其对职业的厌恶和疏远，教师与职业是分离的，他是“subsistence”
“享受型”教师职业价值观	该价值观认为，教师是为了体验人生和品味幸福而从事教师职业的。该类教师主要从兴趣出发，站在非功利的角度，以对教育事业和学生的热爱对待自己的职业，如把学生的成长当成教师最大的快乐，对工作充满热爱，在付出与给予中获得内心满足等。他们从事这一职业是因为自己喜欢，因为感到快乐和幸福。在这类教师身上，我们感受到其对教师职业的热情和积极的态度，职业本身就是“life”

续表

类型	主要内容
“奉献型”教师职业价值观	该价值观认为,教师是为了服务社会和奉献自我而从事教师职业的。持此观点的教师主要是从社会和学生需要出发,站在超功利的角度,以为社会做贡献的立场看待自己的职业,他从事教师职业是为了学生的成长和发展,因学生的良好发展而感到自豪,感到自己奉献的价值。如把学生成长当成自己最大的骄傲,在平凡的工作中甘当燃烧自己、照亮别人的“蜡烛”,为学生、为教育事业奉献自己的一切等。在这类教师身上,我们体会到其对发展学生的迫切愿望和甘于奉献的精神,教师以职业为工具,教师与职业是分离的,他一直在“give”
“发展型”教师职业价值观	该价值观认为,教师是为了服务社会和完善自我而从事教师职业的。持此观点的教师主要从自身和社会需要出发,站在超功利的角度,以完善自我、为社会做贡献的立场看待自己的职业,他们从事这一职业是为了过一份更有意义的人生,因而感到崇高而有价值。如把教师看成教育活动的反思者和研究者,以终身自我教育作为教育生涯的推动力,视教师职业为不仅给予也在收获的有意义活动等。在这类教师身上,我们体会到了他对提升自己的迫切愿望和富于创造性的教育智慧,教师是超越于职业的,是以“教育家”为发展目标的,他一直在“grow”

师范生对教师职业持有什么态度和信念,对教师职业的希望、愿望和向往,直接影响着师范生对未来职业生涯的建构。习近平用“四有”的标准定义了“好老师”,其中“有理想信念”“有道德情操”“有扎实学识”“有仁爱之心”都是对教师职业价值观的具体要求。师范生人生观、工作观、教师观的统一,首先就是要有正确的教师职业理想。有学者认为职业价值观是人们对社会职业的需求所表现出来的评价,它是人生价值观在职业问题上的反映,是人生价值观的重要组成部分。职业价值观具有历史性、社会性、个别差异性,并随社会的发展而变化。① 有学者提出师范生职业理想,是指师范生在马克思主义职业观和教师教育观指导下,依据国家要求,对自己未来长期或终身从事的教师职业和教育事业以及成长为优秀教师和教育家的积极向往和追求。②

我国著名教育家陶行知先生把教师的工作看作最高贵、最神圣的职业,具备这样职业资格的人必须具有高尚的职业思想,必须具有“捧着一颗心来,不带半根草去”的人生观,具有把毕生的精力献给我们的国家和我们的教育事业的信念。陶先生将“培养合理的人生”作为自己的宗旨,他的教师职业理想和人生

① 黄希庭,郑涌.当代中国青年价值观研究[M].北京:人民教育出版社,2005.

② 王华敏.免费教育师范生职业理想教育研究[M].北京:人民出版社,2015:53.

观高度一致，最终上升为一种教师信念，对今天的教师教育仍然有着至关重要的现实意义。[①] 他认为做一名合格教师也非易事，前提须具备良好的职业思想。从普通教师成长起来的大教育家苏霍姆林斯基将自己的整个身心都投给了教育，他认为教育信仰在于使人去为他人做好事，并发自内心深处地去做，在于建造自我。他的职业理想信念体现了浓郁的人生观倾向，是他灵魂内在要求的教育信仰的直接体现。卡尔·雅斯贝尔斯说，教育不能没有信仰，没有信仰的教育不能成为教育。因为，“教育，不能没有虔敬之心，否则最多只是一种劝学的态度，对终极价值和绝对真理的虔敬是一切教育的本质，缺少对‘绝对’的热情，人就不能生存，或者人就活得不像一个人，一切都变得没有意义”[②]。

因此，教师职业具有显著的服务、贡献、不追求名利尊荣的价值特征。陶行知把服务意识看成教育的命脉。师范生如果缺乏这些价值追求，很难热爱教师职业，更难有所作为。马克思认为，“在选择职业时，我们应该遵循的主要指针是人类的幸福和我们自身的完美”[③]。师范生职业发展的内核驱动力就是要将自我的发展完善与人类幸福紧密结合，将职业理想主动升华为教师信念，坚定地认同教师职业及与之相关的生涯发展环境，为自己的职业生涯发展提供强大的信仰力量。因为教育过程“是在人与人之间展开的一种精神历程和心灵对话。在这个过程中，教育信仰本身就是一种巨大的教育力量，是伟大教育精神的源泉和具体教育价值实现的条件”[④]。师范生只有把自己生命所有的力量集中在人生理想和教育理想的追求之中，才能最终不断走向教师职业的高处和深处。

思考题

请你认真思考并列出自己找工作时希望满足的五个条件是什么，然后逐一减少，直至剩余一项条件，以明确自己的核心职业价值观是什么。

本章练习

愿景：10年后，你能想到你最理想的状态是什么样子吗？

生涯幻游：让我们一起通过时光隧道来到十年后的世界，也就是2030年时的世界，请算一算，此时你是多少岁？容貌有何变化？请你尽量想象十年后的情

---

①《陶行知系列研究》江苏课题组．陶行知师范教育思想［M］．南京：江苏教育出版社，1991：17.

② 雅斯贝尔斯．什么是教育［M］．邹进，译．北京：生活．读书．新知三联书店，1991：44.

③ 马克思主义探原：马克思《1844年经济学哲学手稿》．北京：人民出版社，2011.

④ 黄乾玉．做有教育信仰的教师［J］．教师育人，2006(29)：37.

形,越仔细越好。

生涯幻游

- 我十年后从事的工作的描述。

1. 工作是____。
2. 工作内容是______________________________________。
3. 工作的场所在____________________________________。
4. 工作的场所周围的环境:____________________________。
5. 工作的场所周边的人群:____________________________。

- 我十年后的生活状态的描述。

1. 婚姻状况 □已婚 □未婚 □其他 __________。
2. 家中成员有子女 _____ 人 □父母同居 否_____ □其他 ______。
3. 居住的场所在 ____________________________________。
4. 居住的场所周围环境:______________________________。
5. 居住的场所周边的人群:____________________________。

- 请说明下列问题:

1. 我在进行幻游过程中,印象最深刻的画面是__________________。
2. 我在进行幻游后,对比与现在环境最大的不同点是______________。
3. 我在进行幻游后,最深的感受是__________________________。

- 我在进行幻游后,觉得未来的生涯发展会是怎样的?

1. 我认为我未来会从事________职业。

   □教师 □其他

2. 我认为我的未来会与幻游过程相关吗? ________

   □是 □不是 □其他

第三章 师范生应掌握的生涯理论和常用工具

【本章引例】

27岁的黄素荣毕业于某师范大学汉语言文学(师范)专业,4年时间的职业生涯中她换了四份工作,并且每份工作的持续时间越来越短。她的第一份工作做得时间最长,是在一家初级中学做语文老师,总共做了两年零三个月;第二份工作则是在一家传统媒体公司做编辑,她只做了不到一年;而在随后的一年内,她走马灯似的换了两份工作,先是跳槽到一家在线传媒做文案,这份工作仅仅做了不到一个月就辞职了;然后又跳槽到一家民办学校做行政。同时,她又开始回到了自己非常熟悉的人才市场,重复着投简历、面试、再投简历、再面试的过程……小黄感到十分苦恼和迷茫:她不知道自己究竟适合什么职业?

【案例思考】

案例中的小黄是当今大学生群体中的一个缩影,他们毕业后渐渐发现自己的工作岗位和原先理想中的职业相去甚远,于是寄希望于通过不断跳槽的方式去尝试和寻找符合自己期望的职位。然而这样的学生往往经过一次次的跳槽却始终找不到令自己满意的工作,他们的心态也变得越来越浮躁起来。导致这种情况产生的原因,一方面是因为在校学生多数不了解社会岗位的具体情况,往往一厢情愿地设想未来工作的美好画面,忽略了现实的状态;另一方面还由于他们不了解自己的真实需求和实际情况,无法做到准确的自我定位。作为一名师范生即使在高考填报志愿时已经有了较为清晰的职业定位,但是有时候也会产生职业选择的困惑。学习并掌握一定生涯教育理论，不仅能够帮助师范生准确地再次定位职业选择，而且为这些未来教师开展生涯教育提供了理论基础和应用工具。

第一节 选择是实现“人职匹配”的路径

20世纪初，美国第二次工业革命晚期出现了大量的专业职位的空缺，大量的无业农民需要找寻合适的工作，于是出现了能够快速匹配人和工作的方法，职业生涯进入“人职匹配”的阶段。

一、特质论：人格特质与职业相匹配

1901年，为了促进就业，波士顿成立了民众服务中心，由工程师帕森斯（Frank Parsons）担任领导。1909年，帕森斯撰写了《职业的选择》一书，他首次提出了“职业指导”（voctaional guidance）的学术概念，系统地向世界阐述了职业选择理论，即特质—因素理论，对世界生涯发展理论产生巨大影响。著作中提出了人与职业相匹配是职业选择的焦点的观点，他认为，个人都有自己独特的人格模式，每种人格模式的个人都有与其相适应的职业类型。

所谓特质，就是指个人的人格特征，包括能力倾向、兴趣、价值观和人格等，这些都可以通过心理测量工具来加以评量。所谓因素，则是指在工作上要取得成功所必须具备的条件或资格，这可以通过对工作的分析而了解。特质—因素理论随着心理测量运动的发展而不断发展，直到今天仍然被广泛地应用。

二、职业兴趣论：兴趣与职业相匹配

1959年，霍兰德（John Holland）提出了社会广泛认可的职业兴趣理论。这一理论认为人的人格类型、兴趣与职业密切相关，兴趣是人们活动的巨大动力，凡是具有职业兴趣的职业，都可以提高人们的积极性，促使人们积极地、愉快地从事该职业，且职业兴趣与人格之间存在很高的相关性。理论根据劳动者的心理素质和择业倾向，将劳动者的人格类型和兴趣划分为现实型、研究型、艺术型、社会型、企业型和常规型6种基本类型，相应的职业也划分为6种类型。通过测

评,劳动者可以与职业进行匹配和适应。此后,职业兴趣理论经过不断丰富和发展。1991 年,加蒂(Gati)针对霍兰德的正六边形模型中有关相邻职业群距离相等这一假设的局限性,提出了三层次模型。两年后,普雷迪格(Prediger)在霍兰德六边形模型的基础上加上人和物维度、数据和观念维度,使职业的类型和性质有机地结合起来。美国大学考试中心在普雷迪格兴趣的两维基础上,将职业群体的具体位置标定在坐标图上,由此得到工作世界图。

这个阶段职业选择的出发点和着力点是“人职匹配”。从人个体而言,不同个体有不同的个性特征。而从职业而言,每一种职业由于其工作性质、工作环境、工作条件、工作方式不同,对工作者的能力、知识、技能、性格、气质、心理素质等也有不同的要求,所以,在进行职业决策时,应选择与自己的个性特征相适应的职业。“人职匹配”理论自提出之日起就被全世界的职业指导或职业咨询机构、各类企业和用人单位、大中小各级学校广泛运用。通过对社会人、员工和学生开展性格、兴趣等各类量表的测量,帮助他们认识自我,匹配自己的职业,规划职业生涯。

三、职业锚论:价值观与职业匹配

1990 年,美国心理学家施恩(Edgar H. Schein)对斯隆管理学院 44 名 MBA 毕业生的职业生涯进行了长达 12 年的研究,通过面谈、跟踪调查、公司调查、人才测评、问卷等多种方式,最终分析总结出了职业锚(又称职业定位)理论。

锚,是使船只停泊定位用的铁制器具。职业锚,是指当一个人不得不做出选择的时候,他无论如何都不会放弃的职业中的那种至关重要的东西或价值观。实际上就是人们选择和发展自己的职业时所围绕的中心。职业锚,也是自我意向的一个习得部分,是个人进入早期工作情境后,由习得的实际工作经验所决定,与在经验中自省的动机、价值观、才干相符合,达到自我满足和补偿的一种稳定的职业定位。职业锚强调个人能力、动机和价值观三方面的相互作用与整合。职业锚是个人同工作环境互动作用的产物,在实际工作中是不断调整的。施恩认为,职业生涯发展实际上是一个持续不断的探索过程,在这一过程中,每个个体都在根据自己的天资、能力、动机、需要、态度和价值观等慢慢地形成较为清晰的与职业有关的自我概念。

施恩将职业锚分成五种不同的类型:功能能力型职业锚、管理能力型职业锚、创造型职业锚、安全/稳定型职业锚、自主/独立型职业锚。职业锚理论的发展是职业生涯理论发展的又一进步,该理论体现了现代经济社会重视人的因素的观念,更加深刻地挖掘人的内在价值观和动机,根据个人不同的职业锚确定自己的职业定位。

四、“人职匹配”理论的应用工具

(一) 自我兴趣探索的方法

随着对职业生涯发展和规划的研究,自我兴趣探索的方法也在不断发展。目前标准化的测试方法主要采用的是霍兰德自我探索量表,而非标准化的方法则主要分为两大类:叙事法和活动法。

1. 霍兰德自我探索量表(简称 SDS)

目前使用比较广泛的兴趣测验是霍兰德自我探索量表。几经修订,现在最新的版本包括两部分内容:自我导向探索问卷和职业索引。问卷部分包括:理想职业、喜欢做的活动、擅长做的活动、喜欢的职业、能力和技能自我评估、计分及职业查询等。测试者完成后,可根据自己在不同类型中的得分高低,取得分最高的前三位构成自己兴趣类型的霍兰德代码,从而在职业索引中查询自己适合从事的职业。

霍兰德认为大多数人的职业兴趣可以划分为六种,即社会型(S)、企业型(E)、常规型(C)、实际型(R)、调研型(I)和艺术型(A),如图 3–1 所示。这六种职业兴趣的特征分别是:

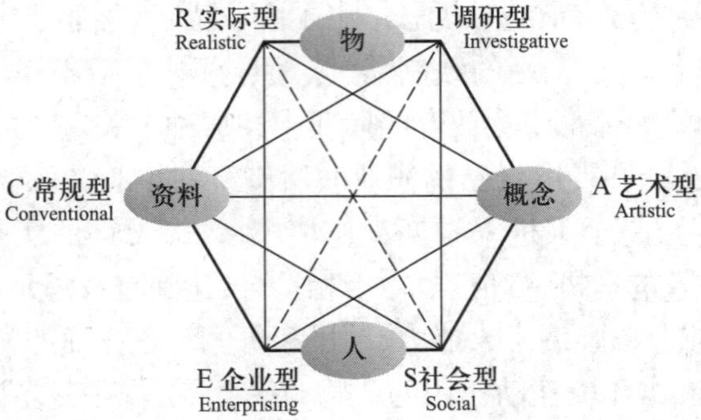

图 3–1 霍兰德六种职业兴趣类型

(1) 社会型。其共同特征是:喜欢与人交往、不断结交新的朋友、善言谈、愿意教导别人;关心社会问题、渴望发挥自己的社会作用;寻求广泛的人际关系,比较看重社会义务和社会道德。其典型职业代表为:喜欢要求与人打交道的工作,能够不断结交新的朋友,从事提供信息、启迪、帮助、培训、开发或治疗等事务,并具备相应能力。如教育工作者(教师、教育行政人员)、社会工作者(咨询人员、公关人员)。

(2) 企业型。其共同特征是:追求权力、权威和物质财富,具有领导才能;喜欢竞争、敢冒风险、有野心、有抱负;为人务实,习惯以利益得失、权利、地位、金钱等来衡量做事的价值,做事有较强的目的性。其典型职业代表为:喜欢要求具备经营、管理、劝服、监督和领导才能,以实现机构、政治、社会及经济目标的工作,并具备相应的能力。如项目经理、销售人员、营销管理人员、政府官员、企业领导、法官、律师。

(3) 常规型。其共同特征是:尊重权威和规章制度,喜欢按计划办事,细心、有条理,习惯接受他人的指挥和领导,自己不谋求领导职务;喜欢关注实际和细节情况,通常较为谨慎和保守,缺乏创造性,不喜欢冒险和竞争,富有自我牺牲精神。其典型职业代表为:喜欢要求注意细节、精确度、有系统有条理,具有记录、归档、据特定要求或程序组织数据和文字信息的职业,并具备相应能力。如秘书、办公室人员、记事员、会计、行政助理、图书馆管理员、出纳员、打字员、投资分析员。

(4) 实际型。其共同特征是:愿意使用工具从事操作性工作,动手能力强,做事手脚灵活,动作协调;偏好于具体任务,不善言辞,做事保守,较为谦虚;缺乏社交能力,通常喜欢独立做事。其典型职业代表为:喜欢使用工具、机器,需要基本操作技能的工作,对要求具备机械方面的才能、体力或从事与物件、机器、工具、运动器材、植物、动物相关的职业有兴趣,并具备相应能力。如技术性职业(计算机硬件人员、摄影师、制图员、机械装配工)、技能性职业(木匠、厨师、技工、修理工、农民)。

(5) 调研型。其共同特征是:思想家而非实干家,抽象思维能力强,求知欲强,肯动脑,善思考,不愿动手;喜欢独立的和富有创造性的工作。知识渊博,有学识才能,不善于领导他人;考虑问题理性,做事喜欢精确,喜欢逻辑分析和推理,不断探讨未知的领域。其典型职业代表为:喜欢智力的、抽象的、分析的、独立的定向任务,要求具备智力或分析才能,并将其用于观察、估测、衡量、形成理论、最终解决问题的工作,并具备相应的能力。如科学研究人员、教师、工程师、计算机编程人员、医生、系统分析员。

(6) 艺术型。其共同特征是:有创造力,乐于创造新颖、与众不同的成果,渴望表现自己的个性,实现自身的价值;做事理想化,追求完美,不重实际;具有一定的艺术才能和个性;善于表达、怀旧、心态较为复杂。其典型职业代表为:喜欢的工作要求具备艺术修养、创造力、表达能力和直觉,并将其用于语言、行为、声音、颜色和形式的审美、思索和感受,具备相应的能力,不善于事务性工作。如艺术方面(演员、导演、艺术设计师、雕刻家、建筑师、摄影家、广告制作人)、音乐方面(歌唱家、作曲家、乐队指挥)、文学方面(小说家、诗人、剧作家)的从业者。

根据自己的实际情况,选择三种自己比较适合的类型,其编号即为霍兰德代码,如AIR、EAS、CRI等。霍兰德职业索引列出了职业兴趣代码和对应的职业,但该索引未经过本土化,和当今中国的实际职业情况有所出入,所以仅在此提供以供大家参考之用(见表3-1)。

表3-1 霍兰德职业索引

职业代码	代码对应职业
RIA	牙科技术员、陶工、建筑设计员、模型工、细木工、制作链条人员
RIS	厨师、林务员、跳水员、潜水员、染色员、电器修理、眼镜制作、电工、纺织机器装配工、服务员、装玻璃工人、发电厂工人、焊接工
RIE	建筑和桥梁工程、环境工程、航空工程、公路工程、电力工程、信号工程、电话工程、一般机械工程、自动工程、矿业工程、海洋工程、交通工程技术人员、制图员、家政经济人员、计量员、农民、农场工人、农业机械操作、清洁工、无线电修理、汽车修理、手表修理、管工、线路装配工、工具仓库管理员
RIC	船上工作人员、接待员、杂志保管员、牙医助手、制帽工、磨坊工、石匠、机器制造、机车(火车头)制造、农业机器装配、汽车装配工、缝纫机装配工、钟表装配和检验、电动器具装配、鞋匠、锁匠、货物检验员、电梯机修工、托儿所所长、钢琴调音员、装配工、印刷工、建筑钢铁工作、卡车司机
RAI	手工雕刻、玻璃雕刻、制作模型人员、家具木工、制作皮革品、手工绣花、手工钩针纺织、排字工作、印刷工作、图画雕刻、装订工
RSE	消防员、交通巡警、警察、门卫、理发师、房间清洁工、屠夫、锻工、开凿工人、管道安装工、出租汽车驾驶员、货物搬运工、送报员、勘探员、娱乐场所的服务员、起卸机操作工、灭害虫者、电梯操作工、厨房助手
RSI	纺织工、编织工、农业学校教师、某些职业课程教师(诸如艺术、商业、技术、工艺课程)、雨衣上胶工
REC	抄水表员、保姆、实验室动物饲养员、动物管理员
REI	轮船船长、航海领航员、大副、试管实验员
RES	旅馆服务员、家畜饲养员、渔民、渔网修补工、水手长、收割机操作工、搬运行李工人、公园服务员、救生员、登山导游、火车工程技术员、建筑工作、铺轨工人
RCI	测量员、勘测员、仪表操作者、农业工程技术、化学工程技师、民用工程技师、石油工程技师、资料室管理员、探矿工、煅烧工、烧窑工、矿工、保养工、磨床工、取样工、样品检验员、纺纱工、炮手、漂洗工、电焊工、锯木工、刨床工、制帽工、手工缝纫工、油漆工、染色工、按摩工、木匠、农民建筑工作、电影放映员、勘测员助手

续表

职业代码	代码对应职业
RCS	公共汽车驾驶员、一等水手、游泳池服务员、裁缝、建筑工作、石匠、烟囱修建工、混凝土工、电话修理工、爆炸手、邮递员、矿工、裱糊工人、纺纱工
RCE	打井工、吊车驾驶员、农场工人、邮件分类员、铲车司机、拖拉机司机
IAS	普通经济学家、农场经济学家、财政经济学家、国际贸易经济学家、实验心理学家、工程心理学家、心理学家、哲学家、内科医生、数学家
IAR	人类学家、天文学家、化学家、物理学家、医学病理、动物标本剥制者、化石修复者、艺术品管理者
ISE	营养学家、饮食顾问、火灾检查员、邮政服务检查员
ISC	侦察员、电视播音室修理员、电视修理服务员、验尸室人员、编目录者、医学实验定技师、调查研究者
ISR	水生生物学者、昆虫学者、微生物学家、配镜师、矫正视力者、细菌学家、牙科医生、骨科医生
ISA	实验心理学家、普通心理学家、发展心理学家、教育心理学家、社会心理学家、临床心理学家、目标学家、皮肤病学家、精神病学家、妇产科医师、眼科医生、五官科医生、医学实验室技术专家、民航医务人员、护士
IES	细菌学家、生理学家、化学专家、地质专家、地理物理学专家、纺织技术专家、医院药剂师、工业药剂师、药房营业员
IEC	档案保管员、保险统计员
ICR	质量检验技术员、地质学技师、工程师、法官、图书馆技术辅导员、计算机操作员、医院听诊员、家禽检查员
IRA	地理学家、地质学家、声学物理学家、矿物学家、古生物学家、石油学家、地震学家、声学物理学家、原子和分子物理学家、电学和磁学物理学家、气象学家、设计审核员、人口统计学家、数学统计学家、外科医生、城市规划家、气象员
IRS	流体物理学家、物理海洋学家、等离子体物理学家、农业科学家、动物学家、食品科学家、园艺学家、植物学家、细菌学家、解剖学家、动物病理学家、作物病理学家、药物学家、生物化学家、生物物理学家、细胞生物学家、临床化学家、遗传学家、分子生物学家、质量控制工程师、地理学家、兽医、放射性治疗技师
IRE	化验员、化学工程师、纺织工程师、食品技师、渔业技术专家、材料和测试工程师、电气工程师、土木工程师、航空工程师、行政官员、冶金专家、原子核工程师、陶瓷工程师、地质工程师、电力工程量、口腔科医生、牙科医生

续表

职业代码	代码对应职业
IRC	飞机领航员、飞行员、物理实验室技师、文献检查员、农业技术专家、动植物技术专家、生物技师、油管检查员、工商业规划者、矿藏安全检查员、纺织品检验员、照相机修理者、工程技术员、编计算程序者、工具设计者、仪器维修工
CRI	簿记员、会计、记时员、铸造机操作工、打字员、按键操作工、复印机操作工
CRS	仓库保管员、档案管理员、缝纫工、讲述员、收款人
CRE	标价员、实验室工作者、广告管理员、自动打字机操作员、电动机装配工、缝纫机操作工
CIS	记账员、顾客服务员、报刊发行员、土地测量员、保险公司职员、会计师、估价员、邮政检查员、外贸检查员
CIE	打字员、统计员、支票记录员、订货员、校对员、办公室工作人员
CIR	校对员、工程职员、海底电报员、检修计划员、发扳员
CSE	接待员、通讯员、电话接线员、卖票员、旅馆服务员、私人职员、商学教师、旅游办事员
CSR	运货代理商、铁路职员、交通检查员、办公室通信员、簿记员、出纳员、银行财务职员
CSA	秘书、图书管理员、办公室办事员
CER	邮递员、数据处理员、办公室办事员
CEI	推销员、经济分析家
CES	银行会计、记账员、法人秘书、速记员、法院报告人
ECI	银行行长、审计员、信用管理员、地产管理员、商业管理员
ECS	信用办事员、保险人员、各类进货员、海关服务经理、售货员、购买员、会计
ERI	建筑物管理员、工业工程师、农场管理员、护士长、农业经营管理人员
ERS	仓库管理员、房屋管理员、货栈监督管理员
ERC	邮政局长、渔船船长、机械操作领班、木工领班、瓦工领班、驾驶员领班
EIR	科学、技术和有关周期出版物的管理员
EIC	专利代理人、鉴定人、运输服务检查员、安全检查员、废品收购人员
EIS	警官、侦察员、交通检验员、安全咨询员、合同管理者、商人
EAS	法官、律师、公证人
EAR	展览室管理员、舞台管理员、播音员、驯兽员
ESC	理发师、裁判员、政府行政管理员、财政管理员、工程管理员、职业病防治、售货员、商业经理、办公室主任、人事负责人、调度员

续表

职业代码	代码对应职业
ESR	家具售货员、书店售货员、公共汽车的驾驶员、日用品售货员、护士长、自然科学和工程的行政领导
ESI	博物馆管理员、图书馆管理员、古迹管理员、饮食业经理、地区安全服务管理员、技术服务咨询者、超级市场管理员、零售商品店店员、批发商、出租汽车服务站调度
ESA	博物馆馆长、报刊管理员、音乐器材售货员、广告商售画营业员、导游、(轮船或班机上的)事务长、飞机上的服务员、船员、法官、律师
ASE	戏剧导演、舞蹈教师、广告撰稿人、报刊专栏作者、记者、演员、英语翻译
ASI	音乐教师、乐器教师、美术教师、管弦乐指挥、合唱队指挥、歌星、演奏家、哲学家、作家、广告经理、时装模特
AER	新闻摄影师、电视摄影师、艺术指导、录音指导、丑角演员、魔术师、木偶戏演员、骑士、跳水员
AEI	音乐指挥、舞台指导、电影导演
AES	流行歌手、舞蹈演员、电影导演、广播节目主持人、舞蹈教师、口技表演者、喜剧演员、模特
AIS	画家、剧作家、编辑、评论家、时装艺术大师、新闻摄影师、男演员、文学作者
AIE	花匠、皮衣设计师、工业产品设计师、剪影艺术家、复制雕刻品大师
AIR	建筑师、画家、摄影师、绘图员、环境美化工、雕刻家、包装设计师、陶器设计师、绣花工、漫画工
SEC	社会活动家、退伍军人服务官员、工商会事务代表、教育咨询者、宿舍管理员、旅馆经理、饮食服务管理员
SER	体育教练、游泳指导
SEI	大学校长、学院院长、医院行政管理员、历史学家、家政经济学家、职业学校教师、资料员
SEA	娱乐活动管理员、国外服务办事员、社会服务助理、一般咨询者、宗教教育工作者
SCE	部长助理、福利机构职员、生产协调人、环境卫生管理人员、戏院经理、餐馆经理、售票员
SRI	外科医师助手、医院服务员
SRE	体育教师、职业病治疗者、体育教练、专业运动员、房管员、儿童家庭教师、警察、引座员、传达员、保姆
SRC	护理员、护理助理、医院勤杂工、理发师、学校儿童服务人员

续表

职业代码	代码对应职业
SIA	社会学家、心理咨询者、学校心理学家、政治科学家、大学或学院的系主任、大学或学院的教育学教师、大学农学教师、大学工程和建筑课程的教师、大学法律教师、大学数学、医学、物理、社会科学和生命科学的教师、研究生助教、成人教育教师
SIE	营养学家、饮食学家、海关检查员、安全检查员、税务稽查员、校长
SIC	描图员、兽医助手、诊所助理、体检检查员、监督缓刑犯的工作者、娱乐指导者、咨询人员、社会科学教师
SIR	理疗员、救护队工作人员、手足病医生、职业病治疗助手

2. 叙事法

叙事法主要是通过讲述生活经历中的事件来分析和澄清自己的兴趣所在。比较常用的问题为：

你最喜欢的课程(游戏、节目、活动)是什么?

做什么事情的时候最容易忘记时间?

做什么事情(什么样的场景)最有成就感?

如果有时间,你最想去做什么?

……

通过自己对这些问题的回答,反思答案之间有没有内在的一致性,对其进行分析,以此来帮助自己寻找和了解职业兴趣。

3. 活动法

活动法是通过一些具体活动,在参与过程中寻找和发现自己的兴趣,比较常用的有兴趣岛、生涯幻游等方法。

兴趣岛将霍兰德代码的六种个体类型比喻成岛屿,通过选择岛屿,洞察自己真正的个体类型,匹配自己所喜欢和不喜欢的职业内容,帮助自己把握好职业定位和方向。

生涯幻游是依据生命历程理论进行的个人职业生涯探索的一种活动。所谓生命历程,简单地说就是在特定时代背景下,个人在生命跨度中所扮演的社会期望的全部角色与事件的轨迹。生涯幻游活动通过引导来访者想象自己十年后的模样和未来生涯的光景,以唤醒个体内心真正的需要,发现自己的兴趣。

4. 兴趣探索方法的适用范围

国内引进的霍兰德自我探索量表和职业索引是基于国外情景所研发建立的,在职业名称和职业对应的代码上会与国内有所差异。目前国内已有多种自主研发的霍兰德兴趣测试版本，测评的信度和效度也各不相同。在具体的使用过程中，需要注意测评工具的测试要求、适用范围以及指导语。

另外，包括霍兰德自我探索量表、兴趣岛、生涯幻游等方法在内的所有兴趣探索方法都不能被解释为“哪种职业比较适合我”，只能说拥有某些兴趣倾向的人会比较多地选择某类职业，在这些职业中会获得比较多的满足感和成就感。

另外在探索中也时常会出现学生发现找不到自己真正的兴趣、自己的兴趣十分广泛以至于不知道哪类职业是自己最适合最喜欢的、测试出的兴趣与所学专业不相符等情况。在现实中兴趣与职业完美匹配的情况比较少，但是人们可以通过兴趣测验更加了解自身并探索更多的兴趣点，为自己的将来提供更多的可能性。有时我们也可以把兴趣转化为爱好，陶冶自己的性情。按兴趣选择职业只是让自己更容易成功，生活更加快乐而已，但这并不是让自己幸福快乐的唯一途径。

（二）自我性格探索的方法

性格测试方法主要分为自陈量表式测验和投射测验两大类，其中投射测验因评分缺乏客观标准以及测验的结果难以解释等特点，较少用于性格的自我探索。自陈量表式测验目前比较常用的是 MBTI 性格类型测试和气质类型测试。

1. MBTI 性格类型测试

MBTI 是一种迫选型、自我报告式的性格评估工具，用以衡量和描述人们在获取信息、做出决策、对待生活等方面的心理活动规律和性格类型。其理论主要来源于瑞典心理学家荣格有关心理类型的学说，之后经过美国的布莱格斯及迈尔斯的研究发展，最终形成一套完整的心理测评工具。据统计，世界前一百强公司中有近 90% 的公司引入 MBTI 作为其员工和管理层自我发展、改善沟通和提升组织绩效的重要方法。

MBTI 从四个维度考察个人的偏好倾向，以区分人与人之间的差异。根据不同维度测试得分高低，可分析人的性格及适合从事的职业：

(1) 外向型(E)和内向型(I)。根据对外部世界的态度分为内向型和外向型，这是区分个体的最基本的维度。内向型的人注重事物的内在变化，外向型的人注重事物的外在环境。两种类型的个体在自己偏好的世界里会感觉自在、充满活力，而到相反的世界里则会不安、疲惫。

内向的人喜欢独立思考、埋头工作、勤奋、沉思、不冲动、全面周到，但是对外部环境理解不多，逃避他人，易被他人误会，不喜欢工作被打断，适合的工作有钢琴师、诗人、心理学家等。

外向的人对外部环境关注的多，乐意与他人来往，心态开放，喜欢行动，易被他人了解，但是不够独立，希望和他人共事，喜欢变化、行动，讨厌规范约束，适合从事导游、公关等工作。

(2) 感知型(S)和直觉型(N)。根据认识外在世界的方法可分为感知型和直觉型。感知型的人较注重实际及具体事实的看法,直觉型的人较注重事件的可能性和整体性的关系。感知型的人擅长记忆大量事实与材料,直觉型的更擅长分析解释事实。

感知型的人注重细节、实际,有耐心,耐得住烦闷,有条理。但常常缺乏整体观念,创新意识不强,不喜欢预测未来,很难应付太复杂的工作,适合做律师、会计师、秘书等。

直觉型的人整体观念强,看问题全面,富有想象力,喜欢创新。但不注重细节,不求实际,做事缺乏逻辑性,不能忍受沉闷,常常无端推断,适合从事室内设计师、电影评论员或美容师等工作。

(3) 理性型(T)和感性型(F)。根据下结论、做决定的方式可分为理性型和感性型。理性型的人较注重客观、公平和逻辑分析;感性型的人较注重主观、价值和人际关系。

理性型的人做事逻辑性强,客观公正,善于分析、思考,有判断力,坚定。但是常忽视他人感受,不善与人沟通,感情不外露,较少富有同情心,不愿说服别人,适合做法官、教导员等。

感性型的人能在乎他人感受及需要,能与人和睦相处,感情外露,喜欢说服他人。但是做事不够客观,逻辑性差,常缺乏系统的思考,易接受他人观点,不具备批评精神,爱感情用事,适合做宗教人员、播音员、辅导人员等。

(4) 决断型(J)和熟思型(P)。根据处理事物的态度可分为决断型和熟思型。决断型的人做事较注重一定的步骤及计划,熟思型的人较注重突发的灵感及弹性的方法。

决断型的人做事有计划、果断,做决定迅速,控制能力强。但常常固执,不易妥协,做事不灵活,做决定常常凭少许信息,计划不轻易变更,适合从事企业家、生产主管及投资顾问等工作。

熟思型的人善于协调,看问题全面,灵活、开放,依据可靠的信息做决定,不任意批评人。但做事常犹豫不决,计划性差,控制能力较差,易于分心,计划常常更改,适合做保险顾问、社会工作者及漫画家等工作。

以上对于四个维度进行了简单的介绍,但是每个人的性格都不是简单的单维度,而是四个维度相互彼此影响着的。所以我们在理解一个人的性格时需要将四个维度综合起来考虑。将 MBTI 的四个维度的两极分别结合,正好组成 16 种人格类型,如图 3-2 所示。

16 种人格的主要特征如下:

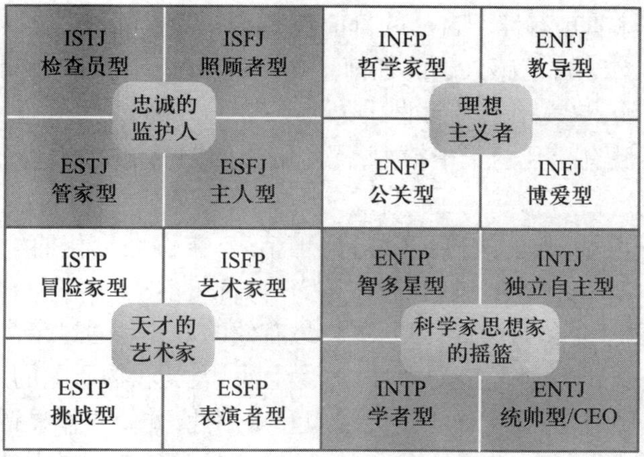

图 3–2　MBTI 人格类型示意图

ISTJ——安静、严肃，通过全面性和可靠性获得成功；实际，有责任感；决定有逻辑性，并一步步地朝着目标前进，不易分心；喜欢将工作、家庭和生活都安排得井井有条；重视传统和忠诚。

ISFJ——安静、友好、有责任感和良知；坚定地致力于完成他们的义务；全面、勤勉、精确，忠诚、体贴，留心和记得他们重视的人的小细节，关心他人的感受；努力把工作和家庭环境营造得有序而温馨。

INFJ——寻求思想、关系、物质等之间的意义和联系；希望了解什么能够激励人，对人有很强的洞察力；有责任心，坚持自己的价值观；对于怎样更好地服务大众有清晰的远景；在对于目标的实现过程中有计划而且果断坚定。

INTJ——在实现自己的想法和达成自己的目标时有创新的想法和非凡的动力；能很快洞察到外界事物间的规律并形成长期的远景计划；一旦决定做一件事就会开始规划并直到完成为止；多疑、独立，对于自己和他人能力和表现的要求都非常高。

ISTP——灵活、忍耐力强，是个安静的观察者，只要有问题发生，就会马上行动，找到实用的解决方法；分析事物运作的原理，能从大量的信息中很快找到关键的症结所在；对于原因和结果感兴趣，用逻辑的方式处理问题，重视效率。

ISFP——安静、友好、敏感、和善；享受当前，喜欢有自己的空间，喜欢能按照自己的时间表工作；对于自己的价值观和自己觉得重要的人非常忠诚，有责任心；不喜欢争论和冲突，不会将自己的观念和价值观强加到别人身上。

INFP——理想主义，对于自己的价值观和自己觉得重要的人非常忠诚；希望外部的生活和自己内心的价值观是统一的；好奇心重，很快能看到事情的可能性，能成为实现想法的催化剂；寻求理解别人和帮助他们实现潜能；适应力强，灵活，善于接受，除非是有悖于自己的价值观的。

INTP——对于自己感兴趣的任何事物都寻求找到合理的解释；喜欢理论性的和抽象的事物，热衷于思考而非社交活动；安静、内向、灵活、适应力强；对于自己感兴趣的领域有超凡的集中精力，深度解决问题的能力；多疑，有时会有点挑剔，喜欢分析。

ESTP——灵活、忍耐力强，实际，注重结果；觉得理论和抽象的解释非常无趣，喜欢积极地采取行动解决问题；注重当前，自然不做作，享受和他人在一起的时刻；喜欢物质享受和时尚；学习新事物最有效的方式是通过亲身感受和练习。

ESFP——外向、友好、接受力强；热爱生活、人类和物质上的享受，喜欢和别人一起将事情做成功；在工作中讲究常识和实用性，并使工作显得有趣；灵活、自然不做作，对于新的任何事物都能很快地适应；学习新事物最有效的方式是和他人一起尝试。

ENFP——热情洋溢、富有想象力，认为人生有很多的可能性；能很快地将事情和信息联系起来，然后很自信地根据自己的判断解决问题；总是需要得到别人的认可，也总是准备着给予他人赏识和帮助；灵活、自然不做作，有很强的即兴发挥的能力，言语流畅。

ENTP——反应快、睿智，有激励别人的能力，警觉性强、直言不讳；在解决新的、具有挑战性的问题时机智而有策略；善于找出理论上的可能性，然后再用战略的眼光分析；善于理解别人；不喜欢例行公事，很少会用相同的方法做相同的事情，倾向于一个接一个地发展新的爱好。

ESTJ——实际、现实主义、果断，一旦下决心就会马上行动；善于将项目和人组织起来将事情完成，并尽可能用最有效率的方法得到结果；注重日常的细节。有一套非常清晰的逻辑标准，并系统性地遵循，并希望他人也同样遵循；在实施计划时强而有力。

ESFJ——热心肠、有责任心、善合作；希望周边的环境温馨而和谐，并为此果断地执行；喜欢和他人一起精确并及时地完成任务，事无巨细都会保持忠诚；能体察到他人在日常生活中的所需并竭尽全力帮助；希望自己和自己的所为能受到他人的认可和赏识。

ENFJ——热情、为他人着想、易感应、有责任心；非常注重他人的感情、需求和动机；善于发现他人的潜能，并希望能帮助他们实现；能成为个人或群体成长和进步的催化剂；忠诚，对于赞扬和批评都会积极地回应；友善、好社交，在团体中能很好地帮助他人，并有鼓舞他人的领导能力。

ENTJ——坦诚、果断，有天生的领导能力；能很快看到企业/组织程序和政策中的不合理性和低效能性，发展并实施有效和全面的系统来解决问题；善于做长期的计划和目标的设定；通常见多识广，博览群书，喜欢拓宽自己的知识面并分享给他人；在陈述自己的想法时非常强而有力。

2. 气质类型测试

除了 MBTI 测试外，气质类型也多用于测试气质性格所适合职业的类型。目前较为认可的气质类型种类是源于古希腊著名的医生希波克拉底的体液学说，经过发展总结为四种气质类型：多血质、胆汁质、黏液质和抑郁质。四种气质类型的特征如下：

(1) 多血质。强而平衡，灵活性高。这种人情感和情绪发生迅速，表露于外，极易变化，灵活而敏捷，活泼好动，但往往不求甚解。工作适应力强，讨人喜欢，交际广泛。容易接受新事物，也容易见异思迁而显得轻浮。

神经特点：感受性低；耐受性高；不随意反应性强；具有可塑性；情绪兴奋性高；反应速度快而灵活。

心理特点：活泼好动；善于交际；思维敏捷；容易接受新鲜事物；情绪情感容易产生也容易变化和消失，容易外露；体验不深刻。

典型表现：多血质又称活泼型，敏捷好动，善于交际，在新的环境里不感到拘束。在工作学习上富有精力而效率高，表现出机敏的工作能力，善于适应环境变化。在集体中精神愉快，朝气蓬勃，愿意从事合乎实际的事业，能对事业心驰神往，能迅速地把握新事物，在有充分自制能力和纪律性的情况下，会表现出巨大的积极性。兴趣广泛，但情感易变，如果事业上不顺利，热情可能消失，消失速度与投身事业时一样迅速。从事多样化的工作往往成绩卓越。

合适的职业：导游、推销员、节目主持人、演讲者、外事接待人员、演员、市场调查员、监督员等。

(2) 胆汁质。强而不平衡。这样的人情感和情绪发生迅速，爆发力很好。同时，情感和情绪消失得也快，情绪趋于外向。智力活动灵敏有力，但理解问题容易粗枝大叶。意志力坚强，不怕挫折，勇敢果断，但容易冲动，难以抑制。工作热情高，表现得雷厉风行，顽强有力。

神经特点：感受性低；耐受性高；不随意反应性强；外倾性明显；情绪兴奋性高；控制力弱；反应快但不灵活。

心理特点：坦率热情；精力旺盛，容易冲动；脾气暴躁；思维敏捷；准确性差；情感外露，但持续时间不长。

典型表现：胆汁质又称不可遏止型或战斗型。具有强烈的兴奋过程和比较弱的抑郁过程，情绪易激动，反应迅速，行动敏捷，暴躁而有力；在语言上、表情上、姿态上都有一种强烈而迅速的情感表现；在克服困难上有不可遏止和坚韧不拔的劲头，而不善于考虑是否能做到；性急，易爆发而不能自制。这种人的工作特点带有明显的周期性，埋头于事业，也准备去克服通向目标的重重困难和障碍。但是当精力耗尽时，易失去信心。

适合职业：管理工作、外交工作、驾驶员、服装纺织业、餐饮服务业、医生、律师、运动员、冒险家、新闻记者、演员、军人、公安干警等。

(3) 黏液质。强而平衡，灵活性低。这种人情绪比较稳定，兴奋性低，变化缓慢，内向、喜欢沉思。思维和言行稳定而迟缓，冷静而踏实。对工作考虑细致周到，不折不扣，坚定地执行自己已经做出的决定，往往对已经习惯了的工作表现出高度热情，而不容易适应新的工作和环境。

神经特点：感受性低；耐受性高；不随意反应性低；外部表现少；情绪具有稳定性；反应速度快且灵活。

心理特点：稳重，考虑问题全面；安静，沉默，善于克制自己；善于忍耐。情绪不易外露；注意力稳定而不容易转移，外部动作少而缓慢。

典型表现：这种人又称为安静型，在生活中是一个坚持而稳健的辛勤工作者。由于这些人具有与兴奋过程相均衡的强抑制，所以行动缓慢而沉着，严格恪守既定的生活秩序和工作制度，不为无所谓的动因而分心。粘液质的人态度持重，交际适度，情感上不易激动，不易发脾气，也不易流露情感，能自制，也不常常显露自己的才能。这种人长时间坚持不懈，有条不紊地从事自己的工作。其不足是有些事情不够灵活，不善于转移自己的注意力。惰性使他因循守旧，表现出固定性有余，而灵活性不足。具有从容不迫和严肃认真的品德，以及性格的一贯性和确定性。

适合职业：外科医生、法官、管理人员、出纳员、会计、播音员、话务员、调解员、教师、人力资源管理等。

(4) 抑郁质。弱性，易抑制。这种人情绪体验深刻，不易外露。对事物有较高的敏感性，能体察到一般人所觉察不到的东西，观察事物细致。行动缓慢，多愁善感，也易于消沉，干工作常常显得信心不足，缺乏果断性。交际面较窄，常常有孤独感。

神经特点：感受性高；耐受性低；随意反应性低；情绪兴奋性高；反应速度慢，刻板固执。

心理特点：沉静、对问题感受和体验深刻；持久；情绪不容易表露；反应迟缓但是深刻；准确性高。

典型表现：有较强的感受能力，易动感情、情绪体验的方式较少，但是体验持久而有力，能观察到别人不容易察觉到的细节，对外部环境变化敏感，内心体验深刻，外表行为非常迟缓、忸怩，怯弱、怀疑、孤僻、优柔寡断，容易恐惧。

适合职业：校对、打字、排版、检察员、雕刻工作、刺绣工作、保管员、机要秘书、艺术工作者、哲学家、科学家等。

3. 职业性格可调试

如果一个人的性格和职业正好相符,这自然是非常理想的状态。但现实中并不是所有人都能够进入和自己性格相对应的职业,这种情况下人们也可以经过有意识的、有目的的调试,逐渐促使原有不适应职业要求的性格得到改变或掩饰,最终适应职业。这种理想结果是由于职业环境(外因)和自我职业实践活动及自我修养活动(内因)共同作用而形成的。

第二节 发展是成就“完美旅程”的关键

第二次世界大战后,人们渴望稳定和幸福的生活,人们对于职业的认识不再停留在静态的“人职匹配”上,不再只是为了找到一份好工作,强调职业的选择是否合适,而是将职业发展和人生的每个阶段配合起来,将生涯看作生命的旅程,并把生涯分成不同的阶段,在每个阶段确立不同的生涯任务。人们完美地完成不同生涯阶段的任务,从而成就“完美旅程”。生涯发展理论的代表人物是金斯伯格(Eli Ginzberg)和舒伯(Super)。

一、职业生涯发展三段论:青少年阶段为主

1951 年,金斯伯格出版《职业选择》一书,对青少年职业选择的过程与问题做了深入的研究,提出了职业发展的幻想阶段、尝试阶段、现实阶段三个发展阶段,认为职业在个人生活中是一个连续的、长期的发展过程。他研究的重点是从童年到青少年阶段的职业心理发展过程,通过比较美国富裕家庭的人从童年期到成年早期和成熟过程中的有关职业选择的想法和行动,并将职业生涯发展分为幻想期(11 岁之前)、尝试期(11—17 岁)和现实期(17 岁之后)三个阶段。

由于个体在未成年时期,诸如生活环境、教育条件等影响个体发展的因素都不能由自身决定,所以个体后期的职业发展还存在很大的变动空间。金斯伯格将职业生涯发展阶段的重点放在个体未成年的时期,并未详细说明个体成年后的职业生涯阶段,而一个人的职业生涯主要阶段恰恰是在成年之后。另外,金斯伯格在调查时参照的是美国富裕家庭,使该理论具有片面性。

二、生涯发展五段论:全生命周期

1953 年,舒伯在《美国心理学家》杂志发表文章,提出“生涯”的概念,并根据自己“生涯发展研究”的结果,参照布勒(Bueller)的分类,将生涯发展阶段划分为成长、探索、建立、维持与衰退五个阶段,同时对成长阶段、探索阶段和建立阶段进行了详细的研究,把这 3 个职业发展阶段又分成 8 个次阶段。在以后的研究岁月里,舒伯对发展任务又有了新的理解。他提出了循环式发展任务,他认为人的一生生涯发展中,各个阶段同样要面对成长、探索、建立、维持和衰退的问题,因而形成“成长—探索—建立—维持—衰退”的循环。一旦个人进入一个新的生涯发展阶段,极可能进入一个新的发展循环,需要重新经历成长、探索、建立、维持和衰退等一系列历程。这些人生阶段并不完全和年龄一致,每个人都有可能会在人生的不同时间点上再次经历这些阶段,或者部分阶段。适当的人生各阶段的生涯发展任务,即是“生涯成熟”的表现。1976 年到 1979 年间,舒伯在英国进行了为期四年的跨文化研究,之后提出了一个更为广阔的新观念——生活广度、生活空间的生涯发展观。这个生涯发展观,除了原有的发展阶段理论之外,较为特殊的是舒伯加入了角色理论,并将生涯发展阶段与角色彼此间交互影响的状况,描绘出一个多重角色生涯发展的综合图形,这就是著名的“生涯彩虹图”(见图 3–3)。

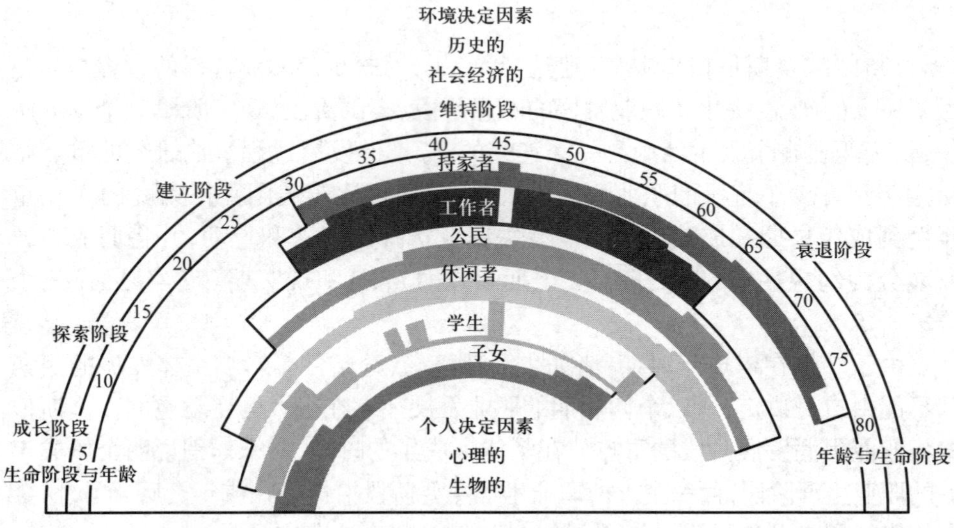

图 3–3 生涯彩虹图

舒伯认为人生好比彩虹,一个人一生中扮演的许许多多角色就像彩虹同时具有许多色带。人生的整体发展由三个层面组成:时间、广度与深度。

(1) 时间:一个人的生命历程分成成长、探索、建立、维持、衰退五个阶段。

(2) 广度:包括人的一生中所扮演的各种角色,如儿童、学生、休闲者、公民、工作者、家庭照顾者等。

(3) 深度:一个人在扮演某种角色时所投入的程度,投入的精力越多,颜色面积也就越大。

(一) 生涯发展的五个阶段

1. 成长期(growth)

成长期为从出生至 14 岁左右,认同并建立起自我概念,对职业好奇占主导地位,并逐步有意识地培养职业能力。舒伯将这一阶段具体分为 3 个时期:

(1) 幻想期(10 岁之前):儿童从外界感知到许多职业,对于自己觉得好玩和喜爱的职业充满幻想并进行模仿。

(2) 兴趣期(11—12 岁):以兴趣为中心,理解、评价职业,开始做职业选择。

(3) 能力期(13—14 岁):开始考虑自身条件与喜爱的职业是否相符合,有意识地进行能力培养。

2. 探索期(exploration)

探索期为 15 至 24 岁,主要通过学校学习进行自我考察、角色鉴定和职业探索,完成择业及初步就业。

(1) 试验期(15—17 岁):综合认识和考虑自己的兴趣、能力与职业社会价值、就业机会,开始进行择业尝试。

(2) 过渡期(18—21 岁):正式进入职业,或者进行专门的职业培训,明确某种职业倾向。

(3) 尝试期(22—24 岁):选定工作领域,开始从事某种职业,对职业发展目标的可行性进行实验。

3. 建立期(establishment)

建立期为 25 至 44 岁,获取一个合适的工作领域,并谋求发展。这一阶段是大多数人职业生涯周期中的核心部分。

(1) 尝试期(25—30 岁):个人在所选的职业中安顿下来。重点是寻求职业及生活上的稳定。

(2) 稳定期(31—44 岁):致力于实现职业目标,是个富有创造性的时期。

4. 维持期(maintenance)

维持期是由成年迈入中老年的阶段,年龄范围在 45 至 64 岁之间。个人已逐渐在职场上取得相当的地位,此时期的主要任务为维持既有的地位与成就。

5. 衰退期(decline)

衰退期是65岁以上,身心状况逐渐衰退,此时期的主要任务为发展工作之外的新角色,维持生命的活力,开拓新的生活。

(二)贯穿一生的广度深度

在生涯彩虹图中,纵向层面代表的是广度,是由职位和角色所组成。舒伯认为在一生当中必须扮演九种主要的角色,依序是:儿童、学生、休闲者、公民、工作者、夫妻、家长、父母和退休者。各种角色是相互作用的,一个角色的成功,特别是早期角色如果发展得好,将会为其他角色提供良好的关系基础。但是,在一个角色上投入过多的精力,而没有平衡协调各角色的关系,也会导致其他角色的失败。

第一层是子女角色。以图3-3为例,半圆形最中间一层是儿童的角色,也是为人子女的角色。这个角色一直存在。早期个体享受父母的照顾,随着成长成熟,慢慢和父母平起平坐,而在父母年迈之际,则要开始多花费一些心力陪伴父母,赡养父母。

第二层是学生角色。一般从四五岁开始,10岁以后进一步加强,20岁以后大幅度减少,25岁以后便戛然而止。但在30岁以后,学生的角色又出现,特别是40岁以后学生的角色几乎占有全部的生活空间,但几年后就会完全消失,直到65岁以后。这是由于在现在科技发展日新月异、知识爆炸的社会,青年在离开学校、工作一段时间之后,常会感到自身学习已经不能满足工作需要了,所以重回学校来充实自我。学生角色在35、40、45岁左右回升,正是这种现象的反映。

第三层是休闲者的角色。这一角色在前期较平稳,直到60岁以后迅速增加,这和退休有关。在现代生活中,平衡工作与休闲是一项非常重要的任务,特别是在快节奏、高效率的社会中。

第四层是公民角色。这个角色,就是承担社会责任、关心国家事务的一种责任和义务。

第五层是工作者角色。一般在25岁以后,人就要开始参加工作,从此以后,这个角色将成为其生涯中最重要的角色,相当长时间内都是涂满的,直到其退休。

第六层是持家者角色。这一角色可以拆分为夫妻、父母、(外)祖父母等角色,然后分别作图。此处家长的角色从30岁开始,头几年精力投入较多,之后维持在一个适当水平,一直到退休以后又加强了这一角色。76—80岁则几乎没有了持家者的角色。

虽然个体的生涯过程中还可能承担其他角色,但对于大多数人来说,上述这些是最基本的角色。在使用生涯彩虹图时,个体可根据自身情况,在此图的基础上进行适当调整。

第三节　建构是创造“自我价值”的核心

1970年后,西方生涯研究发现舒伯的生涯阶段和生涯彩虹图并不适用于所有人,存在着各种各样的不足。越来越多的人并不完全按照生涯阶段来前行,人在职业生涯中的主观能动性占据主导地位。个体过去所做的事情、现在所做的事情和未来所做的事情,并不存在一个客观的标准和评价,都是每一个个体自己建构出来的。在后现代时代,每个个体的生命意义,都属于他自己一个人,每个人都要去创造,而不是匹配属于我们自己的人生,不论从事何种职业,都能够找到人生的意义,找到生命的意义。生涯建构的核心开始重视个体如何赋予生涯意义。

一、认知加工论:主动学习和加工信息

1991年,盖瑞·彼得森(Gary Peterson)、詹姆斯·桑普森(James Sampson)、罗伯特·里尔登(Robert Reardon)合著了《生涯发展和服务:一种认知的方法》(*Career Development and Services:A Cognitive Approach*)一书,阐述了这一认知信息加工的方法(简称CIP)。认知信息加工论认为生涯发展就是看一个人如何做出生涯决策以及在生涯问题解决和生涯决策过程中如何使用信息的。该理论把生涯发展与咨询的过程视为学习信息加工能力的过程。该理论的提出者按照信息加工的特性构成了一个信息加工金字塔。位于塔底的领域是知识的领域,包括自我知识和职业知识。中间领域是决策领域,包括了沟通(确认需求)—分析(将问题的各组成部分相互联系起来)—综合(形成选项)—评估(评估选项)—执行(策略的实施)五个阶段。最上层的领域是执行领域,也称为元认知,元认知是一个人所具有的关于自己思维活动和学习活动的知识及其实施的控制,是任何调节认知过程的认知活动,即是任何以认知过程与结果为对象的知识,包括自我言语、自我觉察、控制与监督。该理论认为,知识领域相当于计算机的数据文件,需要我们进行存储。决策领域是计算机的程序软件,让个体对所存储的信息进行加工处理。执行领域相当于计算机的工作控制功能,操纵计算机按指令执行程序。

二、生涯适应论:适应才是生涯发展的核心

美国明尼苏达大学罗圭斯特(Lofquist)和戴维斯(Dawis)提出强调人境符合

的心理学理论，被称为明尼苏达大学工作适应论。该理论简单来说就是只有当工作环境能满足个人的需求（内在满意），个人也能满足工作的技能要求（外在满意）时，个人在该工作领域才能够得到持久发展，强调人境符合适应论。可以采用的工具是：快乐 = 能力 - 期待，要么提升能力，要么降低期待。

舒伯在 1981 年提出生涯适应力（career adaptability），认为适应（adaptation）才是终身职业生涯理论的核心。萨维科斯深受舒伯的影响，不仅把适应力作为生涯建构理论的核心要素，还指出个体职业发展的实质就是一个追求主观自我与外部世界相互适应的动态建构过程，不同的人有着不同的具体建构内容和建构结果。

三、生涯建构论：尊重主观体验和主观作用

1996 年，美国学者克朗伯茨（John D.Krumblotz）从自我效能的角度提出了职业生涯规划的“主动建构理论”。他认为个人信念与期望是职业生涯发展的一个重要组成部分，职业生涯的发展不是被动而是一个主动建构的过程。其后，又提出了偶发事件的理论，强调辨识偶发事件与机会的重要性。

2002 年，萨维科斯（Mark L. Savickas）提出生涯建构论。探讨的是个体如何通过一系列有意义的职业行为和工作经历来构建自身职业生涯发展过程。在“人职匹配”论、生涯发展论的基础上，生涯建构论进一步提出，个体应综合考虑自己的过往经验、当前感受以及未来抱负做出职业发展行为选择，职业生涯发展就是个体围绕职业生涯这一重要人生主题而展开的、内涵丰富的主观建构过程。不论是“人职匹配”还是生涯发展理论，都强调个体要重视自己的内在感受，尊重主观体验，生涯建构突出个体的主观性，提出主观生涯概念，把过去的记忆、现在的经验和未来的期望，编制成一个描述人生主题的模式，然后给它赋予人生的意义，每个个体的生命意义，都是个体建构出来的。

随着建构主义思潮的兴起，传统的生涯观受到了挑战，生涯不再是只强调匹配。从建构角度来看，生涯有了主客之分，建立在个体独特的心理体验以及文化、社会、历史和经济条件等基础上的主观生涯的重要性凸显出来，个体的生涯主体经验和主动构建变得越来越重要。加拿大《生涯发展咨询师道德规范指导手册》中给出的生涯定义就反映出上述思想：“生涯就是指个体一生中所从事的一系列的工作、学习和休闲活动等构成的生活方式，生涯对每一个个体来讲具有独特性和动态性……它还包括个体是怎样协调其有偿工作与无偿工作以及生活角色之间的关系。”因此，从主观的角度来理解生涯的价值就在于突出了个体在生涯发展中的积极性和能动性，这样的理解也提示生涯咨询工作者应将其注意

力直接集中在急速变化的环境中，人们在各种关系中是如何理解其工作的，即人们是怎样在关系中建构其生涯意义的。

四、生涯建构及其常用工具

萨维科斯进一步完善的生涯适应力理论，提出了生涯适应力模型，包含生涯关注、生涯好奇、生涯控制、生涯自信四个维度。这四个维度分别代表了个体对职业生涯发展四个角度的思考。个体在生涯建构过程中可以基于生涯适应力模型，将生涯建构理念转化为生涯探索实践中的策略与工具。生涯建构的四个基本组成部分如图 3–4 所示。

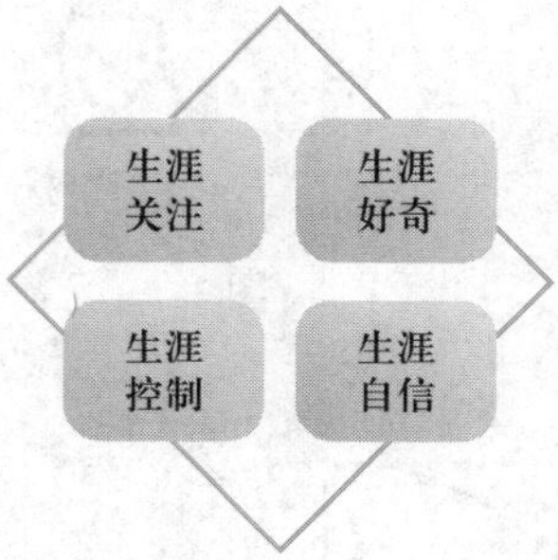

图 3–4　萨维科斯的生涯适应力模型

（一）生涯关注

关注职业生涯发展目标，分享规划目标，积极规划职业目标。

（二）生涯好奇

1. 积极探索内外生涯

➢ 自我认知对职业选择的影响。

➢ 兴趣与职业的匹配。

➢ 气质、性格与职业的匹配。

➢ 价值观与职业的匹配。

➢ 能力与职业的匹配。

2. 职业能力素质探索（以上海师范大学为例）

➢ 入口：http://shnu.jysd.com/，选择网页左侧“学生导航—职业测评”，如图 3–5 所示。

➢ 用户名：学号；密码：6 个 8。

➢ 完成后可保存成 pdf 格式。

（三）生涯控制

确立了大的生涯目标后，需要通过分解阶段性目标，制定详细的施工图，利用生涯平衡轮制定月计划。

第一步，画一个空白的轮形，如图 3–6 所示。

在右轮中依次填上生命平衡与幸福最重要的 8 项内容，标准版本的生命之花的内容顺时针为（见图 3–7）：

图 3–5 上海某大学通用职业能力素质测评系统示例

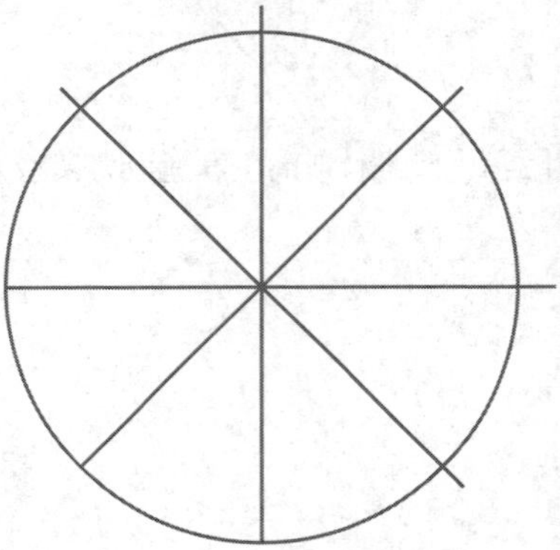

图 3–6 生涯平衡轮工具示例(1)

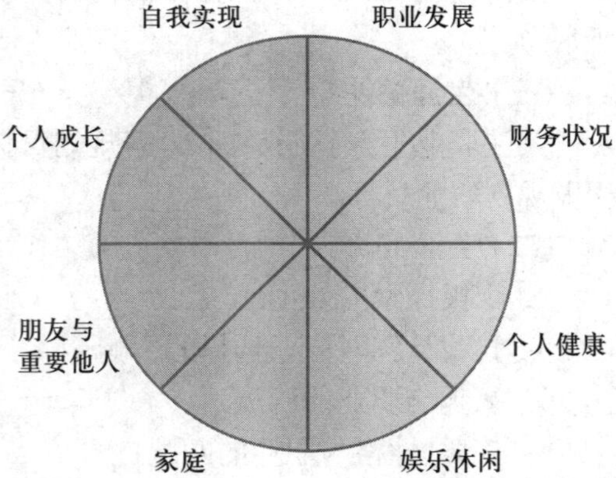

图 3–7 生涯平衡轮工具示例(2)

➢ 职业发展——你的职业发展方面。

➢ 财务状况——你的财务方面。

➢ 个人健康——身体、心理健康方面。

➢ 娱乐休闲——放松时间

➢ 家庭——如果已经组建自己的家庭，主要指自己的。未组建家庭的，就指和父母的家庭。

➢ 朋友和重要他人——不是亲人，却不可失去的人。

➢ 个人成长——知识、能力、眼界、心灵的成长，都是个人成长。

➢ 自我实现——也许与工作无关，但是能发挥你的天赋，实现你价值的事。

第二步，开始填写。

当这 8 个维度设好，就可以开始填写了。一开始不要多，每个维度填写最重要的三件事情就好。等到一两次熟练了，你可以尝试填写更多，但是永远不要超过 5 项(参见图 3–8)。

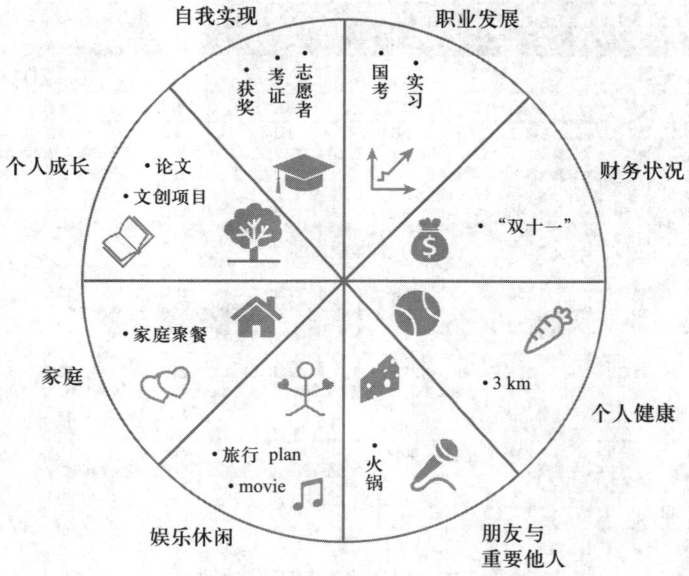

图 3–8　生涯平衡轮工具示例(3)

有几个计划原则应遵守

(1) 最好 3 项，不要超过 5 项。只保留那些非做不可的。

(2) 你觉得重要一点的，可以做个标记，或者画一个小图标提醒自己。

(3) 一开始想不出来，不要随便填写东西上去。一定要填写让自己怦然心动的东西。你的潜意识会开始运作，回来填写这个空的。

(4) 学会用彩笔，用视觉符号越多越好。图画比文字有驱动力。

第三步，制定月计划。

(1) 首先安排比较“硬”的时间—— 一般来说，职业和财务时间都是比较“硬”的，因为很多人协作，轮不到你自己安排。

(2) 其次安排健康时间和家庭时间；健康时间因为你的身体需要持续的有规律的时间，所以需要提前安排。家庭时间因为你家人的时间相对固定，也需要第二个插入。所幸这些时间不会太长，一般一天 1 小时足够了。

(3) 再次是个人成长与自我实现的时间。这部分时间其实是整个生命之花的启动机，很重要。

(4) 为什么娱乐休闲与重要他人放在最后？

月计划记录可以如图 3-9 所示。这部分的计划可能是自身最有动力做的事情，即使时间不对、环境不好，也会选择去做。

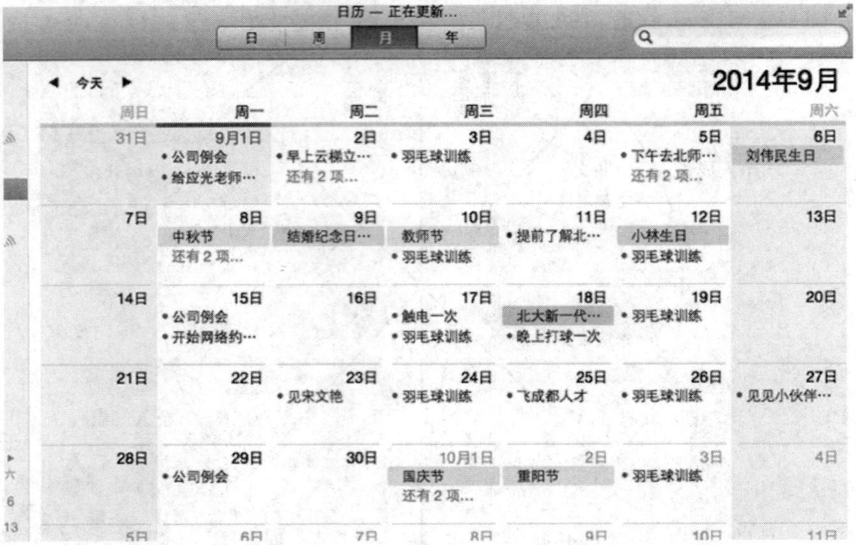

图 3-9 生涯平衡轮工具示例(4)

(四) 生涯自信

关键在于，专注于做自己擅长且感兴趣的工作。

(1) 什么事情你最愿意为之付出，且毫无怨言？

(2) 让你有坚强的毅力，并促使你不断前进。

(3) 对任何一件事的疯狂热爱。

(4) 能够发挥你潜力的事情，值得尽全力去做。

(5) 你可以发现世界的美好，并善于观察。

(6) 将一件事情发挥到极致。

(7) 合理规避自己的缺点，成倍地放大优点。

第四节 生涯教育与学科教学的融合

职业生涯教育对于高等师范院校的重要意义，还在于能够播下一颗种子，让师范生树立生涯发展的意识和自觉，将来在教育一线播撒到广大中小学生中去，开花结果。中小学生具有学习性和成长性。从小学到大学，中小学生最多的时间是用于课堂学习。从小学到大学，学生不仅个体身心从幼小变得越来越强壮，而且思想观念和行为方式也逐步从自然人向社会人转变。因此，师范生在职前学习期间不仅要成就自我职业生涯发展，还要思考自身发展与启发中小学生生涯发展的辩证关系，将职业生涯教育与学生成长有机结合起来，在遵循成长规律的基础上水到渠成。

一、培养师范生生涯教育意识

中小学时期对学生来说是打好基础、提升综合素质、锻炼综合能力的主要阶段。中小学阶段不仅要给学生传授基础知识，还要拓宽中小学生对人生的认识。与国际发达国家比较，我国中小学生职业生涯教育起步晚、发展慢。2012年，中国青少年研究中心、美国艾迪资源系统公司、日本青少年研究所和韩国青少年开发院联合实施了“中美日韩四国高中生毕业去向及职业生涯规划教育比较研究”。调查结果显示，我国高中生职业生涯规划教育与美国、日本、韩国相比较落后，在职业生涯规划教育的系统设计、职业学习或体验活动、专业的师资队伍、职业准备和规划意识、家庭职业启蒙教育五大方面存在严重缺失。一些发达国家的职业生涯规划教育开始较早，有的甚至从幼儿园、小学就开始了，而且，他们在职业生涯规划教育的制度保障、管理机制、构架设计、师资配备、外部支持方面都有成熟的做法。我国应借鉴他国的经验，尽快将职业生涯规划教育端口移至义务教育阶段，使中小学尽早接受职业启蒙教育。①

目前，国内中小学职业生涯教育没有专业的师资队伍，有的高中开设职业生涯规划选修课，教师一般由心理老师、德育教师或班主任担任，有的由地理、物理、语文等学科教师担任。部分学校会邀请学生家长参与学生的工作世界探索，家长以社会各行各业专业人士的视角和学生们分享工作经验。我国中小学职业生涯教育在课程、师资等各环节都存在明显不足。但是最主要的还是国内中小学教师普遍缺乏职业生涯教育意识，这与他们师范生阶段没有接受职业生涯教育，锻炼职业生涯教学等有密切关系。职业生涯教育能否真正取得实效，教师是关键。我国的师范生作为主要的教师储备，有必要具备一定的职业生涯教育素养，树立一定的职业生涯教育意识，在课程中挖掘职业生涯教育内涵，与知识传授、能力培养“无缝对接”，润物无声地渗入学生心头。师范生树立了职业生涯

① 孙宏艳．我国职业生涯规划教育应端口前移——基于中美日韩高中生职业生涯规划教育的研究[J]．教育科学研究，2013(8):52-57.

教育意识,就能够遵循规律,把握特点,尊重学生的个性发展,把主要关注学生学习成绩转移到关注与分析学生的个性特征、终身发展和全面发展,重视学生的心理品质、意志培养、兴趣情感等非智力因素的开发。因此,在教师教育职前培养阶段,师范生职业生涯教育课程不仅要解决师范生自身的职业生涯发展问题,还要有意识地帮助其树立职业生涯教育意识,培养职业生涯教育素养,提高职业生涯教育能力,遵循教师专业发展的基本规律,从而构建一套覆盖大中小学教师职前、职后的职业生涯教育培训教育体系,提升师范生在中小学开展职业生涯教育的意识和能力。

二、构建一体化的职业生涯教育目标

《上海市学生职业(生涯)发展教育“十二五”行动计划》提出,学生职业(生涯)发展教育以为了每一个学生的职业生涯发展的理念为指导,建设有利于促进全社会对学生职业(生涯)发展教育理解的制度文化,构建从幼儿园到高等院校的学生职业(生涯)发展教育体系,探索各级各类学校学生职业(生涯)发展教育的有效模式和途径,促进每一个学生的职业生涯发展,提升学生整体素质和能力,努力满足上海建设现代化国际大都市对新型人才的需求。当前,上海市学生职业(生涯)发展教育发展也面临着多方面的挑战:学生职业(生涯)发展教育尚未覆盖学校教育全过程;相关理论研究、课程建设和专业队伍建设尚不适应全面实施学生职业(生涯)发展教育的需求;职业生涯规划教学和咨询工作的有效性尚待提高。

恩格斯曾指出:“思维,如果它不做蠢事的话,只能把这样一些意识的要素综合为一个统一体,在这些意识的要素中或者在它们的现实原型中,这个统一体以前就已经存在了。”[①] 师范生作为未来教师的重要储备,在职业生涯教育方面首先要确立“一体化系统构建”的意识。大学期间,师范生职业生涯教育的内容之一就是要引导师范生主动学习和思考大中小学职业生涯教育统一衔接和分层实施等问题。从中小学职业生涯教育实际需求出发,考量中小学职业生涯教育目标和任务。从学生发展所走过的小学、初高中以及大学阶段,整体设计学生职业生涯教育衔接。从内容、机制和功能等方面的有机衔接和融合,启发师范生进行主动地思考与学习。因此,师范生在职业生涯教育学习过程中还要主动肩负起大中小职业生涯教育一体化的责任担当,担负起中小学职业生涯教育的使命。

---

① 马克思恩格斯选集(第3卷)[M].北京:人民出版社,2012:417.

我国台湾地区师范类院校师范生的职业生涯教育必修课在这方面的具体设计和实施有较多经验。台湾地区技术与职业教育相关规定为,高级中等以下学校师资职前教育课程应将职业教育与训练、生涯规划相关科目列为必修学分。台湾地区师范类院校依教育主管部门规定,师范生在校期间开设“生涯规划与辅导”(1学分)、“职业教育与训练”(1学分)两门科目为必修课。这两门课程的内容主要包括两个方面,一方面是师范生自身的生涯发展、生涯认知和生涯决策;另一方面是辅导师范生如何到中学开展生涯教育。在师范生自身生涯发展教育的内容模块里,采用的是生涯建构的方式,通过帮助师范生去主动探索“过去的我”“现在的我”和“未来可能的我”的方式来建构自身的生涯。

与此同时,课程教学面向中小学职业生涯教育。面对将来要进入初中进行任教的师范生,台湾地区师范类院校的“生涯规划与辅导”和“职业教育与训练”两门课面向全体师范生,在课程内容中涵盖了师范生如何对中学生进行生涯教育的内容,特别是帮助师范生了解在中学阶段如何开展中学生的适应性辅导、职业生涯教育工具与技巧等方面的内容。课程内容还包括向学生介绍台湾地区的职业教育体系,让师范生学会帮助初中生去选择职业技术高中,帮助学生去学习农业、工业、商业、艺术类、海事水产类等行业类别的职业技术高中的总体情况、课程差异和未来的升学之路。台湾地区师范类院校职业生涯教育课程,注重邀请校外的专家和学者参与课程的教学。在师范生自身的生涯规划和探索过程中,会邀请专业的职业规划师参与课程,给同学们介绍未来工作的发展趋势。而在帮助师范生明确初中学生生涯教育内容和体系的过程中,会邀请中学里的生涯辅导教师到课堂里面来进行教学,教学的内容有导师在生涯辅导上的角色与做法、生涯辅导工具与技巧、生涯辅导案例等。

(一)“生涯规划与辅导”课程

1. 课程概述

在专业日益分化、生涯发展日益多元的社会趋势下,九年一贯课程将生涯发展定为重大议题,期许各领域教师将其精义融入教学之中,因此,生涯发展与辅导已成为中学教师必备之专业知识和能力。本课程兼顾理论与实务,通过了解生涯理论、实做生涯反思活动、设计融入性方案,协助师范生反思自身生涯建构历程,培养辅导学生未来进行生涯规划的能力。

2. 课程目标

提升学生辅导与班级经营能力;增进多元创新与沟通领导能力;养成自省、敬业与关怀社会之能力。

3. 课程进度

“生涯规划与辅导”课程的教学进度安排示例如表3–2所示。

表 3-2 台湾地区师范类院校师范生“生涯规划与辅导”课程进度表

周次	单元主题
第 1 周	课程导论
第 2 周	生涯启航:过去的我、现在的我、可能的我
第 3 周	多元特质面面观
第 4 周	发觉兴趣热情 / 掌握技能资产
第 5 周	我的生涯我决定
第 6 周	人我之际 / 家庭影响
第 7 周	未来工作趋势(邀请专业职业规划师讲授)
第 8 周	生涯选择整合
第 9 周	期中报告:(1)科系职业嘉年华;(2)生涯人物访谈
第 10 周	中学阶段适应性辅导(邀请中学教师讲授)
第 11 周	导师在生涯辅导上的角色与做法(邀请高中教师讲授)
第 12 周	期末报告(一):生涯融入教学
第 13 周	生涯辅导工具与技巧(邀请中学教师讲授)
第 14 周	生涯辅导案例实作(邀请中学教师讲授)
第 15 周	期末报告(二):生涯辅导活动与实践
第 16 周	期末报告(二):生涯辅导活动与实践 / 课程回顾

(二)“职业教育与训练”课程

1. 课程概述

台湾地区一直倡导支持个性发展的理念,但是对多种性向与能力的学生,教师尤其是未来要担任初中导师的教师,是否已经对本地的各种高职有所认识?而对于未来的高中教师,是否对于越来越具跨域弹性的技职科大升学途径有所认识?是仍待商榷的议题。在面对教育改革时,未来的教师更需具备更宏观的视野、实际的知识和能力、了解各种学习渠道的特征及其未来的路径,以指导未来的中学生探索未来的出路。该课即是为了促进中等教育师资对于技职教育体系的了解而开设的。课程将带领学生认识技术型高中的类别与专业,以及其重要的课程特质与升学路径。

2. 课程目标

本课程旨在为中等学校的师范生,包括普通科及技职类科,介绍目前台湾地区技职教育的沿革、专业简介、课程概况、证书竞赛、升学考试、未来路径等。

对于高职专业的认识，除了课堂上的说明简介之外，并会带领及鼓励学生亲自赴校参观，以更加了解学校的环境设备与学生学习状态。此外，会更进一步带领师范生进入技职学校的实作场域，实际参与工厂或实作的训练活动。课堂上也将邀请技职体系的行政人员与老师来进行分享。

3. 课程进度

“职业教育与训练”课程的教学进度安排示例如表 3–3 所示。

表 3–3 台湾地区师范大学师范生“职业教育与训练”课程进度表

周次	单元主题
第 1 周	课程简介一：体系与政策，台湾地区的教育体系
第 2 周	技职教育在台湾地区的历史与展望
第 3 周	技职教育体系现况、行政主管、重要政策
第 4 周	技术证书制度与职业训练资源
第 5 周	技职教育之路径（初中、高中、高教）
第 6 周	农业类简介（种类现状、课程差异、升学路径）
第 7 周	工业类简介（种类现状、课程差异、升学路径）
第 8 周	学校参观（与实作）——高职学校
第 9 周	技职专业心得感想与提问报告分享（一）：农工类
第 10 周	商业类简介（种类现状、课程差异、升学路径）
第 11 周	家事类简介（种类现状、课程差异、升学路径）
第 12 周	学校参观（与实践）——高职学校
第 13 周	艺术类简介（种类现状、课程差异、升学路径）
第 14 周	海事水产类简介（种类现状、课程差异、升学路径）
第 15 周	大学师范生对技职体系的反思（已至高职学校实习的学长座谈）
第 16 周	技职专业心得感想与提问报告分享（二）：总体
第 17 周	期末考

台湾地区师范类院校面向师范生开设的两门职业生涯教育课程都十分注重大中小职业生涯教育一体化的设计与实施，为师范生进入初中、高中、职业技术学校担任教师，开展和实施职业生涯教育提供了目标思考和内容建构。

三、提高师范生职业生涯教育教学能力

职业生涯教育的根本目标是促进每一个学生最大限度地实现人生理想与

社会价值。为更好地帮助师范生树立职业生涯教育意识，师范生职业生涯教育除了要求师范生完成自身的职业生涯建构外，还应学习以下四个方面的内容。

（一）职业生涯理论的发展史

以史为鉴，可以知兴替。对于师范生学习职业生涯教育来说，历史是最好的老师，也是最好的实验室。师范生学习职业生涯理论发展史，可以通过对以往职业生涯理论的学习，理解和掌握与最先进的职业生涯教育动态融会贯通，从而吸取灵感，指导职业生涯教育实践。同时，学习职业生涯理论发展史的过程也是师范生质疑职业生涯教育，不断地提出问题、解决问题，从而推动师范生职业生涯教育进步和完善。正所谓"站在巨人的肩膀之上"去反思，否则就成了无源之水，无本之木。学习职业生涯理论发展史可以帮助师范生了解职业生涯教育的发展轨迹，有哪些学派，各有哪些代表人物，他们之间的相互关系，历史渊源等。一个理论体系下各个学者、学派往往是一脉相承，了解这个理论发展的过程对师范生学习理解构建大中小一体化的职业生涯教育体系是极有益处的。

（二）国际中小学职业生涯教育的经验启示

师范生通过了解各国中小学实施学生职业生涯教育的相关政策，增强职业生涯教育意识。20 世纪 70 年代以来，美国开发了 1—12 年级的职业生涯教育课程。在制定该课程的过程中，美国中小学始终坚持三项方针：① 职业生涯教育课程应面向所有的学生；② 职业生涯教育是一种持续性教育，自儿童早期直到中学后整个人生的历程；③ 凡中学毕业的学生，包括中途退学者，都将掌握谋生的各种技能，以维持其个人或家庭的生活需要[①]。日本中小学将生涯教育渗透到课程和学校活动中，其 1998 年修订的《小学和初中学习指导纲要》和 1999 年修订的《高中学校学习指导要领》中，特别规定各学校应分配"综合性学习时间"实施职业生涯教育，初中应达到年均 70~130 的课时量，高中学校三年教学量在 105~210 课时[②]。加拿大安大略省自 1999 年起，先后在 9、10 年级和 11、12 年级开设《职业生涯教育与指导》课程。德国基础教育阶段的职业生涯教育课程主要有两个目标：一个是一般性发展目标，在保证学生全面发展的基础上，促进学生的个性化发展能力；另一个是指向性发展目标，即提高学生自主择业的能力。在课程内容方面，由于深受德国发达的职业教育文化的影响，在内容选择上更加强调职业的技能性，因此主要包括职业人生的合理规划、工作职位申请流程、岗位素质要求和职业法律法规。在课程实施方面，主要通过学校课堂教学、访问职

---

① 于珍．中小学职业生涯教育：来自美国的经验与启示［J］．外国中小学教育，2008（3）：52–55.

② 陆素菊．职业人的培育：日本中小学职业生涯教育的发展与特色［J］．外国中小学教育，2007（1）：26–28.

业信息中心、调研职业场地和职业实践体验等方式[①]。

（三）不同学段的职业生涯教育目标、内容和方法

教育是把人引向希望和幸福的教育，其本质在于锻造人格、美化生命、提升生命质量，使学生自由、和谐、文明并富有创意地生活，为他们的终生幸福奠基。发达国家学生在进入大学前需要完成五个阶段的职业生涯教育：一是从幼儿园到小学期间的认知阶段，二是从小学高年级到初中期间的探索阶段，三是从初三到高一的定向阶段，四是高中时代的准备阶段，五是高中以后的安置阶段。经过五个阶段循序渐进的指导教育，在进入大学前，学生已经很清楚自己要成为什么样的人，要从事什么样的职业，为实现这样的人生目标需要怎样安排自己的学习生活。1994 年，我国国家教委基础教育司颁发《普通中学职业指导纲要(试行)》，其中对初中和高中的职业生涯教育课程目标做出了如下规定：初中阶段的目标是传授有关基础知识，属于启蒙阶段，重点帮助学生了解社会、了解职业、了解自己，提高认识，初步选择继续学习或就业类别的方向；高中阶段的目标是加深有关知识传授，属于提高阶段，重点是引导学生广泛了解影响专业或职业的主客观因素，提高选择志愿的决策能力。[②] 结合我国中小学实际，在大中小学职业生涯教育一体化目标下，制定分段教育目标、内容和方法，参见表 3-4。

表 3-4　各学段职业生涯教育目标、内容和方法

学段	教育目标	教育内容	教育方法
小学阶段	培养自我意识 培养职业意识	尊重劳动 了解社会职业类型	家人的工作介绍、职业图片展览、角色扮演
初中阶段	系统探索职业分类 培养职业兴趣	职场初步探索 分析劳动市场信息	街头采访、企业参观、职场体验
高中阶段	深入探索职业领域 选择职业	职业研究 职业规划指导	志愿活动、职场见习

(1) 小学阶段，在教育过程中要尊重和培养学生的社会性品质，提高其自我调控能力，促进其对自我、环境及两者之间的关系产生积极的情感体验，学会尊重劳动，形成独立健全的人格特征。开展职业日活动，同时借助家长职业介绍、职业图片展、角色扮演等主题活动，建构小学生对社会分工的初步认识。

(2) 初中阶段，应通过生活体验、情感体验、认知体验等方式让学生充分置身于丰富多彩的生活世界和工作世界之中，并对他们的学习、交往和日常生活方

---

① 傅小芳 . 德国基础教育阶段的职业指导课程［J］. 教育理论与实践，2005(8)：48-50.

② 普通中学职业指导纲要（试行）［J］. 人民教育，1995(1)：14-15.

式以及各种生活境遇做出具体引导。可以组织一些考察活动,比如安排学生参观企业,让学生到企业进行实地参观,参观厂区,参观企业的生产线,参观企业各个职能部门等,走进企业实地去了解企业的生产和运作模式,感受企业文化和员工的行为。通过参观,学生能够亲眼去观察某份工作是怎么进行的,亲耳去聆听职员们的经历与体会,亲身去体验在工作场景中的感受,认识到某份工作需要什么样的技术与能力,进而对职业能力产生一个比较初步的印象,对朦胧的职业生活形成具体的概念,甚至明确职业目标,从而改变学习态度。

(3) 高中阶段,学生开始借助各类测评工具进行自我探索,借助世界工作地图等工具尝试职业配型,学生通过测评开始考虑大学专业的选择。可以组织高中生以志愿者、职场见习的方式体验各种职业活动,建立对职业的记忆,帮助高中生思考未来职业生涯之路。

(四) 学科渗透职业生涯规划教育的案例

师范生毕业后,可能只有班主任、德育教师、心理老师等角色会承担职业生涯教育主题课程或活动的教学。但是,作为学科教师,也有通过教学培养学生生涯关注、生涯控制、生涯好奇、生涯自信等方面能力的使命。地理、历史、化学、物理、音乐、体育等不同学科都可能会和一些传统行业有直接的对应关系,不同学科交叉的结果也可能是会产生全新的行业和工作领域,可以提供不同学科职业生涯教育渗透的案例给师范生启示。国际上,美国对中小学生生涯教育渗入式教学方式的应用尤为突出,具有代表性。美国中小学的各科目教材中蕴含了许多与生涯教育相关的内容,以美国高中化学教材《化学:概念与应用》为例(见表 3-5)。该教材在每个章节中列出与此章有关的各种职业,形象生动地为学生呈现了与化学相关的职业,有效地将知识学习与生涯发展联系起来。通过这种方式教学,既促进了学生化学专业知识的增长,又可增加学生对化学关联职业的认知,有利于学生未来选择、从事相关职业,形成化学教学目标与生涯教育目标的结合与统一。

表 3-5 化学行业的人(people in chemistry)[①]

章节	名称	相关职业
第一章 化学——关于物质的科学	法医	指纹鉴定员、犯罪实验室技术员、私人侦探
第六章 化学反应与平衡	园艺专家	园艺家、园艺设计师、土壤保护技术师

① John S. Phillips, Victor S. Strozak, Cheryl Wistrom. Chemistry Concepts and Application [M].Glencoe /Mc Graw – Hill, 2005:67.

续表

章节	名称	相关职业
第九章　化学键	化学家	化学工程师、化学实验师、化工工人
第十三章　水和水溶液	废水管理者	环保测验员、环境管理员、机修员
第十四章　酸碱和 pH	美容专家	食品或药品检测员、制造商代理、机修工
第十七章　氧化还原反应	镶金匠	冶金技术员、采矿工程师、废金属处理员
第十八章　有机化学	药剂师	药理学家、配药技术师、药物管理员
第十九章　生命化学	生化化学家	医师、医学实验室技术员、病史档案管理员

思考题

1. 理论上说，与教师职业相匹配的兴趣、性格是什么样的？如果通过测试工具你发现自己的兴趣和性格并不是通常意义上适合做教师的类型，你会如何选择未来的职业？

2. 如何更好地发挥主观能动性，提升自己的生涯适应力？

3. 中小幼不同学段生涯教育该如何分工？

本章练习

绘制你的“生涯彩虹图”

- 活动目标

1. 理解生命的发展过程。
2. 了解生涯各个阶段扮演的角色。
3. 思考生涯规划的可能性。

- 活动方法

1. 准备一盒彩笔。
2. 绘制自己的生涯彩虹图，思考自己过去、现在以及未来可能承担的生活角色。
3. 在彩虹图上标注不同年龄阶段和你扮演的角色名称，然后在你某个年龄所扮演或希望扮演的角色区域，用彩笔和文字区分出你对这些角色的理解。

> 友情提醒：
>
> 1. 角色扮演的成功视个人的生理、心理因素及当时的社会环境等外在情景因素而定，该角色越成熟，代表的色带越饱满。
>
> 2. 生命中各阶段所扮演的角色，延续的时期可用色带的长度来表示。
>
> 3. 可用不同的颜色来代表对该角色的喜好。

● 活动步骤

1. 下面是普通人一生的角色更替：

(1) 他的学校生活从什么时候开始的？________________

(2) 他从什么时候参加工作的？________________

(3) 他在什么时候结婚成家？________________

(4) 他一生中有过多少种角色？________________

2. 在你的一生中，会有多少种角色更替？分别在什么时候出现？现在，请你画出属于自己的彩虹图吧！

3. 在上面诸多的角色中，有些是你现在经历的，有些是你将来可能经历的，对于已经或正在经历的角色，你做过些什么？你满意自己在这些角色中的表现吗？

____

____

____

4. 对于将来的角色,为了让你的人生更加丰富与圆满,你打算怎么做?

____

____

【我的心得】

你可以在这里分享你在完成生涯彩虹图过程中所有的感受和想法,以及你的新发现、新收获和新计划。

____

____

____

____

第四章　教师的职业生涯发展

【本章引例】

王余梦在一家公立学校做高中老师,这原本是她梦寐以求的工作。没想到在工作三年之后,她却心生离职的想法。她坚信自己热爱教育事业,可是她找不到一家真正能够实现她教育理念的学校。不管是公立学校还是私立学校,似乎都有一些不太公开透明的潜规则,同时她的教学理念也受到了指责。她问自己:要不要继续坚持下去?她思考了很久,然后很沮丧地发现似乎没有看到过理想中的教师的样子。后来,她发现,其实她对教育的理解,很多是自己想象出来的,在目前的现实生活里,执行起来非常困难。如果从来没有人能做到,她也不强求自己一定要按理想中的去做。她决定安心从事她热爱的教育事业,同时,暂时搁置了很多理想主义的想法,等未来条件成熟再去执行。

【案例思考】

对照你自己,你的梦想是切合实际的吗?是空中楼阁还是真真切切?有没有一个人,已经过上你想要的生活?找一个活生生的榜样,你就立刻能判断出你的梦想能否实现。找一个榜样,你立刻就能向他学习。要去开创一个时代、一个教育理念,往往非常困难,若不是具有强大的内心和坚定不移的信念,往往很难实现理想。作为一名未来教师,一定会去思考这么几个问题:一名教师是不是可以将任职的二三十年分成不同的阶段?不同的阶段有没有一些共性的特征?是不是大多数老师的职业生涯阶段是相似的?这种教师职业生涯发展的特点对于师范生有没有启迪之处？是不是可以应用到未来教师的职业生涯规划中？长期以来，师范生在学习过程中较少专门学习教师生涯发展理论。在师范生职业生涯教育和就业指导中，也鲜有高校安排专题学习教师职业生涯发展理论的内容。这使得不少未来教师在踏上岗位之前，对教师职业的发展阶段没有太多深刻的认识，甚至有相当“糊涂”的学生粗浅地认为教师职业是没有生涯发展阶段认知必要的。但是，一名教师在三十多年的工作过程中，不论在专业知识、技能或态度上的需求或实际表现均呈现阶段性的变化与发展，教师职业生涯发展的阶段完全是有规律可循的，而且对于未来教师的职业生涯是可以预测、可以规划的。

第一节 教师职业生涯发展理论

自20世纪50年代以来，以生涯发展为主要内容的研究，一直受到学术界的重视。近年来各国专家学者在这方面提出了大量的理论和文献。在这一风潮下，教师生涯发展的研究也开始受到相关学者的关注，一些理论研究成果被相继提出。教师生涯发展理论是根据生涯发展理论研究教师在不同生涯阶段面临的不同问题和不同发展任务。教师的生涯发展理论有些是直接从年龄或教龄来划分阶段；有的是以教师共同的心理特征、态度和实际需求作为划分依据；有的是按不同情境因素对教师个人影响的复杂过程，建构动态发展模式。

师范生通过对教师职业生涯理论的学习和分析，不仅可以提前了解未来职业发展各个阶段的总体要求和生涯任务，而且可以在大学期间就结合教师职业生涯规律对自己未来的教师职业生涯发展做好规划和设计。因此，教师的生涯发展理论对师范生职业生涯教育相当重要，是师范生职业生涯规划的重要依据，对师范生规划未来职业生涯有着十分重要的意义。

一、按年龄或教龄划分的教师生涯发展周期理论

教师生涯发展周期理论是从人类生命的自然衰老过程与周期来划分教师的职业生涯发展过程的，将人的生理的自然成熟与职业的自然适应相结合对教师的职业生涯进行描述。

1979年，美国学者伯顿、纽曼等人在对小学教师开展系列研究后提出了“教师发展阶段论”。该理论将教师的教学的第一年称为求生存阶段，将教师进入教

学第二年至第四年之间的阶段称为调整阶段，将教师进入第五年或五年以上的阶段称为成熟阶段（见表 4-1）。

表 4-1 伯顿、纽曼的教师发展阶段论（1979 年）

周期	周期年限
1. 求生存阶段	任教第 1 年
2. 调整阶段	任教第 2~4 年
3. 成熟阶段	任教第 5 年或 5 年以上

1988 年，伯林纳提出教师职业发展可以划分为新手教师、熟练新手教师、胜任型教师、业务精干型教师和专家型教师五个阶段（见表 4-2）。

表 4-2 伯林纳的教师教学专长发展五阶段理论（1988 年）

周期	周期年限
1. 新手教师	任教第 1 年
2. 熟练新手教师	任教 2~3 年
3. 胜任型教师	任教 5~7 年
4. 业务精干型教师	任教 10~12 年
5. 专家型教师	部分业务精干型教师发展而来

1992 年，我国台湾地区学者曾国鸿将教师生涯发展阶段按照教师年龄分为养成期、试探期、投入期、扎根期、资深期、准备退休期六个阶段（见表 4-3）。

表 4-3 曾国鸿的教师生涯发展周期理论（1992 年）

周期	周期年限
1. 养成期	18~22 岁
2. 试探期	22~28 岁
3. 投入期	28~33 岁
4. 扎根期	33~40 岁
5. 资深期	40~50/55 岁
6. 准备退休期	50/55~55/60 岁

1993 年，瑞士学者休伯曼等人通过对瑞士教师的调查研究，将教师职业发展分为入职期、稳定期、实验和歧变期、重新估价期、平静和关系疏远期、保守和抱怨期、退休期七个时期，提出了“教师职业周期主题模式”（见表 4-4）。

表 4–4　休伯曼的教师职业周期主题模式（1993 年）

周期	周期年限
1. 入职期	任教 1~3 年
2. 稳定期	任教 4~6 年
3. 实验和歧变期	任教 7~25 年
4. 重新估价期	——
5. 平静和关系疏远期	任教 26~33 年
6. 保守和抱怨期	50—60 岁
7. 退休期	退休，任教 34~40 年

1994 年，中国学者蔡培村提出“教师的生涯阶梯”，将教师生涯分为适应期、建立期、成熟期、稳定期、后发展期五个阶段（见表 4–5）。

表 4–5　蔡培村的教师的生涯阶梯（1994 年）

周期	周期年限
1. 适应期	任教第 1 年
2. 建立期	任教 2~5 年
3. 成熟期	任教 6~20 年
4. 稳定期	任教 20~30 年
5. 后发展期	任教 31 年以上

1999 年，中国学者邵宝祥提出“教师专业成长阶段论”，将教师的职业生涯划分为适应阶段、成长阶段、称职阶段和成熟阶段四个阶段（见表 4–6）。

表 4–6　邵宝祥的教师专业成长阶段论（1999 年）

周期	周期年限
1. 适应阶段	从教 1~2 年
2. 成长阶段	从教 3~8 年
3. 称职阶段	35 岁以后，又称高原阶段
4. 成熟阶段	又称突破高原阶段

2002 年，中国学者贾荣固将教师职业发展阶段划分为职前准备期、上岗适应期、快速成长期、“高原”发展期、平稳发展期、缓慢退缩期和平静退休期七个阶段（见表 4–7）。

表 4-7 贾荣固的教师职业发展阶段(2002 年)

周期	周期年限
1. 职前准备期	大学四年的职业学习及见习、岗位培训
2. 上岗适应期	一两年时间
3. 快速成长期	从初步适应后到 30 岁高峰期
4. “高原”发展期	30—40 岁
5. 平稳发展期	40—50 岁
6. 缓慢退缩期	50—60 岁
7. 平静退休期	临近退休时

2003 年,中国学者陈永明提出“职业生涯时期论”,将教师的职业生涯分为适应和发现期、稳定期、试验期和重新评价期、平静和保守期、退出教职期五个阶段(见表 4-8)。

表 4-8 陈永明的职业生涯时期论(2003 年)

周期	周期年限
1. 适应和发现期	任教 1~3 年
2. 稳定期	任教 4~6 年
3. 试验期和重新评价期	任教 7~18 年
4. 平静和保守期	任教 19~30 年
5. 退出教职期	专业生涯的终结

2011 年,中国学者钟祖荣以适应期、熟练期、成熟期、发展期、创造前期和创造后期六个阶段划分教师发展阶段(见表 4-9)。

表 4-9 钟祖荣的教师发展阶段理论(2011 年)

周期	周期年限
1. 适应期	刚工作及工作 3 年以下的教师
2. 熟练期	参加工作 3 年以上的合格教师
3. 成熟期	工作 6 年以上或工作 10 年左右
4. 发展期	工作 15 年以上
5. 创造前期	市骨干和学科带头人
6. 创造后期	一般有特级教师称号

二、按教师共同的心理特征、态度和实际需求划分的教师生涯发展阶段论

教师生涯发展阶段理论是研究者们从教师职业生涯发展不同时期所具有的典型的心理、认识与能力方面的特征、折射出的不同专业发展水平对教师职业生涯进行的划分。在不同的阶段,教师往往有不同阶段的主要任务。

1972年,卡茨针对学前教师的训练需求和专业成长,提出了教师生涯发展的生存时期、强化时期、更新时期和成熟时期。1976年,富勒和布朗提出"职前教师关注理论",准教师们在职前阶段关注的事务分为关注职前、关注早期生存、关注教学情境、关注学生四个阶段。1988年,德牟琳和盖顿提出将教师的职业生涯发展分为预备阶段、发展阶段、转换阶段、衰退阶段四个阶段(见表4–10)。

表4–10　国外学者的教师生涯发展阶段论

学者 (发表年份)	阶段	划分依据
卡茨 (1972年)	1. 生存时期 2. 强化时期 3. 更新时期 4. 成熟时期	关心能否生存 思考如何帮助学生 感到生涯倦怠 有足够能力探讨深入、抽象问题
富勒和布朗 (1976年)	1. 关注职前 2. 关注早期生存 3. 关注教学情境 4. 关注学生	关注自己的学生角色 关注自己作为教师的生存问题 关注自己教学的表现 关注自己对学生的影响以及与学生的关系
德牟琳和盖顿 (1988年)	1. 预备阶段 2. 发展阶段 3. 转换阶段 4. 衰退阶段	

1991年,中国学者王秋绒提出"教师发展阶梯论",从师范生阶段开始,把教师发展阶段分为三个大阶段、十个小阶段。在师范生阶段,包括了大学一年级探索适应期、二三年级的稳定增长期和四年级的成熟发展期;在实习教师阶段,分为蜜月期、危机期和动荡期;在合格教师阶段,又分为工作两三年的新生期、基本适应工作的平淡期和工作多年的厌倦期(见表4–11)。

表 4-11 王秋绒的教师发展阶梯论(1991 年)

阶段	划分依据
1. 师范生阶段	大学一年级探索适应期
	二三年级的稳定增长期
	四年级的成熟发展期
2. 实习教师阶段	蜜月期
	危机期
	动荡期
3. 合格教师阶段	新生期,工作两三年
	平淡期,基本适应工作
	厌倦期,工作多年

1998 年,中国学者吴康宁将教师的职业生涯划分为两个阶段,即预期专业社会化阶段和继续专业社会化阶段(见表 4-12)。

表 4-12 吴康宁的教师发展阶段论(1998 年)

阶段	划分依据
1. 预期专业社会化阶段	师范生接受专门的教师教育
2. 继续专业社会化阶段	教师工作实践及各种进修学习

1999 年,中国学者唐光玉用职前专业准备阶段、教师入职辅导阶段和在职教师教育阶段三个阶段来划分教师职业生涯(见表 4-13)。

表 4-13 唐光玉的教师发展阶段论(1999 年)

阶段	划分依据
1. 职前专业准备阶段	教师准备阶段
2. 教师入职辅导阶段	教师专业入门阶段
3. 在职教师教育阶段	教师专业成长阶段

2002 年,中国学者刘捷将教师职业生涯发展分为职前师范生阶段、入门阶段和在职阶段三个阶段(见表 4-14)。

表 4-14 刘捷的教师发展阶段论(2002 年)

阶段	划分依据
1. 职前师范生阶段	教师职业储备期
2. 入门阶段	教师职业适应期
3. 在职阶段	优秀教师阶段

2002年,中国学者申继亮提出“教师成长时期论”,把教师的职业生涯阶段分为学徒期、成长期、反思期和学者期。学徒期往往持续3~5年,教师并不了解教学;成长期持续5~7年,教师开始具备一定教学能力;反思期,教师开始深刻领会理论,学会教学反思;教师在学者期开展科研,使教学能力炉火纯青(见表4–15)。

表4–15 申继亮的教师成长时期论(2002年)

阶段	划分依据
1. 学徒期	持续3~5年,不了解教学
2. 成长期	持续5~7年,具备一定教学能力
3. 反思期	深刻领会理论,学会教学反思
4. 学者期	开展科研,使教学能力炉火纯青

2003年,中国学者傅道春将教师的职业生涯阶段划分为职业成长阶段、入职阶段、能力建立阶段、热心和成长阶段、职业退缩阶段、更新阶段、生涯低落阶段和退休阶段(见表4–16)。

表4–16 傅道春的职业生涯阶段论(2003年)

阶段	划分依据
1. 职业成长阶段	教师角色的准备期
2. 入职阶段	进入教育工作领域
3. 能力建立阶段	提高各种能力
4. 热心和成长阶段	追求专业成长
5. 职业退缩阶段	职业满意度和工作热情明显下降
6. 更新阶段	专业的升华时期
7. 生涯低落阶段	或因功成身退而愉快或失落忧郁
8. 退休阶段	适应责任收缩的现实

2003年,中国学者傅树京设立“教师发展时期论”,将教师职业生涯分为适应期、探索期、建立期、成熟期和平和期五个阶段(见表4–17)。

表4–17 傅树京的教师发展时期论(2003年)

阶段	划分依据
1. 适应期	实现从学生到教师角色、从理论知识到实际教育教学能力、从所学知识体系到所授知识体系的三个转化
2. 探索期	教师已熟悉教学工作和形成一定教学技能,培训重点是强化职业道德和技能,完成教师角色的实现,确立自己未来发展方向

续表

阶段	划分依据
3. 建立期	教师心理更趋平衡，能力更趋综合，培训重点是提出新任务、新要求，帮助教师更新知识和教育观念，强化教育教学的胜任度
4. 成熟期	教师有丰富的教育教学经验和一定的科研能力，培训重点是排除职业厌倦、道德感下降和职业能力滑坡等因素对专业发展的制约，改组知识与能力结构，真正成为研究型教师
5. 平和期	教师充分体验到职业的艰辛和乐趣，具备了良好的心理品质和稳固的教育教学特色，发展重点是吸纳新成果，大胆进行教育教学改革，继续提高科研能力，把多年的经验教训升华为教育理论

三、建构动态发展的教师生涯发展阶段

教师生涯发展循环理论是按不同情境因素对教师个人影响的复杂过程，建构动态发展的教师生涯发展阶段。

1985 年，费斯勒提出“教师职业生涯发展周期模型”，把教师职业周期分为职前期、职初期、能力建构期、热情成长期、职业挫折期、职业稳定期、职业消退期和离岗期八个阶段（见表 4–18）。

表 4–18 费斯勒的教师职业生涯发展周期模型（1985 年）

时期	划分依据
1. 职前期	在大学或师范学院进行的师资培育阶段
2. 职初期	教师任教的最初几年
3. 能力建构期	努力增进和充实与教育相关的知识，提高教学技巧和能力，设法获得新的材料、方法和策略
4. 热情成长期	已经具有较高水平的教学能力，但专业能力还在继续进步
5. 职业挫折期	教学产生挫折、倦怠和幻灭
6. 职业稳定期	教师职业生涯的中期，可能是在经历职业生涯挫折后的更新期，也可能是到了维持现状、停滞不前的时期
7. 职业消退期	教师准备离开教育岗位的低潮时期
8. 离岗期	教师离开教学工作后的一段时间

1989 年，美国学者司德菲在借鉴吸收费斯勒等人先期研究成果的基础上，依据人文心理学派的自我实现理论建立了教师生涯发展模式，将教师发展分为预备生涯阶段、专家生涯阶段、退缩生涯阶段、更新生涯阶段、退出生涯阶段五个

阶段(见表 4–19)。

表 4–19　司德菲的教师生涯发展模式(1989 年)

时期	划分依据
1. 预备生涯阶段	理想主义、有活力、富有创意、容易接纳新观念、积极进取、努力向上等
2. 专家生涯阶段	懂得如何有效地管理班级和分配时间,对学生抱有高度的期望,也能在自己的工作中激发潜能,达到自我实现的目的
3. 退缩生涯阶段	包括三个小阶段:初期的退缩(消极,沉默寡言)、持续退缩(倦怠感和抱怨心理)和深度退缩(无能为力,有时甚至还伤害到学生)
4. 更新生涯阶段	接受新观念、进取向上,但不再对教学感到新奇,而是致力于追求专业成长,吸收新的教学知识
5. 退出生涯阶段	或者安度晚年,或者追求其他的职业生涯

2001 年,中国学者叶澜、白益民提出“教师自我更新取向发展阶段论”。教师职业发展生涯被划分为非关注阶段、虚拟关注阶段、生存关注阶段、任务关注阶段和自我更新关注阶段五个阶段(见表 4–20)。

表 4–20　叶澜、白益民的教师自我更新取向发展阶段论(2001 年)

时期	划分依据
1. 非关注阶段	指进入正式教师教育之前。该阶段所形成的前学科教育教学知识及与教师职业相关的品质与能力,为正式执教打下基础
2. 虚拟关注阶段	指师范学习阶段。因为虚拟的专业学习环境,缺乏特殊的专业发展支持环境,师范生自我专业发展意识淡薄,如果实习期较长,师范生可能出现自我专业发展意识的萌芽
3. 生存关注阶段	指初任教师阶段。这是教师专业发展的关键期,突出特点是骤变与适应,需要实现由师范生到正式教师的角色的巨大转换,需要克服对于教育教学实践的不适应,教师关注如何生存下来,急于找到维持最基本教学的求生知识和能力
4. 任务关注阶段	是教师专业结构诸方面稳定持续发展时期,由关注自我生存转到追求更好地完成教学任务,以获得职业阶梯的升迁和更高的外在评价,教师积极主动寻求各种教师专业发展活动
5. 自我更新关注阶段	教师不再受外部评价和职业升迁的牵制,专业发展动力转移到专业发展自身,教师自信和从容,有意识地自我规划,以谋求最大限度的自我发展,教师拥有了个人实践知识,并追求卓越和专业成熟。教师应该把自己的专业发展过程作为反思的对象,教师不仅是专业发展的对象,更是自身专业发展的主人,为自己的专业发展负责,教师生涯直接以专业发展为追求目标和动力源

第二节 我国教师职业生涯发展的主要路径

教师教育学著名学者、北京师范大学朱旭东教授从职称、荣誉、职务、学历、资格更新五种路径对教师成长路径进行了研究。作为一名未来教师,应该充分认识到教师职业生涯发展的这五种主要路径,帮助师范生制定职业生涯规划,消除师范生对未来教师职业生涯预期的不确定性,增强对未来教师生涯的现实认知。

(1) 从职称发展的路径来看,中小学、幼儿园教师职业生涯发展主要是三级、二级、一级、高级、正高级。

(2) 从荣誉发展的路径来看,教师职业生涯发展主要有校、区(县)、省(市)级的骨干、学科带头人、名师、特级教师和教育家。

(3) 从职务发展的路径来看,教师职业生涯发展主要是教师班长和班主任、教研组长和年级组长、业务园长(保教主任)和副校长、园长和校长。

(4) 从学历发展的路径来看,教师职业生涯发展的路径主要是中专、大专、本科、硕士研究生和博士研究生。

(5) 从资格更新的路径来看,教师职业生涯发展首先要完成新教师资格认定,然后是按要求更新资格。

北京师范大学就业指导中心主任刘淑玲主编的职业规划和就业指导教材《师范生职业发展与就业指导》,为师范生职业生涯发展提供了基本路径。针对师范生的特点,将师范生生涯发展路径做了归类描述。如图 4–1 所示,第一类是一线教师,第二类是非一线教师。一线教师分为中小学教师、高等学校教师和培训机构教师。非一线教师分为教育行政管理、公务员和其他。通过逐一描述各类职业的发展路径,可以激发师范生对未来职业发展的思考。比如,一线教师的职称评定需要满足学历、教龄、各类评比成绩、教研成果的要求等。师范生通过职业生涯教育能够树立职业发展意识,结合个人职业生涯目标,以终为始,主动了解收集相关职业政策信息,为将来的职业发展埋下一颗种子。

同时,刘淑玲老师列举了职业发展路径的三种运动形式:

第一种,直线型职业发展路径,即单一型发展路径。这种生涯发展路径主要是指个人在一生的职业发展中只从事一种职业,职业发展目标就是晋升。

第二种,双重型职业发展路径,即平衡型发展路径。这种生涯发展路径主要指人的生涯发展是由两个可以相互跨越的职业发展通道交织而成。

第三种,螺旋形职业发展路径,即混合型发展路径。这种生涯发展路径主要

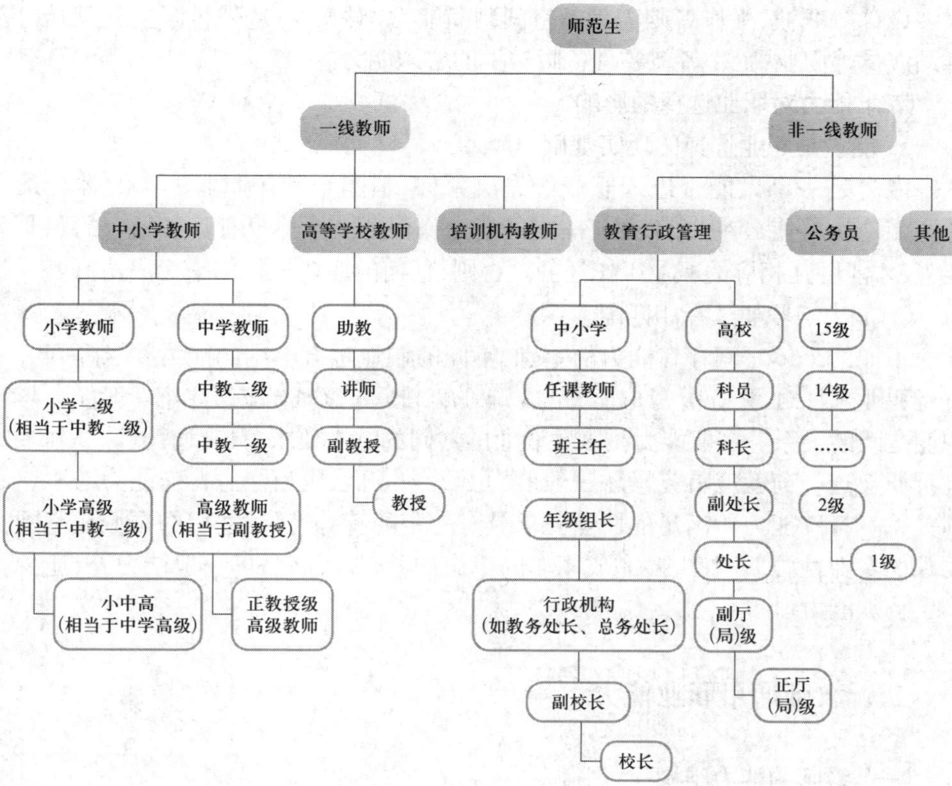

图 4–1 师范生职业生涯发展路径

是指个人在职业发展中从事两种或两种以上职业，通过学习和积累可以在不同的职业甚至是行业中寻找不同的发展机会。

第三节 教师职业胜任力

一、职业胜任力：能力与职业的匹配

（一）能力维度——擅长做什么

能力是指个体能迅速和准确地完成某种活动所必须具备的个性心理特征。它是影响活动效果的基本要素。社会上任何一种职业对工作者的能力都有一定的要求。如对会计、出纳等职业，工作者必须有较强的计算能力；对工程、建筑及

服装设计等职业，工作者则需具备空间判断能力；对飞行员、外科医生、运动员、舞蹈演员等职业，工作者就要具备眼与手的协调能力。

（二）能力对职业选择的影响

1. 能力是职业选择的现实基础

能力是一个人能否进入职业的先决条件，是能否胜任职业工作的客观条件。无论从事什么专业，都要有一定的能力作保证。个体只有具备相应的职业能力，才能胜任相应的职业工作任务。否则，任何的职业选择都毫无成功可言。

2. 能力与职业选择相匹配

不同的个体之间存在能力的差别，不同的职业也有不同的能力要求，因此，进行职业选择时，要充分考虑能力与职业的匹配。一方面，应当注意一般能力与职业之间的关系。一般能力是多数职业的共同的基本要求，具有通用性。因此，进行职业选择前就应首先具备一般能力。另一方面，应当注意特殊能力与职业的关系。特殊能力所满足的职业要求具有一定的特殊性，其适用的领域或范围要求的专业性强。因此，要完成职业的工作任务，除了必备的一般能力外，还少不了特殊能力。

二、教师通用职业能力

（一）教师的能力结构

教师职业所需要的能力结构如表 4-21 所示。

表 4-21 教师的能力结构

一级分类	二级分类	三级分类
一般能力		敏锐的观察力、持久的注意力、准确的记忆力、丰富的想象力和灵活的思维能力，以及良好的人际沟通能力、实际操作能力、口头表达能力和行为表现能力
教育能力	教学能力	基本教学能力：教学设计能力、教学实施能力和教学评价能力、特定学科专业教学能力，如体育教师需有动作示范能力、理化老师需有实验演示能力、数学教师需有绘图能力等
	育人能力	思想品德教育能力：全面了解学生的能力，引导学生自我教育的能力，协调学校、社会、家庭各方面教育影响的能力，转化后进生的能力以及教师“身教”的能力等
		生活指导能力：主要体现在教师善于通过多种援助性或辅导性的活动，帮助学生发现和发挥自身潜能，形成和发展其自尊和自信等心理品质，从而促进学生人格和谐、健康地发展

续表

一级分类	二级分类	三级分类
教育能力	育人能力	班级管理能力：制定班队管理目标的能力、选拔和培养班队干部的能力、组织班队活动的能力、培养班队的优良作风和正确舆论的能力、培养学生的合作精神的能力、处理突发事件的能力以及协调班队内外各方面教育力量的能力
		心理健康与咨询能力：掌握必要的保护儿童和青少年的心理健康和防治、消除其心理病患的诊断、教育、咨询乃至矫正的技术，形成和提高自己的心理健康教育与咨询的能力
	拓展能力	学习能力：自学能力、接受继续教育的能力、学习教育理论的能力、学习专业知识的能力、运用外语获得信息的能力
		教育科研能力：发现问题的能力、选择研究课题的能力、搜集和整理资料的能力、理性加工的能力、成果表述能力
		创造能力：创造新的教育教学方法的能力、更新教育教学内容的能力、优化教育教学过程的能力、培养学生创造能力的能力

（二）能力探索的方法

1. 一般职业能力倾向测验

一般职业能力测验主要测量的是各种职业都会涉及的通用能力，常见的测验如一般能力倾向成套测验（GABT），可对 9 种通用能力倾向进行评定，即一般学习能力、言语能力、数理能力、空间判断能力、形状知觉能力、书写知觉能力、运动协调能力、手指灵巧性和手腕灵巧性。

2. 特殊职业能力倾向测验

例如，行政职业能力倾向测验是特殊职业能力倾向测验中的一种，是世界各国公务员录用考试中重要的筛选工具。其内容包括：

(1) 言语理解与表达：对语言文字的综合分析能力。

(2) 数量关系：包括数字推理、数学运算。

(3) 判断推理：包括图形推理、演绎推理、定义判断、事件排序、机械推理。

(4) 常识判断：涵盖法律、政治、经济、管理、人文、科技等方面，考查受测者在这些方面应具备的最基本知识，以及运用基本知识分析判断的基本能力。

(5) 资料分析：对文字、图形、表格三种形式的数据性、统计性资料进行综合分析推理和加工的能力。

3. 非正式能力澄清评估法

比如请测试者列举最成功的事情、工作能力排序等，通过成功经验分析或者能力排序情况分析个体的优势和特长。

三、教育行业中的不同教师和能力要求

(一) 幼儿教师

近年来,随着人们对教育的重视程度不断提高,幼儿园教师也越来越受到重视。幼儿园教师这一行业的重要性在于,它面对的是年龄较小、身体及智力发育不成熟、对人生及社会没有一定了解的儿童,是人生的启蒙教育者。但是,目前幼儿教师这一行业的社会地位并不是很高。目前我国城市的幼儿教育获得了一定的发展,其师资队伍也在不断得到强化。但是在农村等地区,幼儿教育及幼儿教师却没有得到应有的重视。同时,目前幼儿园中的教师现状也是良莠不齐,而幼儿园教育的成果也没有一定的标准可供参考。

研究表明,学前期是人的情感、性格和认知等方面发展的关键时期,这一时期幼儿如果没有得到合理的教育,就会对其以后的成长和发展造成一定的负面影响。因此,幼儿教育是极为重要的,这就需要社会和家庭为幼儿创造良好的教育环境,这也凸显了幼儿园教师这一行业的重要性。

1. 幼儿教师的准入条件

幼儿教师的工作主要是负责幼儿园一个班级的幼儿生活及教育,教育对象和教育环境的特殊性也对幼儿教师提出了具体的要求:

(1) 保教结合。由于幼儿在学前教育期身体、智力发展都不成熟,缺乏一定的生活自理能力,需要幼儿教师的精心照顾。因此,作为一名幼儿教师,必须能够做到保教结合,即保育与教育的结合。

(2) 知识。由于幼儿教师要做到保教结合,因此要求其必须具备相关知识。幼儿教师不仅需要具备教育学、心理学以及自然科学、历史学等各方面的基本知识,同时还必须学习婴幼儿的护理知识和基本技能,这样才能在遇到问题时合理地解决。

(3) 技能。幼儿年龄较小、接受能力比较差,因此要求幼儿教师在教学过程中采用适合幼儿的方式,寓教于生活、游戏之中,使幼儿能够在不经意中接受知识。

(4) 形象。幼儿学习的一个重要方式就是模仿,而他们模仿的主要对象也就是他们身边的人。作为经常接触幼儿的教师,其一言一行、一举一动都深深影响着幼儿。因此,幼儿教师必须严格要求自己,注意自身的语言、态度、外在形象等,为幼儿树立良好的榜样。

(5) 学历。随着社会的不断发展和竞争的日益激烈,对教师的要求也不断提高。由于幼儿这一群体的特殊性,幼儿教师也需要经过幼儿师范的专业培养,

对其学历要求也不断提高，对于从中专至研究生的不同层次的教师都有需要，这是与社会发展相一致的。

2. 幼儿教师的发展路径

鉴于社会上幼儿教师队伍中存在的良莠不齐的问题，应该着力塑造幼儿教师的形象，规范幼儿教师的行为，制定统一的标准。幼儿教师自身也要不断提高专业知识和技能等，加强自身的职业道德建设，从而促使幼儿教师这一职业真正得到社会的认可，获得自身的发展。可以从以下几个途径来拓展幼儿教育行业。

(1) 由传统的单纯“保教结合”的幼儿教师发展为幼儿教学的研究者。

(2) 由传统的幼儿园单独安排课程转变为幼儿教师亲自设置幼儿园课程。

(3) 由传统的单纯室内教学转变为教学资源多元化。

（二）中小学教师

随着中小学教师社会地位的提高，其经济地位也相应提高，尤其是在北京、上海等重视基础教育的发达城市和地区。中小学教师的准入条件主要有以下几方面。

(1) 教师资格证。现阶段我国中小学实行的是国际上通用的教师资格证书制度，培养模式还是以高等师范院校为主，同时积极鼓励其他各类特别是综合性大学承担部分培养师资的任务。对教师的选用不再拘泥于师范学校，那些有志于教育事业的人通过严格的教师职业训练，具备了做教师的资格，都可以进入教师队伍。在保证新进教师素质的同时，抬高了教师职业的门槛，进而提高了职业地位。

(2) 学历要求。中小学教师学历起点为本科，偏远地区可适当放宽至专科。

(3) 业务能力。教师的教学能力是教师队伍水平高低的重要表现，决定了课堂教学的效率。提高教学能力即训练教学基本功，包括课前准备基本功、课堂教学基本功、学科专项基本功、信息技术辅助教学基本功、活动课教学基本功、思想教育与能力培养基本功、教学测量评价基本功、教学研究基本功等，只要把各项基本功都练好了，教学能力自然会提高。

(4) 身体健康要求。

（三）大学教师

高等学校教师，即大学老师，作为一个社会群体与其他社会群体相比具有较高的地位。这体现在两个方面，一个是学术地位，高校教师作为一种职业，具有专业自治的特性，但这个自治学术共同体的成员是分层和分级的，即教师的学术地位是不同的。而教师的学术地位取决于其学术差异，即教师所具有的知识的类型和性质及其能力、机会和表现。另一个是社会地位，社会地位是由于职业类型和工作性质的不同而表现出来的权力、声望和财富的不平等，高校教师的社会地位可以从其在全部社会职位中的地位和在专业职业中的地位两方面来考察。现代社会中，高校教师一般被视为中产阶级，享有较高的社会声誉，较稳定的收入。工作稳定、时间自由，在世人眼中是令人羡慕的职业。正因为如此，进大学当老师的门槛也相应较高。

大学教师的准入条件主要有以下几方面。

(1) 学历和职称。大学教师学历一般应具有博士学位，最好有海外留学背景，有时有职称要求。

(2) 年龄限制。高校招聘新教师除特殊人才引进外，其他都追求年轻化。

(3) 身体条件。几乎所有高校都要求新进教师身体状况良好。

(4) 素质能力。较高的业务水平(科研、教学及本职工作)、较强的个人素质(政治、思想品德等)、组织协调、人际沟通、综合分析、逻辑推理等能力。随着现代社会的发展，对高校教师的能力要求越来越高。

(5) 相关工作经验。招聘学校要求担任此项工作的教师具有相关实习或工作经验，熟悉此项工作的流程。

(四) 教育培训机构教师

(1) 教育培训简介。

培训师与传统教师有所不同，具有一定的专业性和社会复杂性，但仍属于教育的范畴。随着竞争逐渐激烈，社会对人们的专业技能等方面的要求越来越高，企业、个人对培训的需求也逐步升温。培训是培训师最为主要的工作，其工作内容主要包括：① 分析培训需求；② 制定培训计划；③ 设置培训课程；④ 组织管理教学活动。

由于社会对培训师的要求比较高，培训师的收入还是比较可观的，知名的培训师每个月甚至可以赚取数十万的收入。这也是很多人希望成为培训师的原因之一。

(2) 教育培训的准入条件。

① 兴趣。要想成为培训师，要培养自己对这一行业的兴趣，随时发现与行业相关的问题，考虑社会和个人的需求，在授课时善于发现问题，不断充实自身的知识。

② 口才。授课的主要方式就是面对学员讲授知识，这就要求培训师具备较好的口才。否则，即使有再多的知识、再高的水平，没有办法讲出来或者讲不清楚，也无法得到学员的认可。

③ 形象。作为一名培训师，面对的是众多的学员，因此，要求培训师一定要注意自身的形象，对于自己的教态、语速、衣着等都要加以注意。一个衣冠不整、扭捏作态的人是不可能成为合格的培训师的。只有不断完善自身的形象，才能

使学员接受自己,达到较好的教学效果。

④ 知识。培训师是为学员传道解惑的,因此必须具备专业的理论知识和高超的教学技能、经验。这不仅需要日积月累,还需要培训师不断发现问题,投身实践,锻炼自身的技能。培训师要讲授的东西不是一成不变的,要与时俱进,这就需要具备深厚的知识基础和经验,以及思考问题、理论联系实际的能力和创新能力。

(3) 教育培训的发展路径。

教育培训师在一定程度上体现了教育机构的实力,无论是社会、企业还是个人,对培训师的要求越来越高。许多培训师也逐渐意识到自己职业发展的重要性,树立目标并为之努力奋斗,将自己变成行业的多面手。

① 素质与能力并重。培训师是个高薪职业,与普通教师相比,他们的收入令人羡慕。这就需要培训师具有良好的思想道德素质和较高的职业素养,忠于教育事业,并愿意为之奉献力量。同时,他们还要具备扎实的理论知识和较高的教育教学能力以及较深的行业实际操作能力。这就需要培训师不断地学习新知识和锻炼能力,以增强自身的综合素质。

② 持证上岗。除了必备的文凭外,培训师还要考取资格认证证书、专业技术等级证书等,并以此作为评级晋升、评奖评优的先决条件,从而不断加强自身发展。

③ 经常交流培训。培训的形式多种多样,可脱产也可以半脱产,既可以在企业内部培训,也可以到外部培训。培训内容可以是理论的,也可以是实践的。

思考题

1. 教师职业生涯周期理论对师范生规划职业生涯的启示有哪些?

2. 回顾教师职业生涯发展的五种路径。我国教师职业发展路径对你的启发有哪些?

3. 对照教师职业胜任力,寻找自己的差距在哪些方面?具体还可以从哪些方面进行努力?

本章练习

请每一位同学,结合教师生涯周期和自身实际,撰写一份职业生涯规划书,字数不限。

第五章 求职准备

【本章引例】

毕业生小李在学校期间听师兄师姐们介绍说：求职如同撒网捕鱼，网撒得越大，捕到鱼的希望也越大。所以，他精心设计、制作了自己的求职信和简历材料，并省吃俭用，复印了一百多套简历。过了一个多星期，陆续有几十封地址不详或查无此人的信件退回，后来也有一些学校希望他参加面试，但是他对这些学校都不太称心，再往后，则什么消息都没有了，一百余封求职信如石沉大海，一无所获。

小李苦恼地向学校老师求助，老师耐心地为他指点迷津："你的积极主动的精神值得肯定，但找工作一定要有明确的目标，要根据自己的实际情况和对方的需求情况有的放矢地投递材料，你现在要做的第一件事应该是赶紧积极地去收集就业信息，然后才是联系单位、参加应聘等。"在老师的指点下，他很快改变了策略，重新制作了十份有针对性的材料，在广泛收集用人单位需求信息的基础上，根据自己的实际情况和兴趣爱好，有选择、有重点地参加了几场师资专场招聘会，总共投出去九份材料，就收到了五个单位的面试通知，最后他参加了三个教育单位的面试，与其中一家单位正式签了约。

【案例思考】

许多毕业生在求职初期总会走一些弯路，主要原因就在于开始时收集信息的目标不明确，收集信息的方法不恰当。部分毕业生的想法和做法，像散发传单似的拿着一摞材料见用人单位就塞。他们认为，只要把网撒出去，总能捕上几条投送"鱼"，甚至运气好的话还能捕上一条"大鱼"。但结果却往往是"大鱼"没钓到，对"小鱼"也没兴趣。钱花了，时间和精力也白费了，一切还得从头开始。更糟糕的是大量时间和精力换回来的是不断加重的压力和沮丧情绪，破坏了毕业生的心态。因此，毕业生的自我推荐，需要讲究方式技巧，应有目标、有选择地投送自荐材料或上门应聘，以提高命中率。在求职开始时，有些毕业生对就业市场的情况不是很了解，可以适当地把"网"撒大一点。但是，一定要知道这只是一种"火力侦察"的手段，摸一遍底。要及时收网，根据自己的求职目标，有针对性地对信息进行分类处理，关键是不能"守株待兔"。

第一节　就业信息的获取

一、就业信息的收集

在当今时代，信息的重要性不言而喻。谁能以最快捷的方式占有最广泛、最准确、最有效的信息，谁就能得到更多的成功机遇。大学毕业生的求职择业也是如此。谁能积极主动、广辟途径地收集信息，认真细致、去伪存真地分析处理信息，谁就能有更多的回旋余地，把握选择的主动权，抓住就业机会。

案例 5-1

某高校职业发展中心收到上海某著名教育集团新开办学校的招聘信息，该学校发展前景非常好，今年招收应届毕业生的数量比较多，届时到学校举行现场宣讲会。学校职业发展中心将此信息迅速传达至各相关学院，毕业生得知此事后，都非常兴奋，都在考虑如何好好表现，赢得先机。有些反应快的学生，立即上网查找相关学校的信息，了解学校的情况；还有些学生通过邮件将自己的简历提早发给学校；另外有些学生查到学校电话，主动电话联系人事老师，将个人资料寄送学校并把简历发到招聘邮箱，并约定人事老师一到学校先和他们面谈。由于这些学生的充分准备，该学校的宣讲会取得了良好的效果，当场就和几个毕业生签订了协议。

案例思考

就业信息是指择业者未知的、经过加工处理后对择业者具有一定价值的就业资料和情报。毕业生就业的成功与否,不仅取决于个人的学业成绩、能力水平及社会对人才的需求等因素,同时也与毕业生能否及时有效地获取就业信息密切相关。俗话说"态度决定一切",毕业生求职中的不同心态决定了不同的结果。同样一条信息,主动进取者占得先机,被动等待者错过良机。

(一) 就业信息收集的特点

1. 时效性

就业信息的效用具有一定的期限,过了期限效用就会减少,甚至消失。在竞争日趋激烈的就业市场,信息的有效性越来越短。如某中学近日内欲急招一名代课教师,信息在网络上发布后如果当日就有人去应聘并被录用了,那么,这一招聘信息在次日就失去了它的效用。在大学生就业市场也是如此,每年都有两三个月是就业信息相对集中的时期,这段时间找工作也最有效,毕业生如果能把握好这段时间,主动出击,就能抓住机遇,实现理想。而过了就业信息的高峰期,毕业生要推销自己就处在相对被动的地位,难度较大。

因此,毕业生在得到就业信息时要立即反应,抢占先机。这就要求毕业生事先完成自己的职业生涯规划,清楚地了解自己的信息要求,做好对各种职业信息的价值及时作出判断和信息反应的行动准备,如制作完成有关自荐材料等。另外,毕业生要密切关注就业信息的发布情况,力争在第一时间获取就业信息。

2. 共享性

就业信息一经公开发布,就为人所共享。就业信息共享的人越多,反应者越多,假设在就业信息不变的情况下,信息利用的竞争形势就会越来越严峻。

因此,毕业生在得到就业信息后,首先,应迅速决断,对自己认为有价值的信息立即采取行动、及时反馈。其次,要针对信息,在自己的行为和相应的自荐材料中突出自己的特色和优势,与众不同,才能在众多竞争者中脱颖而出,引起招聘者的注意。

3. 传递性

就业信息总处于流动和传递之中,它通过多种媒介和途径广泛传播,它到达每个接收者的时间和方式并不相同。现在通信技术的飞速发展,信息传递的速度越来越快,信息的传播渠道也越来越多样化,网络、电视等现代传播媒体与报纸、杂志等传统媒体各具特色，移动智能设备的出现使信息的获取更为便捷。因此，毕业生要保持高度的信息敏感度，善于利用各种信息传递和流动媒介抓获信息。

4. 两面性

就业信息的两面性是指信息既要有真假之别，又有积极与消极之分。在信息爆炸的今天，纷繁复杂的就业信息里面鱼龙混杂，真假难辨，其中有垃圾信息、欺骗信息等，不仅给毕业生造成时间上和金钱上的浪费，更重要的是会影响到毕业生职业人生和事业的发展。假信息当然是消极有害的，但真信息有时也会相互干扰。面对纷至沓来的就业信息，毕业生有时会不知取舍。因为毕业生面对同时而至的就业机会最终只能选择一个，而选择一个就意味着放弃其他多个，这常常使人感到为难，造成毕业生在就业信息面前优柔寡断，做决策时犹豫不决。

毕业生的心态总希望所有的信息完全呈现在自己面前，从中找到最理想的工作岗位。而事实上，信息是不可能完全呈现的，而且信息收集的越多，其呈现的两面性也越复杂，除了本身就是欺骗信息、垃圾信息以外，还因上述“时效性”“共享性”和“传递性”等特征，不断涌出失效、失真的信息。因此，毕业生在收集各种各样的就业信息时，要善于对信息进行分析、判别和处理，依据自己的就业定位，只能选择相对较佳的信息，果敢决断地出击，以提高自己求职择业的效率和准确度。

（二）收集就业信息的原则

毕业生在收集信息时，既要做到高质高效、准确无误，又要符合自己的实际情况，就必须把握以下五个原则。

1. 真实性原则

随着网上求职的流行，一些以营利为目的的中介机构，利用网络的局限性，发布一些虚假或过时的用人信息吸引、欺骗毕业生，毕业生为此东奔西跑，徒劳往返，既浪费金钱，又耗费时间。对此，学校和毕业生都应提高警惕，只有真实准确的信息才有生命力。信息不准会给择业带来决策上的失误。

2. 适用性原则

就业信息纷繁复杂，形形色色，并不是每一条信息都适合自己。因此，毕业生首先要对自己有一个充分的认识，然后根据自己的专业、特长、能力、性格、气质等方面的因素筛选与自己有关的信息，避免收集范围过大。

3. 系统连贯性原则

大学毕业生平时获得的就业信息是零散的、不连贯的，如果将各种相关的、零碎的信息积累起来，然后加工、筛选，形成一个能客观地、系统地反映当前就业市场、就业政策、就业动向的就业信息链，毕业生就可以为自己的信息分析和抉择提供可靠的依据。

4. 计划性原则

毕业生收集信息前必须要制定相应的计划，明确收集信息的目的，有了明确的目的，收集信息才有方向；明确自己所需就业信息的范围，做到有的放矢。如果盲目地收集信息，那么就可能在众多就业信息中把握不住方向，捕捉不到真实、有价值的信息，因范围太大而浪费时间和精力。

5. 高效性原则

就业信息的收集要注意信息的新颖和实效，毕业生要有一双“火眼金睛”，利用敏锐的洞察力挖掘不显眼的就业信息，提早发现别人未发现的就业信息，提高就业的成功率。

二、获取就业信息的渠道

收集就业信息是毕业生求职的第一步。每个毕业生都希望最快捷、最广泛、最有效地收集到自己所希望得到的就业信息。因为，就业信息越广泛，择业的视野就越广阔；就业信息越有效，择业的把握性就越大。

许多毕业生在求职时都会怨天尤人，怪好单位只垂青小部分有关系的人，怪学校的就业信息太少，怪工作太难找。俗话说得好：机会只会青睐有准备的人。部分同学知道自己找工作无优势，因此未雨绸缪，早做准备，抢占先机。毕业生在找工作中，要学会主动去收集和了解就业信息，主动保持与学校老师、就业部门、用人单位信息的畅通。

案例 5–2

小张是来自农村的大学生，在上海某理工科院校就读。一次偶然的机会，一位即将毕业的老乡临别时留下了一些找工作的材料给小张，并叮嘱他，工作难找，要抓住就业的良机。小张把这些材料拿来后，利用课余时间仔细翻阅，材料中大部分是用人单位的情况介绍、发布的就业信息和就业指导方面的刊物，他做了个有心人，把用人单位的通信方式、网址等信息记在了自己笔记本上，以供将来备用。

转眼，小张进入了毕业班，他不动声色地忙开了。先是给在上海的老乡、师兄师姐们打电话，请他们提供本单位本年度的招聘信息。然后又到办公室找了辅导员，打听是否有合适的单位，帮忙推荐，并留下了 3 份简历。最后到学校职业发展中心走了一趟，了解最近是否有大型招聘会的信息。做完这些后，他又去了各大知名网站收集最近的就业信息投了几份简历。没过多久，各种渠道的信息慢慢地反馈了，有5家单位愿意接受他，并对他如此熟悉他们单位的情况惊讶不已。最终，小张选择了一家自己满意的单位。就这样，其他毕业生还在毫无头绪、忙着收集信息的时候，他已计划着如何迈好走向社会的第一步了。

当前就业信息多种多样，收集的渠道也各有不同。总体上说，目前毕业生获取就业信息的途径主要有以下几种：

（一）官方渠道：学校就业指导部门

就业信息的官方发布渠道包括全国各级高校毕业生就业主管部门主办的就业信息网站，例如，教育部直属的全国高等学校学生信息咨询与就业指导中心主办的全国大学生就业公共服务立体化平台（新职业）、上海市教委直属的上海市学生事务中心主办的上海学生就业创业服务网、各高校毕业生就业指导部门主办的就业信息网站，以及各省市区教育局网站、教育人才服务中心网站等。

高校的毕业生就业指导部门是高校毕业生就业工作的行政管理部门，包括学校就业指导中心和各院系负责学生工作的有关部门。而学校就业指导中心是受学校委托的，全权负责全校毕业生就业指导工作的权威部门，也是用人单位向学校寄送需求情况的信息集中地。学校就业指导部门因为长期从事就业指导工作，与用人单位建立了长期友好的合作关系，在长期的工作交往中与各部委和省市的毕业生就业主管部门及用人单位有着密切的联系。在毕业生就业的过程中，他们会及时向毕业生发布有关需求信息，进行就业指导，让毕业生大致了解当年社会对大学生需求的状况及有关就业的政策规定，学生本人也可以就有关问题进行咨询。学校毕业生就业指导中心是获取用人单位信息的主渠道，他们提供的信息无论是数量还是质量，都有明显的优势。毕业生从学校就业指导中心一般可以获得就业政策法规信息、用人单位需求信息、用人单位背景信息，等等。

学校就业指导中心获得的信息有以下几个特点。

第一，针对性强。一般用人单位是在掌握了学校的专业设置、生源情况、教学质量等信息后，才向学校发出需求信息的，这些需求信息是完全针对该校应届毕业生的。而在人才市场和报纸杂志上获得的需求信息，是面向全社会人士的，针对性较弱。

第二，可靠性高。为了对广大毕业生负责，在把用人单位发送给学校的需求信息公布给学生之前，学校就业主管部门要先经过对就业信息的审核，保证信息的可靠性。

第三,成功率大。一般毕业生只要符合条件并善于把握好自己,双方面谈合适,马上就能签下协议书。

因此,毕业生应主动及时地通过这一途径了解就业信息,这是广大毕业生收集就业信息最方便、最直接、最有效的途径之一。只有全面及时地掌握学校发布的各种就业信息,才能充分有效地加以利用。

学校就业主管部门发布就业信息的途径主要有以下两种。

第一,通过就业网站发布就业信息。为适应网络时代的信息传递方式和广大用人单位和毕业生的要求,现在大多数高校的就业指导中心都建有相关的就业网站,在以书面的形式发布就业信息的同时,将近期收集到的最新招聘信息、就业政策、求职技巧、应届毕业生招聘会,各用人单位对毕业生的需求等信息,通过网络向学生快速及时地传递。在校园网接入学生宿舍的今天,毕业生可以随时上网浏览就业信息。因此,毕业生应养成随时上网浏览就业信息的习惯,使其成为自己日常生活的一个重要组成部分。

第二,定期向各院系传递人才需求信息。学校就业指导中心通常会与各学院、各系负责就业的老师保持密切的联系,会及时将收集到的重要招聘信息传递给各院系就业负责人以及毕业班的辅导员。尤其是在用人单位对毕业生的专业提出明确的要求,希望学校直接推荐时,就业指导中心通常就会直接与专业对口的院系联系,有时就不再对外发布这些信息。因此,及时与所在院系负责毕业生工作的老师进行沟通,可以洞察用人单位对所学专业的需求情况,把握就业的先机。

(二)人海捞针:各种招聘会

毕业生与用人单位见面会是由高校或当地毕业生就业主管部门组织的,让毕业生与用人单位直接见面、洽谈的一种择业活动方式。这类供需见面会以为毕业生和用人单位服务为宗旨,是非营利性的活动。因为供需见面使供需双方直接接触,不仅可以掌握许多用人信息,而且还可以提高毕业生应聘的成功率,既简单又有效。

招聘见面会也有多种形式。比如,学校举行的招聘会和就业宣讲会,由学校就业指导中心出面组织,有针对性地邀请一些用人单位参加,规模适中,人职匹配度高。

各地有关部门每年也会组织几次大型见面会,有的还分季节、分专场,比如,有关部门组织的春季师资专场招聘会、长三角师资招聘会等。这些供需见面会组织正规,规模大,参加的用人单位多,信息量丰富。

人才招聘会主要是社会上各级人才市场举办的与大学毕业生有关的招聘

会,人才市场在一定的时间向用人单位提供场地,让他们进场招聘所需要的毕业生,组织者向用人单位收取摊位费,向毕业生收取门票费。这类招聘会往往以盈利为目的,注重广告宣传,规模较大,但参加单位成分较复杂,有时难免鱼目混珠。

毕业生提高参加招聘会的成功率,有以下几点注意事项。

1. 精心准备

毕业生事先准备好个人简历等有关应聘材料,要根据自己的实际情况把自己的基本情况、学习经历及求职意向表达清楚。在材料中应注明自己的联系方式,使用人单位能及时与毕业生取得联系。除了书面材料的准备,特别要提醒毕业生,在与用人单位洽谈时要表现出良好的精神面貌,充满自信、精力充沛、志在必得。

2. 整体把握

毕业生要及早进入招聘会现场,收集信息、了解行情,整体掌握到会单位的情况。注意不要太早与招聘者交谈,先浏览一遍整个会场,对到场的单位情况做初步了解以后,再根据自己的求职意向,确定重点应聘单位,按主次顺序进入交谈。一般情况下,大会都会有专门的会刊,毕业生也可以在上面查找和自己所学专业对口的单位,然后直接去其所在的展位,这样能节省更多的时间和精力。

3. 详细询问

毕业生在与用人单位面谈时要仔细询问招聘单位的详细情况,包括单位的上级主管部门、所有制的形式、招聘的岗位和工作的内容,用工形式、工作的时间、薪金待遇等,同时注意听一下招聘者向其他求职者介绍的情况是否与你了解的情况一致,倾听其他求职者的议论,或征求别人的意见,待确认用人单位的情况比较适合后,再报名参加面试。

4. 注意形象

毕业生参加招聘会时要适当打扮,“包装”自己。在招聘会现场要注意自己的一言一行,特别是在与用人单位交谈时要运用必要的礼仪和谈话技巧。面谈时,最好不让家长跟随在身边,以免给用人单位一种缺乏独立性的印象。

5. 小心防骗

近年来,一些不法分子利用人才招聘会行骗的事时有发生,一些毕业生被骗钱财,对其求职就业造成了很大影响,在心灵上也留下不少阴影。虽然一些骗子的手法往往并不高明,但却屡屡得手,其主要原因,一方面是不少毕业生涉世未深,又求职心切,缺乏必要的自我保护的意识;另一方面是毕业生对职业生涯探索并不充分,事先准备不足,导致对欺骗信息缺乏识别能力。

6. 及时联络

毕业生在招聘会后两三天内应及时与用人单位电话联系,不能被动等待。

因为用人单位会收到很多简历,可能有所遗漏。及时采用电话联系的方式,一方面表示自己对用人单位的尊重,另一方面是传递出自己迫切希望得到该用人单位的信息反馈,给用人单位以深刻印象。

(三) 媒体搜索:网络报刊新闻等媒体

现代社会已进入信息社会,网络、报纸、杂志、电视等大众传播手段已经非常发达和普遍,尤其是网络求职。用人单位和毕业生将招聘信息与求职信息上网公开,用人单位和毕业生可以通过网络互相选择、直接交流。网上求职最大的优势在于即使毕业生身在异地也能获得大量招聘信息及就业机会。它跨越时空界限,突破了人才信息与招聘信息难以沟通的种种限制,打破了单向选择的人才交流传统格局。随着我国就业工作信息化进程的加快,网上搜寻就业信息已成为如今大学毕业生最常用的求职手段之一。

毕业生不仅可以自由地从网上获取各种就业信息,还能把自己的个人情况放在网上。网络所传递的信息容量,是其他求职方式所不能比拟的,它省时、省钱又省力,真可以说是多、快、好、省。网络求职看似简单,然而上网找工作的人都知道,在网上要找到一份理想的工作并不容易。另外,手机的广泛使用及其功能的不断拓展,也使得它在提供就业信息方面异军突起,显露出更加便捷、快速的特点。求职者只要通过手机订阅相关的短信息,就可以及时、准确地收到最新的招聘信息,用人单位名称、招聘岗位、联系方式一应俱全。

毕业生在网上收集信息时,有以下几种易犯的错误应注意避免。

(1) 漫无边际地四处收集。许多毕业生事先不知道哪些求职网站比较权威,也不清楚知道自己到底要找什么,于是就漫无边际地在网上乱逛,四处收集就业信息。只要见到与自己专业有点关系的或自己感兴趣的信息就下载,不管信息渠道是否可靠、信息是否真实有效,“拉到篮里都是菜”。结果把自己搞得毫无头绪,摸不着方向。浪费了时间和精力不说,最令人担忧的是可能被一些颇具诱惑力的虚假信息所蒙骗。近年来,毕业生由于轻信网上信息,导致钱财被骗、求职落空的事件频发。

(2) 漫不经心地到处张贴。一些毕业生喜欢尽可能多地在网上张贴自己的简历,以为“广种薄收”,这样最大限度地“引”来雇主。这一看似“聪明”的举动,实际上并无益处。因为要知道,在某些求职服务网站,任何人都可以随意浏览简历库。所以经常向所谓的“开放”站点发送简历很不安全。当你四下布网时,一些企图利用网络骗钱的不良分子,也正在收集你的求职信息,使他们有机可乘。

(3) 把网络当成“万能网”。网络能为毕业生提供大量的求职信息,其“无所不包,无所不有”的内容令广大毕业生着迷,导致了部分毕业生对网络过分崇拜和依赖,把所有的"希望"都放在网络这个篮子里,而忽视了其他更权威、更有效的信息渠道。利用网络求职是为了提高获取信息的效率,如果一头扎进网络信息的"汪洋大海"出不来,实际上恰恰降低了求职的效率。

毕业生网上求职应注意以下几点。

第一,有选择地进入比较对应自己情况的正规、权威的网站。目前,人才招聘类专业网站多达数百个,但相当一部分的招聘网站是"滥竽充数",有效信息量少得可怜,所谓的"最新招聘"常常是一个月前的信息。所以,首先要找到那些信息量大、更新速度快的权威性人才招聘网站。不要太介意网站是否免费服务,其实,有的收费项目服务质量更好。现在政府教育、人事部门所属的人才机构和高校就业指导机构纷纷上网,为毕业生提供了大量的就业信息,这些正规网站发布的信息比较可靠,值得毕业生留意。在找到理想网站后,最好把它放进"收藏夹",以便下次能迅速查询。

第二,及时下载重要信息。在求职招聘的高峰期,招聘网站上的内容特别多,岗位、条件罗列一大堆。为防遗漏,又节省时间,最好是把网页上的内容先分门别类地下载到自己建立的专用文件夹的各目录中,等下线后再细细"品味"。从网上下来后,要及时整理、处理信息,把网上有用的求职信息及其来源网站记录在笔记本上。有的网站需要登录密码或设有个人信息记录密码,要及时把密码记在本子上,"好记性不如烂笔头",求职期间头绪繁多,不能太相信自己的记忆力,免得徒增麻烦。

第三,仔细分辨,谨防受骗。参加网上招聘活动,一定要提高警惕,认真辨析。与其他信息载体比较而言,网络招聘信息的可信度存在很大局限性。一是"偷工减料",一些人才网站特别是小型网站,招聘信息是从大网站上下载过来的。虽然信息内容是真实的,但这些网站在下载、处理、制作等过程中,却充当了"筛子"的作用:或只有用人单位提供的招聘岗位中的一部分,或删掉了用人单位的情况介绍,或将招聘单位的地址、电话、Email 等漏掉,等等。二是信息滞后,网络信息本来是以速度见长的,但是一些网络站只有二手信息,为了充数便不顾信息的时效,把过时的信息也拿来"更新"。三是毕业生特别要提防虚假信息。有的是网站被不良之徒利用,有的是网站本身别有所图,故意制造信息"陷阱",骗人骗财。而这类信息往往又在单位类型、名称、用人条件、待遇等方面特别具有诱惑力。为此,求职者一定要认识到虚拟世界与现实世界的差异,首先要把握就业信息的特征,学会分析辨别信息的可信度和有效度;其次,要对网上的信息进行网下求证。一般应先致电招聘单位确认其真实性,再发送求职简历。再次,要树立网上安全意识。把张贴个人简历的范围限制在那些应征岗位有密码保护,限制公开私人资料的网站。最后,毕业生应多参加由政府有关部门和学校组织、推荐的正规网上招聘活动。

第四,认真应对网上招聘。受网络时间、视频空间的限制,网上招聘给每个求职者的时间是有限的,因此,毕业生在参加网上在线招聘时,回答问题要突出个人特点和优势,提问要简明、扼要,直接进入自己最想知道的答案、最关键的问题。应聘获得用人单位首肯后,一定要留下明确的联系方式,并为下一步的面试做好准备。

第五,有目的地投递简历。毕业生应根据自己的专业、爱好、特长,有的放矢地向用人单位投递自己的简历,不要简历"满天飞",无目的地乱投一气不如不投。也不要对着一家单位同时应聘不同岗位,以免给用人单位留下随意、不专业、缺少诚信等不良印象。一般说来,招聘单位会同时阅读各个招聘渠道的应征材料。你只要应聘你真正感兴趣的那份工作,你越专注某个岗位,给用人单位的感觉就越认真。

求职者在发送简历的同时,应该同时发送一封求职信,这往往是求职者容易忽略的。发送求职简历不要用附件的形式,因为这可能让招聘者担心携带病毒,或因技术原因导致附件打不开,进而因此丢失工作机会。为了招聘人的阅读方便,求职信和简历都应该采用文体格式。求职者要注意求职信的措辞和语气,可使用标点符号突出求职重点。切记自己的东西发送之前再读一遍,不要出现错别字。有许多求职站点和招聘单位站点提供了格式化表格,你可以把简历贴在填完的表格后直接"寄"出。如果招聘单位指明接收简历的渠道,一定要看清楚,以免操作失误。

在线应聘或发出求职资料后,要主动通过 Email 或打电话与用人单位联系。既向用人单位表示诚意,也让自己心中有底。

(四)拿来主义:一切有用的社会关系

人际关系也是获取信息的重要渠道。但是由于人与人的关系不同,所以彼此之间信息传递的内容、方式、频率等也不一样。一般而言,信息总是在关系较密切的人际圈子里流动、传递。大学生因为长期生活在校园环境中,接触面较窄,人际关系不广,就业信息的来源渠道也就比较有限。所以,毕业生要善于利用各种社会关系,拓宽信息的来源,让更多的人帮助自己收集就业信息。

首先,是家长亲友。对于尚未步入社会的大学生而言,家长亲友是他们社会关系网的主要构成。而他们也都非常关心自己家庭亲友的就业问题,又来自社会的各行各业、各个阶层,与社会有多种联系,可以从不同渠道带来各种用人单位的需求信息。家长亲友一般比较了解毕业生本人的求职意向,提供的信息也就比较直接、有效、可靠。毕业生接受家长亲友提供的信息,由此进入就业岗位的成功率也比较高。美国学者鲍利斯在其求职手册《你的降落伞是什么颜色的？》一书中，将家人列入五种最佳的求职方法之一。据他统计，通过这一途径，100个求职者中有33个能够找到相关工作。有的大学生把利用亲友关系看作"走后门"，是一种不正之风，这种认识是片面的。因为，我们利用的是家长亲友提供的信息，能否将这些就业机会变为就业现实，还是取决于毕业生自己的能力和素质。在激烈的市场竞争中，绝大多数用人单位是遵守"唯才录用"的用人准则的，以不正当的"后门"关系"唯亲是用"，最终害的是录用单位和毕业生个人。所以，应利用正当途径充分挖掘亲友这层社会关系，获得更多的就业信息和应聘机会，以提高求职成功率。

其次，是学校老师，尤其是负责就业的老师或专业教师。负责就业的老师是专职就业人员，他们上传下达就业政策和信息，对就业信息的甄别更加敏感，经常与校外用人单位合作开发实习基地，也自然能够了解到这些用人单位的经营状况、工作环境和人力需求等；而专业教师比一般人更了解本专业毕业生适合就业的方向和范围，对专业的发展状况以及近几年毕业生就业的流向比较清楚。因此，学校教师提供的信息针对性强，更能满足学生对专业发展的要求，乐于被学生所接受。毕业生不仅要从老师那里多获取有关信息，而且可以直接找他们作为自己的推荐人。老师的推荐往往可以提升求职的成功率，因为用人单位面对众多的应聘者，避免因不了解求职者的实际情况而没把握，这时，如果有他们熟悉、信任的人加以推荐，决定录用的可能性就会提高很多。

最后，是自己的校友。那些已经参加工作的师兄师姐大多在对口的单位工作，对所在单位、行业情况比较了解。通过他们，毕业生可以打听到一些具体、准确的就业信息。校友提供的就业信息的最大特点是比较接近本校，尤其是本专业的毕业生在人才市场上的供求状况及其在具体行业中的实际工作、发展状况，近几年毕业的校友更有着对职业信息的获取、比较、选择、处理的经验和竞争择业的亲身体会，这比一般单纯的职业信息更有参考价值，更有利用价值。由于校友和求职者曾经在相同的学校中学习、生活，甚至有着共同熟悉的师长、相似的经历，以及对母校、老师、校友的情谊，这些常常使他们努力地为师弟师妹们提供有用的信息和种种帮助。

为了尽可能多地从自己的社会关系中获取有用的就业信息，毕业生可以采取如下做法：首先，找一张白纸，在上面列出自己所认识的人的名单，包括亲戚、老师、校友、同学、邻居、朋友等方方面面的人物，从中挑选出可能为自己现阶段求职提供帮助的人。然后，设法找到这些人的通信地址以及电话、Email等各种联系方式，通过打电话、写信、拜访等形式进行联系，告诉他你的近况和求助的信息。或许一个偶尔的相遇和联系，就会给你带来意想不到的收获和惊喜。

(五) 自我创造:专业实习、实践机会

社会实践是大学生自我获取职业信息的重要途径。在社会实践的过程中,通过自己的努力赢得用人单位的好感、信任,取得职业信息甚至直接谋得职业的同学不乏其人。因此,大学生在各种社会实践活动中,在了解、认识社会,提高思想觉悟,培养社会能力的同时,要做一个收集信息的有心人。还有一个很重要的实践环节是毕业实习,大学生毕业实习单位一般专业比较对口,可以直接掌握相关专业的就业信息。毕业生在实习过程中与用人单位达成就业协议也是一个很常见的就业方式。

第二节 求职信息的处理

毕业生在收集就业信息时,或由于求职心切,或由于时间紧,或由于重视不够,没有对收集到的信息进行认真、细致的处理,在择业求职的开始阶段总是犯一些本可以避免的错误,不仅浪费宝贵的时间、金钱和精力,而且在求职一开始时就陷于被动。因此,毕业生在收集到信息后,要对纷繁复杂的信息进行分析处理,从中找到适合于自己的有效信息。掌握一些信息处理方面的知识,可以少走一些弯路,为顺利就业打下良好的基础。

案例 5-3

临近毕业,毕业生小强还没有找到工作,他急得像热锅上的蚂蚁。白天他在四处奔波,晚上网上搜索。这天晚上,他又在网上搜索“求职”“招聘启事”等就业信息,忽然一条信息映入眼帘:南方某大城市人才市场举行大型招聘会,很多知名用人单位等都会参加,盛况空前,欢迎全国各地高校毕业生踊跃参加。小强一看,如获至宝,大喜过望,立即呼朋唤友通知其他几个未找到工作的同学一同前往。谁知当他们风尘仆仆赶往招聘会现场,购买价格不菲的门票入场后,大失所望,根本没有所谓的名企、名校,大多是一些与专业不相关的企业和岗位。小强愤慨不已,但也无可奈何,可以说他在个人材料、求职面试的细节都考虑周全,唯独忽略了招聘会的真伪,这次南行不仅浪费了钱财、时间和精力,更是对原本求职焦虑的心理雪上加霜。

案例思考

毕业生对纷至沓来的信息不能盲目相信，缺乏甄别意识，要保持清醒的头脑将虚假信息排除在外。一般来说，经过精心“包装”，大肆宣传“欺骗信息”对涉世未深的毕业生来说不易分辨。因此，毕业生一定要优先选择正规机构发布的信息，如学校或老师传达的就业信息，毕业生对网上的信息要通过线下求证，例如向用人单位电话咨询，向学校就业部门确认等，切不可随意相信朋友之间的“小道消息”。

一、就业信息处理的过程

（一）去伪存真

信息既蕴藏着机会，也有可能潜伏着陷阱；有时无比珍贵，有时是一堆“垃圾”。去伪存真是信息处理的第一步，也是一个重要的前提。这项工作做好了，才能保证随后的工作按照正确的方向进行下去。相反，这项工作判断错误，则会让毕业生的求职过程一开始就处于被动，很可能对自己的心理和行为带来许多负面的影响。

毕业生收集的信息来源复杂，信息发布者的目的、企图各异，有的是真心求才，发布的信息真实可靠；而有的则实力不济却又想招到优秀人才，便浮夸粉饰，真假相掺；而最可恶的是那些骗子，利用毕业生涉世未深、求职心切、就业现实又非常严峻的现实，以诈骗毕业生钱财为目的，发布欺骗信息，使一些毕业生受骗上当。因此，毕业生在得到各方面条件比较满意的职业信息，但对这个单位的实际情况又一无所知的情况下，在采取行动前，应多做一些认证和调查。比如，向学校就业指导中心咨询，请老师、亲朋好友多方打听。如果单位就在本地，也可实地去考察一番。而对在外地的单位则要更加小心，可委托当地的同学、好友调查一番，或向当地的人事部门咨询。

（二）重点把握

经过一番鉴别后，对剩下的信息要进行再一次的分析和处理。因为，即使真实信息中也不是每条都适合毕业生自己的实际情况。毕业生要对所掌握的信息进行比较和选择，看看自己的性格、兴趣、特长与哪个单位更匹配，哪个单位更符合自己的职业生涯规划目标，从中选出重点。对重点单位的内部信息要进行深入细致的分析，分析它需要的人才的特点、它对人才使用的方向，以及该单位未来发展的前景等。在把握这些情况以后，毕业生再根据自己的实际情况和用人单位的要求，有针对性地设计自己的应聘材料，从而提高应聘的成功率。

（三）善于挖掘

许多信息的价值往往不是浮在表面上的，必须经过深入挖掘才能发现。比如，根据有些单位的现状，可能还难以判断、预测单位和自己今后的发展；有些单位虽然目前可能条件差一些，但从长远看是有前途的，能够给人才较大的发展空间。这就要求毕业生既要站在高处，从长远的、大局的方向看职业、单位的趋势；又要留意信息的细枝末节，由表及里地挖掘信息的内涵价值。要有这种意识，并综合其他信息的分析。有时还需要有一些专业的知识和经验。比如，从单位的组织结构发现其管理模式和运作机制，从单位的人事、财务报表分析它的人力资源状况和经济状况，从单位历年的招聘岗位方式，如笔试的内容、面试的问题、联系的方式等方面都可看出其是否与自己的预期判断相一致。

（四）及时反馈

在当今变化万千、节奏加快的时代，就业信息由于其传播速度快、共享程度高，毕业生得到的信息仅仅代表着一种可能的机会，而且充满着竞争。机会稍纵即逝，正所谓“花开堪折直须折，莫待无花空折枝”。因此，毕业生收到信息后，一定要尽快分析处理并向信息发布者反馈信息。早动手未必一定能得到这个岗位，但反应迟钝几乎肯定就会失去机会。

二、就业信息的处理模式

求职的过程，实际上就是一个不断分析和处理信息的过程。经过不断处理，占有的信息由多到少，最后往往只能选择一个。选择同时也意味着放弃，何去何从就在一念之间，或考虑现实，或坚持自己的价值取舍，对许多毕业生来说，这是一个艰难的过程。有的同学因此不耐烦而对信息草率处理，一时冲动，事后却后悔莫及。择业是迈向社会的第一步，虽然不能说决定终身，但毕竟良好的开端是成功的一半。

这里介绍一个信息处理的简单模式，或许可以帮助毕业生们在处理信息时能做出理智的选择。如图 5-1 所示，以对一项就业评价的高低为纵坐标，以某项就业获得的难易程度（即本人获得该工作需付出的努力的程度）为横坐标。在四个区域中，A 区既是理想的工作，又容易得到；B 区工作不错，但是竞争者众多，或要求很高，本人需付出极大的努力，或者说得到这个工作的可能性很小；C 区的工作不太理想，但比较容易得到；D 区不是自己理想的工作，但容易得到。

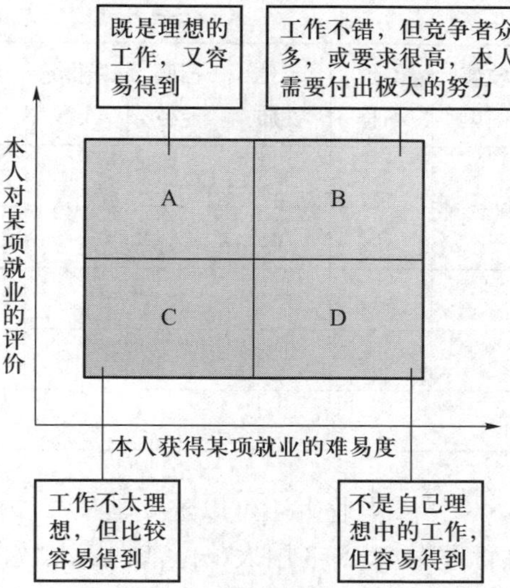

图 5-1　就业满意程度范例

一般来说，在毕业生收集到的信息中，幸运地落在 A 区的机会极少；而位于 C 区的信息却是占大部分的，且多数人最后的就业也是落在 C 区。但在求职过程中，毕业生对这一区间的就业机会往往先不考虑，总企盼着有更好的单位出现而犹豫、观望。那么，一开始我们不妨先全力去争取处于 B 区间的工作。B 区的工作岗位既符合自己的理想，又充满挑战性，正可表现当代大学生敢于竞争、敢于冒险的个性，也是人生的一次宝贵体验。因此，毕业生对待 B 区信息，一是要倾注时间和精力，认真分析研究，并精心准备应对之策；二是要充满自信，充分展现自己的能力，努力争取成功。不过，毕竟能在 B 区获得成功的人只是少数，因此，毕业生对 C 区的信息不能漠然视之，应将之视为备选方案。对待 A 区的信息，毕业生要持审慎的态度，既不能放过“捡漏”的机会，也要防止这类信息中诱人的陷阱。D 区的信息对毕业生的价值不大，可以将其排除在外。根据这一方法，毕业生在得到就业信息时，先要分析归纳，将其分为 A、B、C、D 四种类型，分别处理，以保证充分、高效地利用好收集到的信息。

三、就业信息处理的技巧

（一）建立个人就业信息管理库

因为毕业生就业信息多处于随机状态，时断时续，时多时少，收集到的信息也是五花八门、各式各样，毕业生如不进行有效的信息管理，收集到的信息就会如一团乱麻，让人晕头转向，给自己造成许多的麻烦，以致顾此失彼，错过许多机会。一些毕业生不想做信息处理的工作，总认为时间太紧，就业信息抄下来及时行动就行了，没有必要再做这项工作；还有一些毕业生则是不会作信息处理，平时懒散惯了，做事情本来就缺少条理性，在处理就业信息时就更杂乱无章。其实，非常有必要建立一个简单的个人就业信息管理库，如表 5-1 所示。同学们也可以根据自己的情况，加以修改和完善。

表 5-1 个人就业信息管理库

收集时间	单位名称	单位性质	招聘专业	招聘人数	所在地或网址	联系部门和联系人	联系电话	Email	备注

……

另外，毕业生还可以建立其他类型的专门信息库。如表 5-2 供需见面会信息管理库、表 5-3 用人单位基本情况数据库，等等。

表 5-2 供需见面会信息管理库

序号	见面会名称	主办单位	举办地点	联系人	联系电话	备注

……

表 5-3 用人单位基本情况数据库

单位名称：		所有制性质：		所在地：
总体概况	经营范围	经济状况	福利待遇	发展前景
（隶属关系、历史沿革、规模）				

（二）寻求个人就业信息咨询“智囊团”

毕业生从小到大，一直处在学校环境中。由于缺乏社会经验，在对就业信息进行分析和处理时难免主观幼稚，有失偏颇。因此，毕业生在处理信息时也要“民主决策”，最好是有一个自己的就业信息咨询“智囊团”。当然，这并不是要毕业生正式地去请一些人来担任自己的就业参谋，而是要求毕业生在处理收集到的就业信息，特别是对一些自己没有把握、自己不能下定判断的信息进行抉择时，要有意识地主动去请教一些能提供帮助的人。比如：就业指导老师、辅导员、家长、已参加工作的师兄、老乡等，应有意识地经常去请教这一部分人，征求他们的意见，他们实际上就成了自己的就业智囊团。“兼听则明，偏信则暗”，心高气傲、涉世未深的毕业生在就业时应多方听取有工作经验的过来人的意见，特别是在辨别信息的真假、鉴别单位的优劣、选择适合自己将来发展的单位等问题上，有经验的人将会对毕业生提供非常有益的指导。

第三节　求职材料的准备

在本节的开始，我们先通过一份模拟简历来发现一些大家在自行制作个人简介时可能忽略的问题。

案例 5-4

游戏：大家来找茬

在就业季来临之时，各位毕业生早已准备好了求职简历，那么什么样的简历是一份好的简历？在探讨这个问题之前，请大家认真阅读以下简历的基本信息部分，找出哪些个人信息没有必要出现在简历上？哪些信息是可以保留的？

简　历

×××

上海市乳山路 123 号　F0000001 班

手机：13000000001　电话：021-00000001

邮箱：xiaotang001@qiaobutang.com

出生日期：1994 年 6 月 8 日　籍贯：浙江

性别：男　婚姻状况：未婚　健康状况：良好

民族：汉　政治面貌：群众

联系地址：上海闸北区西藏北路 234 号 123 室

邮编：200270

照片

案例思考

(1) 健康状况:和应聘的岗位无关,且没有人会写“不好”。

(2) 出生日期:22 岁的毕业生是否会比 21 岁更有优势?

(3) 籍贯:一般不需要写,除非知道你的籍贯会加分。

(4) 婚姻状况:应届毕业生多数为未婚,无特殊情况不做强调。

(5) 党员:不少教育单位都有党支部,是加分项之一。

(6) 家庭地址:有用人单位会把录取通知(offer)寄到你家里吗?

(7)“个人简历”:不写标题,将自己的名字置于最显眼的地方,形成个人求职品牌。

(8) 性别:照片可以判断个人性别,所以建议不写,但也可以保留。

(9) 照片:认真打扮、拍摄精良的正装照是加分项。

本节通过具体探讨如何准备求职材料,不仅分析了简历、求职信和毕业生就业推荐表,并通过具体的案例分析引入了制作简历的金标准,帮助毕业生向招聘方展示自我,赢得面试的机会。

一、简历

(一) 什么是简历

说到简历,我们首先会想到它是我们求职必备的材料之一,是向招聘负责人表明你所具有的技能、态度、能力等。换言之,简历就是你的职业品牌。写简历,就是打造你的职业品牌。

或许说到职业品牌我们会觉得陌生,但是说到品牌,很多名字立刻跃然纸上。例如,说到海飞丝,我们都会立刻想到:去屑。因为这么多年来,海飞丝所有的广告,都在说两个字:去屑!不管广告怎么变、代言人怎么变,“去屑”从来不变。这么多年坚持下来,我们就都记住了。去屑就是海飞丝的品牌。那说到飘柔,立刻可以想到:柔顺。说到王老吉,广告词耳熟能详:怕上火,喝王老吉。说到脑白金,“送礼就送脑白金”就即刻跃入脑海。

说到这里,我们有没有找到一点品牌的感觉?通俗地讲所谓品牌就是集中一点,反复地说,不断强化,给产品打上一个强烈的标签。这个标签只能打一个,打得多了反而找不到最准确的、最突出的、最具有代表性的品牌。

简历也是一样,把求职者最具有代表性的、最想要展现的内容呈现在一份简历中，在简历的描述中，求职者要巧妙地让招聘负责人或者HR相信你是这个岗位的不二人选，并且有能力做好这项工作。这也就要求我们不能把所有内容都写上，一份简历只能专注在某一个职业品牌。也就是说，在应聘者应聘具有不同特质的职位的时候，准备的简历应该是不一样的。比如，求职者是一名英语专业的学生，在工作意向方面既考虑做老师，又考虑进外企做翻译，那么两种完全不同的岗位对于应聘者也有全然不同的职业要求，这就要求应聘者要制作两份不同的简历，一份突出教学、实习等教师岗位相关要求，另外一份则要展示语言的运用能力和企业实习相关经历。

（二）为什么要制作简历

大部分学生在找工作的时候都会将自己精心准备的简历上交到招聘单位，招聘负责人或者HR在审阅简历的基础上再决定是否要给求职者面试的机会，从某种意义上讲，这份简历就决定了求职者的命运。

根据法国的《CV International》一书中的一份统计，人力资源部门（HR）初审一份简历的时间平均是20秒，也就是说，20秒决定了这份简历是进垃圾桶还是为你赢得一次面试机会。在招聘季，一些热门学校负责人事的老师平均每天要看三四百份简历，他们审阅简历所用的时间也非常短，那么：

20秒钟，能看出你所有的知识与才华吗？

20秒钟，能看出你所有的梦想和野心吗？

20秒钟，能看出你与旁边这个家伙有什么不同吗？

20秒钟，HR能否看出你是否满足岗位的要求？

写一份简历要用多长时间？有的人说用1天，有的人说1个星期，有的人慢一点——用了1个月。还有人说，他写了3年——够慢的啊！他说，简历不是写出来的，简历是用大学四年走出来的。简历是用脚走出来的。如果大学四年没有认真做过什么事情，在毕业之前，再多的技巧都帮不了你。相反，如果你有足够好的经历，想写不好都难。用四年的时间来积累经历，又花了一个星期来写简历，而且还要来听简历制作课程。总之，一份简历凝结了同学们很多的心血。

简历的最高境界是，招聘方HR看完你的简历马上就想面试你。要想达到这一境界，就是要掌握并灵活运用写简历的技巧。应聘不同的单位或岗位，应该准备不同的简历，展示你适合该单位或岗位的特点。

那么如何在最短的时间内让HR确认你就是他们要的人呢？请看图5-2，这是什么？

图5-2　鸭子的生物特征

不难看出，这是一只鸭子。我们怎么就能够看一下就确定这是一只鸭子，而不是一只别的什么鸟？我们给出这个答案有没有太武断？作为一个有文化懂科学的大学生，我们是不是应该再小心谨慎一点？把这只鸭子拿到实验室，提取一点 DNA，检验一下，看看跟鸭子有多少相似度，或者去搜索一下鸭子的生物学特性，做一个对比？

根据网络搜索得出鸭子的生物学特性：大多数真鸭（包括由于个体大小和形体原因而不被正确地称为雁的几种鸟）与天鹅和雁不同，具有下列特征：雄鸟每年换羽两次；雌性每窝产卵数较多，卵壳光滑；两性的腿覆盖着相重叠的鳞片；叫声和羽毛显示出某种程度的性别差异。所有真鸭，除翘鼻麻鸭和海鸭，都在头一年内性成熟，仅在繁殖季节成对，不像天鹅和雁那样成熟较晚且终生配对。根据鸭的特有行为，鸭可以分为钻水鸭、潜水鸭和栖鸭 3 个主要类群。绿头鸭是一种典型的钻水鸭，是大部分家鸭的祖先。栖鸭如莫斯科鸭有长爪，是最喜欢树栖的鸭。潜水鸭（包括海洋）种类最多。绿头鸭春天从南方飞到北方产卵，秋天再飞到南方越冬。它们被人类驯养后，便失去了迁徙的飞性，而且人们为了获得更多的鸭蛋，不让它们停产抱孵。时间一长，家鸭就失去了孵蛋的本领。鸭子的眼睛有 360 度视域，不用转头就可以看到身后。

但是在日常生活中，我们不需要通过这样的方式判断它是不是鸭子。我们判断鸭子就看鸭嘴和鸭掌，“鸭嘴”和“鸭掌”就是我们给鸭子打上的标签。

所以，写简历的目的是什么？就是把自己的特点明确地表现出来。要像鸭子一样，把自己的“鸭嘴”“鸭掌”写出来，让人一目了然，一望便知。把职业品牌的标签展现出来，把所具有的核心竞争力展示出来，让 HR 可以在最短的时间内看到，争取到面试的机会。

（三）制作简历的金标准

在探讨制作简历的金标准之前，我们结合一些求职同学简历的内容进行分析，可以更好地体会制作一份出色简历的关键。

制作简历有三个“金标准”，分别是匹配性、措辞和模板。所谓匹配性，就是指简历所展现的内容与应聘的岗位相匹配。措辞，是指在简历制作过程中，使用的词汇和语法是有益于推销你的关键词。同时，我们可以在简历制作的过程中依托一些简单明了、突出优势的模板，我们结合以下示例来说明。

1. 匹配性：内容与所应聘岗位相匹配

匹配性是指简历展示内容与应聘岗位要匹配，突出你的职业品牌。在具体探讨匹配性之前，有两个问题需要先弄清楚。

示例

乔小堂

- （+86）1380-0138-000
- service@qiaobutang.com
- 乔布市乔布堂路123弄67号
- 应聘0-6岁早教/幼教教师岗位

2009.09—2013.06	南京师范大学　学前教育　本科	班级学习委员
2012.12—2013.04	毕业论文研究:《绘画活动中的师幼互动》	导师:××××
2011—2013	连续2年获得国家级奖学金二等奖,三等奖(成绩年级前10)	
2011—2013	校级三好学生,优秀共青团员(综合成绩年级前3)	

资质证书

	教育类资质		文体类资质
2013.04	助理早期教育指导师	2011.05	舞蹈八级
2012.10	幼教资格证		能创编幼儿舞蹈
2012.08	蒙台梭利3—6岁中级资格		儿歌弹唱
2011.05	普通话一级乙等	2010.02	美术九级

教师经历

2012.08—2013.06　××××市××幼儿园　**助教**

- 在小班、中班从事助教、配班工作,负责3—5岁孩子们日常起居生活和学习
- 设计游戏方案,撰写教案,根据学生特点尝试沙画教学,深受小朋友喜爱
- 组织半日活动,包括讲故事、背古诗、画画、唱歌等
- 与家长沟通,把孩子突发的各种事情及时反馈给家长

2012.07—08　××××市××幼儿园　**见习教师**

- 听课,配合主班老师教授小班绘画课和绘本阅读
- 跟班见习,熟悉3岁以下幼儿作息,协助教师日常工作,包括教室清洁,教具消毒,教室和园区布置等

文体活动

2013.04	校园戏剧表演活动	戏剧表演一等奖
2012.12	校园艺术节舞蹈大赛	团体二等奖
2012.06	10级"向明天出发"毕业汇报演出	编曲编舞
2011.04	第四十七届田径运动会大型团体操比赛	校二等奖
2010.09—2012.09	校园志愿者活动	引导员

第一,你是谁?

作为一名卓越的教师、一个优秀的工程师、一个优秀的会计、一个优秀的销售员、一个优秀的设计师,或是一名优秀的翻译,你早就在那里了,写简历的目的,只不过是为了把你自己呈现出来。所以简历中呈现出的你,就一定要尽可能与岗位要求相一致。

第二,你适合做什么?

如前文所述,简历是个人的职业品牌。一份简历,只能专注在某一个职业品牌。应聘者在为不同的岗位准备简历的时候,所表现出来的特质是不同的,所准备的简历也是不一样的。因此,简历中的“求职意向”“目标职位”“目标岗位”“应聘岗位”等就表明了你适合做什么。从某种意义上来说,求职意向是简历的灵魂,整份简历的材料都是围绕求职意向来组织的。简历不是应聘者用来罗列自己丰功伟绩的道具,也不是仅仅展示自己实践经历和教育背景,而是一封用来打动招聘负责人或 HR 的“情书”。

2. 措辞:使用具有影响力的词汇和语法

在确定意向岗位之后,就是如何通过措辞来更好地描述出自己所具有的技能。词汇的影响力是无限的,只需要几个词就可以改变整个世界:林肯的葛底斯堡演说只有 286 个词,美国的独立宣言也只有 1 332 个词。

请先对比以下几个句子:

① 他走了。

② 他走了!

③ 他看了老师一眼,慢慢地站起来,来到过道上,轻轻向门口走去,左手搭在把手上,门应声而开,他走出去,头也不回地跑了。

通过以上三个句子对比,不难看出,动作分解之后的句子更加具有展现力,句子中的“看”“站”“走”等动词准确地描述出了主语的动作和具有的能力。简单说来,动词代表能力。因此,在撰写简历的过程中,简历中所使用的词汇要准确地展现出个人所具有的能力。

再看以下两个句子。

① 我驾驶汽车。

② 我驾驶轮船。

两句话的动词相同,都是“驾驶”,但是由于动词宾语的变化,又展现了不同的能力。所以,在动词后面放置贴切的宾语,能够精确表达你所具有的能力。

某同学应聘某培训机构的教学管理岗位的简历中,写了有参加过这样的校园活动:

<table><tr><td>
职业发展协会　　　　　2003.8—2005.9
每周三晚于食堂组织活动(考试周休息)
参加了招新工作,负责打印传单,印刷海报和横幅
</td></tr></table>

通过具体内容的描述,我们可以看到“招新”“负责”“印刷”等动词具有表现力,所表现的能力与求职意向中的“教学管理岗位”具有匹配度,但是如果能用更多的措辞来完整地描述出这位同学在该项校园活动中所负责的具体内容,将更加具有说服力。可以做如下修改:

<table><tr><td>
2003.8—2005.9　×××大学职业发展协会　　　　组织部
走访了近200个寝室,招揽了新会员300多名
与社区管理员做大量的沟通工作,为进入寝室拜访做好准备
总结协会为学员提供的利益,通过印制传单、海报、横幅、设摊答疑、宿舍楼走访等方式进行宣传
多次举办30人左右的宣讲座谈会,向到会者推介协会
广泛建立与新生的关系,通过新生的彼此介绍,加强协会的品牌推广
</td></tr></table>

从上往下看,出现了一系列动词如“走访”“沟通”“拜访”“总结”“举办”“推介”,这些动词搭配所带宾语,形象具体地展示了该同学所具有的能力,使得这位同学的形象跃然纸上、栩栩如生。同时,值得一提的是,这段描述中多次出现了数字,数字会让人感觉更真实、更精确、更可信。

基于以上措辞方式,我们可以尝试将另一位应聘小学教师的同学简历中的实习经历与社会实践中的部分内容进行修改。

<table><tr><td>
×××××小学　实习教师　　　　2020.12—2013.02
参加了培训、指导学生,帮老师完成一些工作
</td></tr></table>

修改之后如下:

<table><tr><td>
×××××小学　实习教师　　　　2020.12—2013.02
参与四年级计算机、科学课程教学,协助完成教案的设计修改等工作
协助完成课程录像摄制、课件制作等工作
参与部分老师课件制作的培训指导工作
因学生反馈教学效果好,获得“优秀实习生”称号
</td></tr></table>

通过修改,可以看到第一句话表现出该同学的相关教学能力,第二句展现了信息化教学的能力,第三句描述出了实习成绩,针对性比较强。

下面将按照工作类型不同,展示一些常用的措辞,供同学们在撰写简历时参考。

(1) 有关教学的措辞:

建议 辅导 合作 沟通 进行 指定 扩充 设计 教育
影响 促进 激起 构想 革新 倾听 总结 培训 引导

(2) 有关研究和分析的措辞:

管理 增强 分析 应用 评估 平衡 收集 发明 调查
编制 构思 描述 精确 筛选 勘察 固定 聚焦 预测

(3) 有关技术能力的措辞:

编制 计算 构想 设计 发现 起草 编辑 扩展 预测
检验 设立 保持 塑造 操作 处理 升级 建立 分析

(4) 适合行政工作和管理工作的措辞:

建议 赞同 授权 支持 加强 商议 委托 决定 发展
发起 处理 提升 建议 执行 审查 引导 监督 倡导

(5) 有关销售的措辞:

协商 寥落 规划 改进 影响 产生 合并 解释 核对
执行 计划 处理 促进 宣传 实现 报告 售卖 调解

(6) 有关金融管理的措辞:

估价 审计 平衡 节约 消除 赊销 改组 零售 选购
调停 支付 投资 保持 购买 增补 升级 规划 缩减

3. 模板:挑选合适的简历格式和模板

模板不是仅指个人简历的版式设计或者封面外观,而是指如何在简历撰写中组织、强调个人信息,不同格式的个人简历突出不同的内容,大家要选择扬长避短的个人简历模板。如今,在制作简历的过程中,有很多模板可以挑选。模板可以将不同类型的经历、素材等进行分类,层次分明,让阅读更容易。

基本来说,简历可以分成三种类别,第一种是时序型,按照时间上的倒叙形式列出教育背景、社会实践等,先叙述新近发生的,再慢慢过渡到以前的经历描述;第二种是功能型,主要描述你能做什么而不是描述你已经取得的成就,以及在哪里取得的成就。第三种是混合型个人简历,这是前两种简历的混合体,可以按照时间顺序列举个人信息,也可以突出你的成绩、能力与优势,该种简历类型适合应届毕业生。

（四）简历的构成部分

在了解制作简历的金标准之后，接下来探讨如何陈述简历的构成部分。

1. 个人基本信息（个人概况、基本信息）

这一部分主要包括姓名、性别、政治面貌、出生年月、手机、Email、联系地址（注意个人隐私保护、大致区域）等。布局应遵循以下原则：① 分两列靠左，右侧贴照片；② 联系地址加邮编放于最后一行并贯穿始终；③ 为方便对齐，可在此处插入表格。

2. 照片

招聘人员通知你去面试，绝不是因为你的照片，而是你在简历中呈现出的个人能力吸引了他们。但是如果你的一寸照片看上去职业而又精干，那么良好的外在形象也能给简历加分。

阳光积极的证件照能够为简历加分，但是随意的生活照则可能成为减分项。

3. 联系方式

这里我们要特别来谈谈联系方式。联系方式通常包括：电话、Email 和通信地址等。

(1) 电话。重要的面试一般都是用电话通知的。为了避免因为没有接到电话而错失面试机会，建议你在简历上留下固定电话或手机号码，以确保招聘人员可以联系到你。

电话号码的书写要规范，可用“-”隔开，应聘外地的用人单位还要加上区号，如写成：021-6432-3918；这样的间隔招聘人员看起来比较方便，拨打号码的时候也不容易拨错。

不推荐留下较多的联系方式，以免让对方无所适从。最好的做法是只留下手机号，并且确保来电畅通。切忌不要在求职期间更换手机号码。

(2) Email 地址。现在许多用人单位会用 Email 来通知笔试和第一轮面试，所以在简历上应留下一个自己长期使用并且相对稳定的邮箱。

4. 教育背景

教育背景是简历中招聘方重点审查的一项内容，一般包括：① 毕业院校、主修专业与 GPA（最多写到高中）；② 第二专业；③ 核心课程（辅修课程、选修课程）。现在就读的成绩建议用校方统一的成绩单，增加可信度。

(1) 学校名气对求职有一定影响。

必须承认，“985”“211”高校毕业生在就业中有先天优势，同时，不同学校的不同师范专业，也具有各自特色，可以在简历中突出本校的特色。第二专业有时可以成为主修专业的有力补充。这类求职者可以涉足的行业拓宽了不少，竞争力也更强一些。

(2)“核心课程”要懂得扬长避短(不涉及成绩罗列的情况下)。在简历中列出核心课程是很有必要的,这样可以帮助招聘人员在最短的时间里了解你的知识储备,以便和你所应聘的岗位进行快速匹配。所以不管是你的学位课程还是选修课程,都只要列出与应聘岗位有关的课程,对求职真正有帮助的课程。

5. 社会实践

高等教育与社会实践相脱离的问题在世界各国、各地区都普遍存在。现有的高等教育模式下,很多大学毕业生普遍只是掌握了一些书本的、理论方面的知识,缺乏相关实际工作的知识和操作技能,对经营企业和社会部门来说,他们就像是“半成品”,一般要经过1年左右的适应周期才能独立完成工作,而发达国家的大学生到岗适应期是2~3个月。社会实践为学生更好地适应用人单位需求搭建了桥梁,同时用人单位也特别重视大学生社会实践。

据智联招聘提供的调查数据显示:外企的招聘方式更加偏向谨慎和实用,在同等情况下,73%的外企更愿意招聘有实习经历的应届毕业生;国企和民营企业由于自身缺乏完善而系统的培训机制,历来喜欢“即用型”的毕业生,更为关注求职者的实习经历和经验。而教育单位因为自身行业的特殊性,对实践教学经验也是十分看重。

(1) 在学生会里工作也算社会实践吗?

“社会实践”是大学生的弱项,恰恰又是不少招聘单位非常看重的。不过;对“社会实践”的描述有很大的弹性空间。它可以体现学生的组织管理能力和团队合作精神。

各单位的招聘负责人都知道,现在的学生会、学生社团都特别能“折腾”:小到迎新晚会,大到“三下乡”,基本上都是学生会以及社团组织。很多时候学生活动需要经费,动辄几千,大型活动甚至需要数万。首先得策划一个颇具吸引力的活动方案,其次要展开公关说服赞助方,接着是具体安排和组织活动,最后还要进行总结,吸取经验教训……总之,学生在校内实践中得到的锻炼是非常充分的。因此,假如你在社团里工作过(最好是做过领导者),应在简历中明确体现出来。

(2) 如何在简历中陈述你的社会实践?

① 突出与申请岗位有关的实践经历。也许你很有忧患意识,从大一开始就积极参加各种社会实践活动,这样到了制作简历的时候已经有很多东西可以写了,不过即使是这样也要懂得取舍,要突出与申请岗位有关的实践经历。

② 应聘的岗位不同,侧重点也不同。即使是同一个社会实践经历,也应该针对不同的岗位选取不同的侧重点来叙述。

> 有位同学在报社实习，他说在报社实习的好处多多，可以满足任何单位、任何岗位对社会实践经验的要求。这句话听上去有点儿夸张，但不可否认，他的确是个聪明的求职者。
>
> ——应聘中小学教师的时候，他可以强调报社实习时文字撰写、编校方面的能力特长。
>
> ——应聘公务员的时候，他就把在报社实习期间如何顾全大局坚持正确方向的心得说得毫不含糊。
>
> ——应聘外企的时候，他就大谈特谈自己怎样通过一系列的沟通和努力完成一个“不可能完成的采访任务”。
>
> ——应聘国企的时候，他就精选一两个自己在实习期间如何勤奋踏实，将编辑、记者老师的意图忠实地贯彻下去的事例
>
> ……这位同学最后收到了90%以上的应聘单位的面试通知。

③ 倒叙还是顺叙？（根据不同的应聘单位做选择）倒叙是目前用得最多的叙述方式。把最近的实践经历写在前面，可以让招聘方优先了解你的近况。事实上，用人部门关注得最多的也是你现在或者最近的状态。假如你是“步步高”型的话，那倒叙更是唯一的选择，因为这种叙述方式可以告诉招聘负责老师：“我是一个能够不断进步的人。”

④ 先重后轻。也许同一日期你会从事不同的社会实践活动，那也应该按先重后轻的顺序把相关的内容列举出来。职务大的、任务重的要列在前面。

⑤ 具体！再具体！很多求职者在描述社会实践的时候，语焉不详或者夸夸其谈，常用“我负责一年级教学工作”这样的语言，其实明眼人一下子就可以看出其中的水分。“帮带教老师辅导学生”这样的表述则没有什么说服力，你是具体负责哪些辅导工作？是辅导一位同学还是一个班级？采取了什么样的方式辅导？没有这些细节来支持，招聘负责人会产生两种误解：一是怀疑你所列的社会实践经历的真实性；二是认为你的社会实践参与程度不高，收获不大。那么怎样把社会实践经历具体化呢？建议大家多列举数字和例子。数字是最有说服力的证据，所以在陈述时要避免使用“几个、许多、不少、大部分、辉煌、突出”等模糊的词语。

⑥ 切忌杜撰。迫于就业压力，很多同学都希望自己的简历能够脱颖而出，无奈学历、成绩都是有据可考的，只有社会实践这一块用人单位很难去确认，因此就在这一块铤而走险。其实招聘人员经常与应聘者打交道，早就练就了一双“火眼金睛”，即使求职者因为虚假简历得到了面试机会，在面试中也很难招架得住招聘人员的刨根问底。

6. 获奖情况

获奖情况包括奖学金、社会实践活动获奖奖项或其他学术、特长奖项。比较重要的奖项，还要列出主办单位、颁奖单位。如果获奖比较多，要挑选重要的写，写得过多有夸耀之嫌。上中学时得的奖项不是特别有说服力的，就不需要列举了。

千万不要把“小时候得过宝宝爬行比赛冠军”这样的荣誉也写上去，显然，这样的冠军头衔对求职一点用处都没有，反而会让人觉得你乏善可陈。

2008 年 4 月	上海 ×× 大学第三届职业规划节模拟招聘比赛	亚军
2006 年至 2008 年	专业二等奖学金(三次)	(10%)
2006 年与 2007 年	校“三好学生”(两次)	(3%)
2007 年 10 月	校“优秀团员(标兵)”	(1‰)

7. 能力架构

语言能力、计算机软硬件能力、驾照、各类培训资格证书等，这些都是你可以马上为应聘用人单位创造价值的佐证。但一般的简历都只列出计算机和英语水平以及职业资格证书。

证明计算机水平一般需要列出你熟悉的软件、掌握的计算机语言，以及获得的计算机等级证书。而就英语水平而言，在全球化的大背景下，很多用人单位都会要求应聘者达到英语四级或六级。另外，除了列出证书以外，你还可以对自己的听、说、读、写能力进行详细的描述。

> 英语：CET-6；能熟练使用英语听说读写，拥有专业的英文写作和阅读能力
>
> 日语：日语三级，具备一定的日语基础
>
> 计算机水平：上海市高等学校计算机等级考试一级优秀证书(能熟练运用 Office、QAD、Eview 等财务、统计软件)

8. 兴趣爱好，小处马虎不得

面试时，面试官一般都会问到你的兴趣爱好，因为从兴趣爱好可以更好地了解一个人的性格特点。所以在写简历时，这一部分千万马虎不得。乖僻、消极、个性化很强的兴趣爱好最好不要写。

A. 上网、打游戏	B. 攀岩、古典音乐
C. 旅行、烹饪	D. 体育项目：打排球等

如果觉得自己实在没有什么爱好可写,至少可以写上一两个体育项目。每个企业都要求员工有好的身体素质,爱好体育至少表明你的身体素质不错。

比如,打排球是一个很好的爱好,因为这是一项非常讲究集体配合的运动,现在很多用人单位都非常看中应聘者的团队精神。而“打电子游戏”这样的兴趣爱好则最好不要提及,除非是应聘游戏公司。

9. 简历制作的细节

字号(常规情况):个人简历(建议小二或者二号字体,加粗),项目标题(建议小四号字体,加粗),项目内容(建议五号字体,适时加粗)。

行间距:项目之间间距大于内容中的行间距。既不要为了节省纸张,密集而局促,令阅读者感到吃力;也不要出现某一页纸只有上面几行字,留下大片的空白。

尺寸:A4,即29.7厘米长,21厘米宽。

纸质:纸的颜色和质地在求职中都是至关重要的。

规格:至少80克,或100克左右。有的时候同学们都用60克或70克的纸,这类纸往往显得轻飘飘的,质感很差,这是会丢分的。

一般教师岗位的通用简历示例(模板)详见118页,供同学们参考。

二、求职信

求职信是应聘者主动表示自己对这份工作的热衷的一种表现形式,写求职信的目的就是推销自己,引起招聘方的注意。

(一) 求职信的作用

求职信实际上就是要回答好三个问题:① 为什么申请这份工作;② 为什么你说自己适合这个工作;③ 未来你怎样为用人单位做贡献。

求职信的格式和一般信件的格式并无两样,包括称呼、正文、祝词、署名、日期等。

1. 怎么称呼,大有学问

很多求职者喜欢直接用“单位负责人”“领导”等称呼语,这些直接称呼是不妥的。教育单位由于该单位自身的实际情况,可能会由不同级别的人来负责招聘工作,可能是校长直接负责、也可能是部门分管主任或是专职的人事老师。如果求职者不能确定招聘负责人的名字,就称呼“校长”“主任”,或者称“人力资源部”或“人事老师”。若可以确定具体的招聘人员则更好,“王校长”“李老师”比“单位负责人”更有针对性,也更亲切。

示例

应聘方向： ×××× 学校 ×××× 教师

乔小堂
（+86）1380-0138-000
service@qiaobutang.com

专业背景

获得高级教师资格证

2009.09-2013.06

×××× 师范大学　　×××× 学院　　×××× 专业

本科

- 连续 2 年获得学院奖学金：专业前 20%
- ×××××××××××× 竞赛全市二等奖：专业最权威的市级比赛
- 获得“优秀团干部”称号：团委组织部成员

教学实践

2012.12—2013.02

×××××××× 小学　　实习教师

- 参与四、五年级计算机、科学课程教学，协助完成课程录像摄制、视频制作、编辑等工作，视频作为小学十周年校庆晚会作品，并在学生老师间广泛传播
- 参与部分老师课件制作的培训指导工作，因学生反馈教学效果好，获得“优秀实习生”称号
- 辅导学生制作 flash 课件和 flash 动漫，作品《巧手绘未来》获得 ×××× 区动漫大赛小学组一等奖
- 参与完成学校的网络、软硬件维护等工作

学生工作

2010.02—2012.11

×××× 师范大学 ×××× 学院　　班级摄影师和主要活动策划人

- 组织并参加 ×××× 大学第一届“超级明星班级”活动
- 担任班级活动摄影助理，拍摄活动视频，制作剪辑和 PPT
- 与全班同学团结合作，取得比赛第一名

技能证书

- 普通话等级考试　　一级乙等
- CET4　　548 分，通过
- MS OFFICE：Word，PPT，Excel　　熟练掌握

兴趣爱好

- 唱歌，热爱音乐，特别对影视原声音乐感兴趣
- 熟知足球、篮球、F1、斯诺克等各种体育赛事
- 关注论坛时事 / 娱乐 / 体育新闻

2. 告知该招聘信息的来源

你手头的招聘信息是来自讲座？大型招聘会？还是教育单位内部员工的介绍？最好能够交代清楚，以唤醒招聘人员的回忆。

3. 告知应聘的岗位

如果你清楚自己能够胜任什么岗位，最好在简历上注明。

同时，要避免申请同一家单位的两个完全不相关的岗位，否则招聘方会认为你对自己的岗位定位不够清晰，也会对你能否胜任这些岗位表示怀疑。

4. 简短的自我介绍

自我介绍是展示自己的好机会。你可以强调你的特长和优势；同时可以特别提一下简历无法囊括但又可以为应聘该用人单位提供服务的经历和技能。值得注意的是，自我介绍千万不要拖泥带水。以应聘幼儿教师为例，可以在求职信中这样写：

> 我是××大学学前教育××届的学生，在校期间勤奋刻苦，不仅在本专业取得优异成绩，而且还在心理学、英语等各方面拓宽自己的知识面。
>
> 我在课下刻苦训练基本功，有较强的语言表达能力、组织管理能力和科学研究能力，能运用现代化教学手段进行教学。在××师范学校实习期间，充分体现了自己较高的综合素质，得到实习单位的认可。
>
> 参加过校内社团——文学社，不仅锻炼了自己良好的文学素养，也培养了自己较高的组织管理能力。在此期间，我曾多次在院文学社的期刊上发表文章，取得征文大赛三等奖的好成绩，而且还在《××××》上发表文章，受到同学们的好评。

5. 阐述为什么自己可以胜任

在写这部分之前，要先深入了解应聘教育单位及岗位对人才的要求，然后对号入座，说明自己就是该岗位最适合的人选。比如，应聘教师工作时就可以说：

> 我深信，我以自己坚实的专业知识、丰富的心理学知识、较高的组织管理能力和教学能力，一定能胜任且很好地完成教育教学工作。

6. 提出进一步联系的请求

在求职信的结尾，应该真诚而充满自信地请求招聘负责人给予面试机会。如何在这一环节里掌握主动？有的求职者往往彬彬有礼地提出："期待您的答复。"不要守株待兔。"希望我们能尽快取得联系"，这种说法也很巧妙地把主动权抓在自己手里。

（二）一封失败的求职信

下面是一封求职信，该同学对这封“别出心裁”的求职信自我感觉非常良好。

> 尊敬的单位负责人：
>
> 您好。感谢您审阅我的简历！
>
> 为单位创造价值，是您选择新人的第一考虑；在为您创造价值的同时，可以充分实现我的价值，则是我今天小心翼翼而又迫不及待地投出这份简历的原因；我的简历做得不多，就五份。
>
> 其实简历不必多，甚至只要一份就够了。作为百鸟之王的凤凰，她的巢只有一个；但这巢是最好的。这个巢归她，是因为她有强有力的竞争力。
>
> 再次表示感谢！
>
> ××× 敬上

这位同学算是一个“牛人”，各方面都很不错：成绩优秀，社会实践充分，获得过不少奖学金，担任过各种学生干部职务。但是，他所投出去的5份简历都石沉大海，一个面试通知都没有！这令他百思不得其解。

在笔者看来，正是这封失败的求职信使他错失了很多机会，具体分析如下：

1. “尊敬的单位负责人”

“单位负责人”是个非常笼统的概念，目标不明确。一是非常容易造成“负责人”之间的互相推诿。二是招聘方不知道求职者到底想干吗；目标含糊，改成“招聘负责人”目标就清晰多了。三是“单位”一词显得你好像跟时代有点脱节。

2. “您好。感谢您审阅我的简历！”

极笼统的一句话，说不出个所以然，表现你对应聘单位的漠视，或偷懒到如此地步，应聘任何单位都是同一本简历同一封求职信。此外，你的求职信为什么会突然来到招聘经理手里？没有说明你获悉招聘信息的渠道，不能引起招聘经理的注意。

3. “为单位创造价值，是您选择新人的第一考虑”

招聘方需要你创造什么价值？纯属多余。哪一家用人单位招人是为了招回来当花瓶的？就算正确，人家看了也不舒服，觉得你在充“行家里手”，指导别人。

4. “在为您创造价值”

这种大话谁不会讲？关键是你如何能够让人家信服。

5.“可以充分实现我的价值”

处处突出自我,使人摇头。

6.“则是我今天小心翼翼而又迫不及待地投出这份简历的原因;我的简历做得不多,就五份”

盲目自信,自绝后路

7.“其实简历不必多,甚至只要一份就够了”

前后矛盾。那你为什么还做了五份呢?

8.“作为百鸟之王的凤凰,她的巢只有一个;但这巢是最好的”

处处是软肋,你怎么知道凤凰的巢是最好的。

9.“这个巢归她,是因为她有强有力的竞争力”

你的竞争力何在?你对该岗位的竞争力何在?通篇没一点交代。五秒钟已过,难道还要招聘经理苦苦寻找?到哪里寻找?没有任何实质性的信息。这份简历可以不看了。

10.“再次表示感谢!”

给人这样的印象:自顾自发表了一通傲慢的演讲后,程式化地说声“感谢”便扬长而去,让人感觉很不舒服。更为严重的是,给人感觉拒绝再联系的意图。

11.“××× 敬上”

没留任何联系方式,就算对你感兴趣,还得苦苦寻找联系你的方法。

(三)新媒体时代求职信

新媒体时代的求职信,可以充分利用微博、微信等形式,将个人所具有的能力通过图文并茂的方式展现出来。

例如,图 5-3 中应聘者很好地使用了新媒体的展示能力,通过图片、文字相结合的方式将自己如何制作明信片,及其投入和产出做了清晰明了的说明,使面试官或者 HR 一目了然。

以下是一封优秀求职信的样例,供同学们参阅:

尊敬的王老师:

您好!

感谢您在百忙之中拨冗阅读我的求职信。扬帆远航,赖您东风助力!我是上海 ×× 大学数学与应用数学(师范)专业应届本科毕业生郑 ×。即将面临就业的选择,我十分想到贵单位供职。希望与贵单位的同事们携手并肩,共扬希望之帆,共创事业辉煌。

“宝剑锋从磨砺出,梅花香自苦寒来。”经过四年的专业学习和大学生活的磨炼,进校时稚嫩的我现已变得沉着和冷静。为了立足社会,为了自己的事业成功,四年中我不断努力学习,获得院单项奖学金,高中数学教师资格证,英语达到国家六级水平,计算机国家一级,并通过了全国普通话测试二级乙等考试,熟悉 Windows 操作系统,熟练掌握 Office2016 办公软件,能熟练运用软件 Excel、Powerpoint 等制作课件,进行多媒体视频制作。

学习固然重要,但能力培养也必不可少。三年多来,为提高自己的能力,积累经验,从大一开始,我在学好各门专业课的同时,还利用课余时间积极参加各项实践活动,刻苦训练基本功,有较强的语言表达能力、组织管理能力和科学研究能力,能运用现代化教学手段进行教学,在 ×× 实验中学高中部实习期间得到了师生的一致好评。

十多年的寒窗苦读,现在的我已豪情满怀、信心十足。事业上的成功需要知识、毅力、汗水、机会的完美结合。同样,一个单位的荣誉需要承载她的载体——人的无私奉献。我恳请贵单位给我一个机会,让我有幸成为你们中的一员,我将以百倍的热情和勤奋踏实的工作来回报您的知遇之恩。

由于我现在在 ×× 双语学校实习,和该校签约至今年的 5 月。无论是出于责任还是别的也好,我都将为 ×× 双语学校服务到 5 月。但我对 ×× 中学这样的名校,真的很感兴趣,希望能在开学后为贵校服务,不知能否有此机会。

期盼能得到您的回音!

感谢您在百忙之中抽暇审批这份材料,麻烦您了。

顺颂商祺!

求职人:郑 ×

×× 大学 ×× 学院 ×× 专业毕业生

联系电话:12345678901 电子邮箱:###@163.com

三、毕业生就业推荐表

推荐表是由高校毕业生就业指导中心统一制表,由高校学生就业指导与服务中心根据各学院毕业生资格审查通过后的人数发放,是应届毕业生的身份象征。

毕业生就业推荐表,每位毕业生限发一张,定向生、委培生不发放。毕业生领取之后应认真、如实填写就业推荐表相关事项。各学院审查后,由毕业生工作办公室统一出具推荐意见并加盖公章,然后统一到校学生职业发展中心完成校级推荐意见并加盖公章。

一般高校毕业生推荐表获取途径如图 5-4 所示。

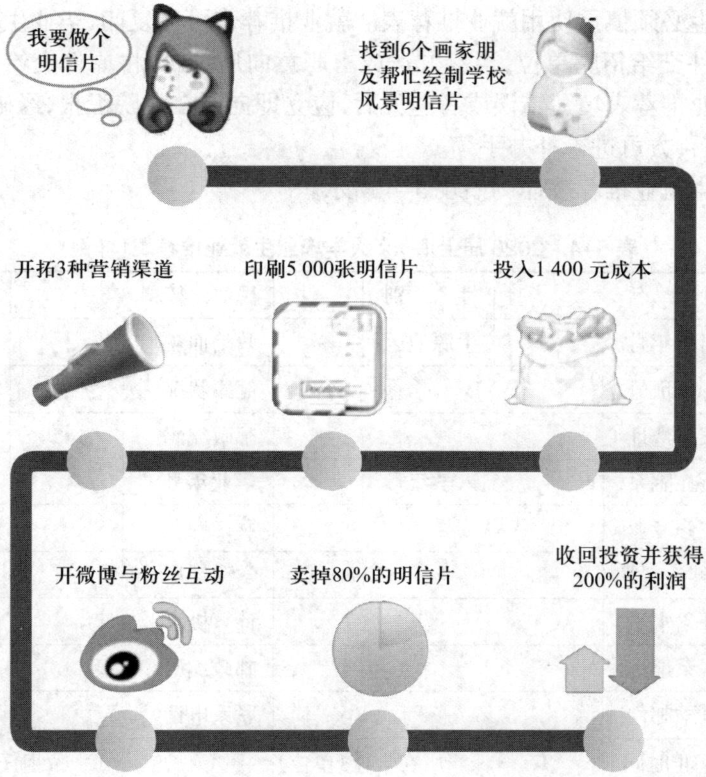

图 5-3　新媒体时代求职信

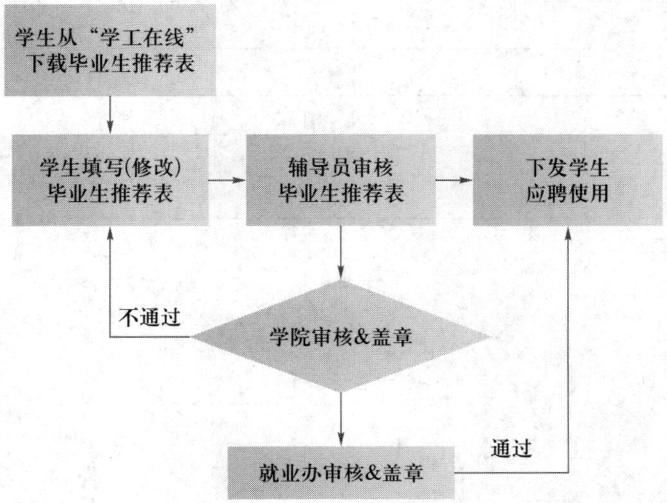

图 5-4　毕业生推荐表获取路径

毕业生必须慎重使用就业推荐表。就业推荐表可以复印，毕业生求职时，可以将复印件交给招聘单位，当双方达成求职意向后，方可将原件交给用人单位。毕业生就业推荐表填写错误或者遗失后，应立即向所在学院汇报，经确认属实并出具证明后，方可进行补办手续。

毕业生就业推荐表样例如表 5-4 所示。

表 5-4　2020 届上海 ×× 大学毕业生就业推荐表（样例）

<table>
<tr><td rowspan="4">基本情况</td><td>姓　名</td><td></td><td>性　别</td><td></td><td>民　族</td><td></td><td rowspan="5">照片</td></tr>
<tr><td>出生年月</td><td></td><td>生源地区</td><td></td><td>政治面貌</td><td></td></tr>
<tr><td>身份证号</td><td colspan="3"></td><td>健康状况</td><td></td></tr>
<tr><td>家庭地址</td><td colspan="3"></td><td>邮政编码</td><td></td></tr>
<tr><td rowspan="4">教育背景</td><td>所在院系</td><td></td><td>入学年月</td><td></td><td>毕业年月</td><td></td></tr>
<tr><td>主修专业</td><td colspan="3"></td><td>第二专业</td><td colspan="2"></td></tr>
<tr><td>学　号</td><td colspan="3"></td><td>学　历</td><td colspan="2"></td></tr>
<tr><td>外语水平</td><td colspan="3"></td><td>计算机水平</td><td colspan="2"></td></tr>
<tr><td rowspan="2">联系方式</td><td>联系地址</td><td colspan="3"></td><td>邮政编码</td><td colspan="2"></td></tr>
<tr><td>电子邮件</td><td colspan="3"></td><td>联系电话</td><td colspan="2"></td></tr>
<tr><td rowspan="5">个人经历</td><td>起止时间</td><td colspan="4">所在学校（单位）</td><td colspan="2">担任职务</td></tr>
<tr><td></td><td colspan="4"></td><td colspan="2"></td></tr>
<tr><td></td><td colspan="4"></td><td colspan="2"></td></tr>
<tr><td></td><td colspan="4"></td><td colspan="2"></td></tr>
<tr><td></td><td colspan="4"></td><td colspan="2"></td></tr>
<tr><td>奖励及证书</td><td colspan="7"></td></tr>
<tr><td>社会工作与社会实践</td><td colspan="7"></td></tr>
</table>

续表

自我评价:(性格爱好、业务能力、敬业精神、人际协调等)
院(系)推荐意见: 负责人(签名) 院　系(盖章) 年　月　日
该生为我校应届毕业生,本着学以致用、供需见面、双向选择的原则,现将该学生推荐给您单位。 谢谢您的合作! 上海××大学学生职业发展与就业指导中心 2020年10月

第四节 教师招录政策

本节以上海市徐汇区教育系统招聘公告为例,介绍公办学校教师招录政策,从而帮助同学们了解教师招录过程中的一般流程。

徐汇区教育系统2019学年教师招聘公告

为规范有序地做好2019学年徐汇区教育系统教师招聘工作,现将相关要求公布如下:

一、招聘岗位

招聘中学、小学、幼儿园、职校等教师673人。详见上海市徐汇区人民政府网站——徐汇区教育局——教育人事栏目。

二、招聘对象

1. 2020年应届大学毕业生。
2. 本市在职教师。
3. 往届大学毕业生。

三、招聘条件

(一) 基本条件

1. 遵守中华人民共和国宪法和法律,拥护中国共产党的领导;热爱教育事业,具有良好的职业道德素养和品行;身心健康,仪表端庄;具备岗位所需学历水平和职业技能的要求;须符合学校对招聘岗位规定的其他要求。

2. 具有全日制本科及以上学历,同时应具有相应学位。持中国香港、澳门、台湾地区高等学校学历或国外高等学校学历的,需提供教育部留学服务中心出具的《港澳台地区学历学位认证书》或《国外学历学位认证书》。

3. 所学专业应与应聘学科对口;应聘学前教育岗位的非本专业人员应提供

艺术类特长证明和上海市学前教育专业岗位证书。

4. 持有普通话等级证书(语文学科教师及幼儿园教师须二级甲等及以上,其他学科教师为二级乙等及以上)。

(二)具体条件

1. 应届毕业生

(1) 年龄一般不超过30周岁。

(2) 幼儿园教师可适当放宽至学前教育专业全日制专科学历。

(3) 持有外语等级证书。英语学科教师须具有专业四级及以上证书;其他学科教师须具有大学英语四级及以上证书;体育和艺术类学科教师提供大学开具的英语合格证明或专业外语课程合格成绩单。

(4) 持有教师资格证或《中小学和幼儿园教师资格考试合格证明》(有效期内)。

(5) 非上海生源应届普通高校毕业生还需满足以下要求之一:

① 研究生及以上学历。

② 拥有清华大学、北京大学、部属师范院校及在沪"双一流"大学建设高校的全日制本科学历;所学专业系在沪"双一流"建设高校学科(仅限基础学科/专业或教育相关类学科/专业),且拥有全日制本科学历。

③ 学前教育可放宽至上海市属高校学前教育相关专业全日制本科学历;部分紧缺学科可放宽至上海市属高校对口专业全日制本科学历。

2. 在职教师

(1) 年龄一般不超过40周岁。特级教师、正高级教师等特别优秀的教育人才年龄可适当放宽。

(2) 工作五年以上的在职教师应具有一级及以上教师职称,教育教学成果突出或紧缺学科可适当放宽。

(3) 持有教师资格证。

3. 往届大学毕业生

(1) 年龄一般不超过30周岁。

(2) 全日制最高学历毕业五年以内,本市户籍且有教育工作经历。

(3) 持有外语等级证书。英语学科教师须具有专业四级及以上证书。其他学科教师须具有大学英语四级及以上证书;体育和艺术学科教师提供大学开具的英语合格证明或专业外语课程合格成绩单。

(4) 持有教师资格证。

四、政策支持

1. 对于符合人才引进条件的高层次人才实行一次性补贴

2. 对于非上海生源的应届毕业生教师,符合相关政策者:

(1) 可以申请教育局新教师公寓;

(2) 可以申请区人才公寓;

(3) 可以享受每月 800 元 ~1 500 元人才租房补贴

(申请教育局新教师公寓和区人才公寓者不再享受租房补贴)。

五、招聘程序

1. 用人单位对应聘者进行选择、初审和考核。

2. 拟聘用人员参加心理素质测试、综合素质测试和学科知识测试。

3. 通过测试的拟聘用人员参加专家面试。

4. 面试合格者参加统一体检。

5. 用人单位对体检合格者进行阅档。

6. 公示。

7. 公示无异议者可办理录用手续。

六、报名办法

1. 现场投递简历:

(1) 2019 年 10 月 19 日(周六)下午 13:00—15:00,上海市徐汇中学(虹桥路 68 号),徐汇区教育系统专场招聘会(中学) ——应届专场。

(2) 2019 年 10 月 26 日(周六)下午 13:00—15:00,上海师范大学西部球类馆(桂林路 100 号),徐汇区教育系统专场招聘会(小学、幼儿园)。

(3) 2019 年 11 月 10 日(周日),光大会展中心(漕宝路 88 号),上海冬季长三角师资招聘专场。

(4) 2019 年 11 月—2020 年 1 月,各高校招聘会(详见各高校网站)

2. 需提供材料:

应届毕业生:毕业生推荐表、成绩单、教师资格证书(或中小学教师资格考试合格证明)及其他相关证书复印件。

在职教师(含往届生):简历、学历学位证书、教师资格证书(含注册情况)、专业技术职务证书等复印件。

七、联系方式

联系地址:略
联系电话:略
联系人:略
简历投递网址:略。(网上简历投递时间:2019 年 11 月 1 日至 12 月 15 日)

八、注意事项

所投材料经筛选,如符合用人单位需要的,教育局人才服务中心或用人单位会与应聘者本人联系;如不符合用人单位需要,恕不一一回复。

上海市徐汇区教育局
2019 年 10 月

思考题

1. 毕业生得到就业信息后,该如何处理?
2. 目前毕业生主要有哪些获得就业信息的途径?
3. 请结合自己的社会实践经历,思考在简历撰写过程中你应注意使用哪些措辞?

本章练习

1. 请从自己毕业的幼儿园、小学或中学里,选择一所学校,获取这所学校最新的招聘计划或公告,与其他同学交流你是如何获取这一招聘计划或公告的?
2. 请结合自己的求职意向,制作一份简历。
3. 请结合自己的求职意向,撰写一份求职信。

第六章 求职面试

【本章引例】

丁同学，男，化学（师范）专业本科。该同学很高兴进入了自己心仪学校的复试。但在复试时，他发现虽然自己表现得很好，但是另一位应试者王同学无论是硬件还是软件方面都确实比他强。本来丁同学已经做好了思想准备，但是让他百思不得其解的是，最后被录用的居然是另外一位张同学。好奇心让他从招聘人员处得到了答案："作为一名教师，除了对教学内容、教学技巧的把握外，给学生的直观印象是非常重要的。他的各方面条件确实很优秀，从第一轮面试时我们就已经注意他了。但是他复试时夸张的着装，实在让我们没有办法说服自己录用他。"

【案例思考】

这个案例告诉我们，面试中每一个细节都有可能决定你的成败。一句不经意的话、一个不得体的动作、一个鲁莽的举动，就极有可能使你的苦心经营全部白费。当求职旺季来临，社会新人踏出校门的第一项挑战，就是面试。那么对于刚刚从象牙塔走出来的大学生，究竟该做哪些面试准备？如何应对各种面试问题？如何更好地完成整个面试流程呢？

面试是用人单位挑选员工的一种重要方法，是一种经过组织者精心设计，在特定场景下，以面试官对求职者的面对面交谈和观察为主要手段，由表及里测评求职者的知识、能力、经验等有关素质的一种考试活动。面试给用人单位和求职者提供了双向交流、相互了解的机会，双方从而可以更准确做出是否聘用与受聘的决定。

当求职大学生通过用人单位的简历筛选后，便进入面试环节。不同单位的面试流程及安排是不一样的。有些单位会安排多轮面试，有些单位仅安排一次；有些单位于一天时间内完成全部面试，有些单位在一段时间内完成面试；有些单位的面试形式单一，有些则是多样化的，如无领导小组讨论、角色扮演、电话和视频面试等。这些该如何一一应对呢？本章将为你介绍面试类型、面试准备、面试过程、面试问题等，并且真正体验模拟一次面试，让你了解熟悉面试的各个方面。

第一节 面试准备

有经验的职业咨询师说：一份工作的面试往往并非开始于应聘者和面试者见面的那一刻，在你接到面试通知时，用人单位已经开始对你进行考察。因此，面试前的准备和面试现场的表现同样重要。下面我们就来说说需要做哪些准备。

首先，在接听面试通知电话时（不合适的彩铃应提前更换），很多同学都很紧张，匆匆忙忙地记下面试地址和时间就结束了。其实，在我们接听面试电话时，要表现出冷静和镇定，同时还要清晰地记录一些必要的信息，这些信息有利于我们为面试做充分准备。

一、接到面试通知

（一）学校名称和应征岗位

应该问清楚学校全称。有很多同学不敢问，其实，这只是一个心理障碍，大多数学校希望应聘者来面试的时候对学校有所了解并有所准备。所以同学们大可不必有心理负担。

（二）面试时间、地点

大家都知道记录面试的时间和地点是最重要的。这里提醒大家的是，如果对面试的地点很陌生，可以主动询问行车路线。如：有什么交通工具可以到学校？而且，在记录下时间和地址后，一定要查一下路线，并预估一下路程要消耗的时间。上班高峰时期路上消耗的时间比非高峰时期略长，这个因素要考虑到。预估好才能保证按时到达。

（三）联系人及其电话

很多同学只记录面试时间和地点，其实记录联系人和其电话也很重要。大城市的交通情况比较复杂，而且去陌生的地点去面试，很有可能会迟到，如果不提前说明原因，会让面试官认为你态度不好或是认为你比较懒散，而且也会影响面试官的时间安排。另外，可能有其他的情况发生导致你不能去参加面试，如临时有考试安排、突然生病等。即使是你经过考虑放弃这次面试机会，也应该打电话告知，以尽量减少对对方工作的影响。因此在我们接听面试通知电话时，应该向对方询问联系电话。如，可否留下您的联系电话？如果面试当天有什么特殊情况，我可以联系您。

同时还要提醒大家，虽然只是接听面试通知的电话，但也要注意在这个简短的过程中表现得有礼貌，这很有可能形成面试官对你的第一印象。

二、资料收集

对你要应聘的岗位要有一定的了解，这点对求职者来说非常重要。如果你连你应聘的岗位要求和学校情况都不了解，那很明显的是你对这份岗位根本就没有用心，那么面试官为什么不把这份工作给一个更用心的求职者呢？其实对于面试官和学校来说，招聘并不一定是要找到能力最强的人，而是要找到一个最合适的人，一位连面试都不认真对待的求职者，和一位尽心尽力的求职者，虽然能力可能有一些差距，但能力是可以培养和提高的，而一个人认真负责的态度则是非常难得的。在现实中可以发现，求职大学生对应聘岗位的相关信息搜集并不是很擅长，也不太重视，其实在申请岗位之前，就需对相关信息进行调研，在面试之前，需再次对所申请岗位的信息进行搜集。

1. 应聘学校调研

求职者要熟悉应聘学校的性质、文化历史、师资队伍结构、招生生源、办学特色，了解学校在行业中的地位以及所面临的挑战和机遇等。现在的同学应该都比较善于利用网络，通过学校的官方网站可以了解应聘学校性质（公办或民办）、规模、最新动态、发展前景等相关内容。通过这些信息的了解，你可以在面试中展现自己是如何符合用人单位需求的。

2. 岗位调研

求职者要调研应聘岗位的最新信息，面临的挑战和机遇，应聘岗位的工作环境和内容、所需的专业知识和能力。求职大学生有必要熟悉应聘岗位的工作环境和内容、所需的专业知识和能力，权衡比较自己是否能够胜任。有很多同学在申请工作时，同时申请了幼儿园、小学、初中或高中的教师，又或者同时申请了初中的语文老师、英语老师，这些岗位的工作内容和所要求的能力各不相同。同学们需要了解不同岗位的工作职责、专业和知识要求、能力要求等，并结合自己的情况做匹配性分析,在面试中就能够有较好的表现。

3. 调研渠道

现在的收集渠道很多,通过招聘广告,了解应聘单位的岗位描述和岗位需求;通过单位网站了解对方的运营模式、主要领导人、学校文化、最近新闻等信息;利用搜索引擎搜索应聘单位的名称和主要业务,可以从侧面了解到关于对方的更多信息;此外,还可以从亲朋好友、学校老师和同学处获取更多信息。如果你应聘的是知名学校,很可能一些求职论坛上会有专门的版块,介绍这个学校的笔试和面试例题、过程、筛选标准,甚至会有很多热心人分享自己的笔试和面试心得。许多人的经验未必可取,但对招聘过程做到心中有数,无疑会使你在后面的应聘过程中更为自信。

三、其他准备工作

(一) 罗列自己能够胜任工作的理由

要知道我们毕业后工作是从学生到工作人的转变,通过对岗位的认识,我们要告诉面试官,哪些方面能够满足岗位的要求,我们有足够的能力和自信上好这门课,获得学生和家长的信赖,从而为学校创造价值。

(二) 面试官可能问到的问题

俗话说有备而无患。参加面试前考虑一下,面试官有可能会问到哪些问题,自己提前做一下准备,想一想什么答案才是面试官期望的,这样在面试现场紧张的气氛下就能够有较好的表现。很多用人单位在面试的时候都有一些固定的套路,你可以根据这些套路以及你申请的岗位进行有针对性的准备。一些面试问题是可以根据你的岗位进行推测的,对一些专业性较强的问题你也可以提前准备。

(三) 准备好面试的相关材料

面试前需要准备简历、毕业证复印件、身份证复印件等。如果有相关的项目经历或者实习经验,可以准备当时的项目策划书、教案、讲义等材料。

(四) 了解到达面试地点的交通线路,避免迟到

提前研究好行车路线,时间上要有余度,面试迟到是面试官很忌讳的事,尽量提前10分钟以上到达面试地点。万一路上耽搁了,应该主动打电话告知状况,并告知大概什么时候到,以获得对方的谅解。

(五) 准备好面试的服装

不管是男生女生,一定要提前准备好面试要穿的服装。面试当天很有可能时间紧,临时找衣服,或者服装皱皱巴巴,没有打理好,都会影响到面试。

(六) 做好心理上的准备

要知道,很少有人面试是一次成功的,大多数都会失败,但每次失败都是练兵和积累经验,因此,要以一种轻松的、尝试性的心态去面对面试,不要搞得压力太大、太紧张。当然,你也要认真周全对待每一次面试,积极做好面试前的各项准备工作,每次面试都不放弃,努力去争取成功。

第二节 面试过程

在面试的当天,应该提前 10 到 15 分钟到达面试地点,因此,再次提醒大家合理地计算行程时间。如果路上有发生状况有可能迟到,最好面试时间前半小时左右的时间通知对方。去应聘时,考虑手上拿一个公文包,这样除了看起来更职业外,还可以带些必要的用品,包括纸和笔(记录一些重要的信息)、备份的简历和求职信,能证明你能力和才华的其他东西,比如你的作品、以前做的计划书等。

一、到达面试地点

提前到达面试地点后,在等候的时间,看看等候区域是否有学校的一些宣传读本、宣传橱窗之类,如学校的介绍、产品介绍、内刊等。遇到同去面试的熟人不要在一起喧哗议论。在这些缝隙时间可以获得一些有用的信息。如果你是一个比较容易紧张的人,这样又可以帮助你分散注意力,消除过分紧张的情绪。

二、第一印象

"你永远没有第二次机会树立第一印象"。一般人都会根据与人见面后的最初几秒或几分钟,对他人迅速做出判断,这种最先的印象对人影响强烈,即"首因效应"。有调查显示,在招聘面试中,面试官对应试者的第一印象会影响其决策,而在日常人际互动中,人们所说的"一见如故""一见倾心",也都是"首因效应"的力量。那么,在面试过程中,你需要注意哪些细节而提升自己的首因效应呢? 这里给大家几点建议。

(一) 要给每个见到你的人留下好印象

当你踏入应聘学校的大门,面试即开始了,你见到的每个人,包括校门门卫、路过的学生、老师和管理员、面试官都会对你做出评价。所以,一定要确保自己给所有人留下的印象都是正面、积极的。

（二）把握进门时机

通常情况下，面试时面试官会喊你的名字，然后你再敲门进入。如果没有人通知，即使前一位应试者已经结束，你也应在门外等待，不要擅自走进面试房间。敲门的力度要恰当，以屋内的面试官听到为宜，敲两至三下是较为标准的。听到面试官说“请进”后，你就可以开门进入了。开门尽量要轻，进门后轻轻将门合上。然后回过身来向面试官微微鞠躬行礼，面带微笑地说“您好”，然后自报姓名。和对方要有目光接触，显示出自信。面试官坐下后再坐下，以示对对方的尊敬。由于是初次见面，对对方要有尊敬的称谓，如 ×× 校长、×× 老师等。

（三）注意肢体语言

加利福尼亚大学的一项研究表明，第一印象的建立，45% 取决于语言交流，55% 取决于非语言交流，即肢体语言。肢体语言包括仪表、姿态、神情、动作等内容。肢体语言影响着面试的成败，有时一个眼神或者手势都会影响到整体评分。

(1) 如钟坐姿显精神。俗语说：“站如松，坐如钟。”坐椅子时最好坐满 2/3，上身挺直，但不要僵硬，身体略向前倾，双腿并拢，手自然地放在上面，保持轻松自如的姿势，这样既显得精神抖擞，又不给人死板、紧张的印象。双腿叉开过大、双腿直伸出去、抖腿或跷二郎腿、手触摸脚部、紧贴椅背坐、两臂交叉在胸前或把手放在邻座椅背上等，这些都会给面试官留下轻浮、傲慢、不庄重的印象。

(2) 眼睛是心灵的窗户。与面试官交流时，要礼貌地正视对方，注视的部位最好是考官的两眼和额头中间形成的三角区；目光平和而有神，专注而不呆板。如果同时有多位面试官在场，说话的时候要适当用目光扫视一下其他人，表示对他们的关注和尊重。回答问题前，可以把视线投在墙面上两三秒，让面试官觉得你在思考；回答问题时，应该把视线收回来。

(3) 微笑是自信的表现。微笑可以消除过度紧张的情绪，微笑是沟通的润滑剂，拉近你与面试官的关系。面试时面带微笑，可以让面试官感觉到你的谦虚、亲切，为面试加分。

(4) 恰当的手势。说话时配合恰当的手势，可以加大对内容的形容和力度，加深听众的印象。然而，手势太多也会分散听众的注意力，让面试官觉得你不够稳重，因此，手势的使用不宜太过频繁。由于紧张不知道双手该放哪里或过于兴奋、在侃侃而谈时手舞足蹈，这些都不可取。

三、自我介绍

不管何种面试形式，“自我介绍”都是少不了的，也是非常重要的，甚至是最关键最致命的。在HR看来,“自我介绍”环节的考察点主要是沟通表达能力,中英文回答都有可能。有些应试者心里会想:简历中情况已经写得很清楚了,这是否多此一举?这里,要分清面试时自我介绍与简历呈现的区别。

(一)自我介绍和简历的区别

面试和简历还有两个重要区别:

第一,面试是一个双向互动的过程,简历是单方向呈现。有些人可能工作经验很丰富,专业能力很突出,但是面试的经验不足,所以面对面试官时叙述吞吞吐吐,抓不住要点。

第二,简历介绍应是倒叙为好,但面试正相反。当你面向面试官时,应按照时间的顺序从前往后讲,先讲你上大学的教育经历,之后从你参加工作一直讲到现在,因为面试官要听到你整个成长的经历。否则,面试官会有一种很错乱的感觉。

(二)自我介绍要领

(1)时间把控。自我介绍的时间一般为3分钟,在时间的分配上,第一分钟可谈谈学历等个人基本情况,第二分钟可谈谈工作经历,对于应届毕业生而言可谈相关的社会实践,第三分钟可谈对本岗位的理解和对于本行业的看法。如果自我介绍要求在1分钟内完成,自我介绍就要有所侧重,突出一点,不及其余。

在实践中,有些应试同学不了解自我介绍的重要性,只是简短地介绍一下自己的姓名、身份,然后补充一些有关自己的学历、工作经历等情况,大约半分钟就结束了自我介绍,然后望着考官,等待下面的提问,这是相当不妥的,白白浪费了一次向面试官推荐自己的宝贵机会。而另一些同学则试图将自己的全部经历都压缩在这几分钟内,这也是不明智的做法。合理地安排自我介绍的时间,突出重点是首先要考虑的问题。

(2)内容把控。自我介绍也是一种说服的手段与艺术,聪明的应试者不仅仅要告诉考官们你是多么优秀的人,更要告诉考官,你如何的适合这个工作岗位。而与面试无关的内容,即使是你引以为荣的优点和长处,你也要忍痛舍弃,以突出重点。

自我介绍的内容要注意以下几点:第一,开始第一句介绍自己名字的时候要说全名,不要把姓和名分开。第二,如果刚毕业,可以从自己的学习和参加学校活动方面说起。第三,有工作经验的,要谈谈自己的工作经历。第四,要说出自己的优点、优势,让面试官注意到你的亮点。第五,不要紧张,语速不要太快。第六,介绍完以后,问下面试官是否还有其他想了解的内容。

自我介绍一方面可让面试官了解应试者的大概情况,另一方面是考察应试者的口才、应变和心理承受、逻辑思维等能力。千万不要小视这个自我介绍,它既是打动面试考官的敲门砖，也是推销自己的极好机会，因此一定要好好把握。

四、回答面试问题

在简短的自我介绍后，面试官可能会介绍工作内容和学校概况，然后会展开一系列的提问，来衡量你是否符合工作的要求。在面试回答问题时，有些问题需要注意：

（一）认真聆听，掌握交谈技巧

对方谈话时要认真聆听，不要打断；回答问题时要热情、坦诚、谦虚，以对方感兴趣、可以接受的方式表达。涉及多种观点时，要先肯定他人的观点，哪怕是部分的，然后再陈述自己的观点，这样易于被人接受。不要使用否定句。要多使用“是的……但是……”这样的句型来表达自己的观点。

要学会用数据来说明，增强论述的说服力。涉及对学校、老师及同学的看法时，要多谈他人的优点以及他人对你的帮助，包括你的竞争对手，这样能够表现出你的素质修养，会给别人好印象。

（二）声音响亮，语速适中、层次分明不啰唆

在面试中，语言表达要声音响亮，表现出比较有自信，切忌低声细语。语言表达既不能太快也不能太慢，要做短暂思考后，清晰、有层次地回答问题，如果回答问题较长，可以分要点说明。说话不能太啰唆，言多必失，绝大多数面试官在相关领域非常资深，所以在其面前夸夸其谈、口若悬河，只能让对方抓住破绽。回答问题要语言精练、点到为止。

（三）回答问题准确，不含糊，依据事实

首先，要听清楚并理解面试官的问题，切忌没有搞清楚问题就开始回答，造成答非所问。如果第一次没听清楚，可以询问面试官：“对不起，可否把问题再说一遍。”切忌模糊的回答，如“我喜欢和人一起工作”。（什么人？）回答问题时要根据具体的经历和体验，突出你的长处。面试官会问到一些行为问题，如：“结合你的经历说说你是怎样应对顾客投诉的。”这种问题要根据你经历的事实来回答，向面试官描述当时发生了什么事情，你是如何解决的，后期效果如何。更多面试问题的回答技巧，后文会讲解到。

（四）团体面试中，要勇于抢答

现在很多用人单位采取团体面试的方式，即十几个人一起参加面试，一场面试在一小时左右。这种面试方便用人单位比较应聘者。因此，在团体面试中，竞争性很强，如何突出表现自己很重要，在短暂的时间内，勇于抢答的同学往往能抢得先机。那些发言较少的同学很容易被淘汰掉。

(五) 面试过程中注意观察面试官的表情

面试过程是双方交流的过程,在回答问题时,要和面试官有眼神的交流,要观察面试官的表情,如果面试官有疑惑的表情,那可能是质疑你的答案,或是你的问题方向不是他想听到的,这时候要调整自己的回答策略。

(六) 在面试过程中不妨做些记录

除了记录必要的信息,也可以体现自己认真的态度,同时也有消除紧张情绪的作用。

五、面试之后

很多同学认为面试结束了,剩下的就是等通知,没什么自己再要做的事情了。其实,你还有一些事情可以去做,这既是一种礼貌,也是提高你求职成功率的好办法。在求职过程中,许多求职者只留意面试时的礼仪,而忽略了面试后的善后工作。以下几点建议供同学们参考。

(一) 写封感谢信

资深专家建议,给面试官发一封感谢信,可以加深招聘人员的印象,增加求职成功的可能性,感谢信最好是面试后两三天内写。

感谢信应该比较简短,最好不要超过一页纸,目的是表达你的感谢,并表示你对应聘工作的兴趣。大多数感谢信包括三部分的内容:第一部分,表达对面试官的感谢,提示面试官对你的印象。第二部分,简短地描述一些你的技能是如何符合工作的要求,如果有什么在面试中忘记提到的可以补充到这里来。第三部分,要再次表达感谢,留下电话号码,表现出希望得到回复的心愿。

通常,感谢信用电子邮件的形式就可以,因此,投递简历或者面试的时候要留好对方的联系方式。

(二) 耐心等待结果

在一般情况下,每次面试结束后,招聘主管人员都要进行讨论和投票,然后送人事部门汇总,最后确定录用人选,这个阶段可能需要三至五天时间。因此在这段时间内一定要耐心等候消息,不要过早打听面试结果。

(三) 收拾心情

如果同时向几家用人单位求职,在一次面试结束后,则要注意调整自己的心情,全身心投入应付第二家单位的面试。因为,在接到聘用通知之前,面试结果还是个未知数,不应该放弃其他机会。

(四) 查询结果

一般来说,如果在面试的两周后,或面试官许诺的时间到来时还没有收到对方的答复时,就应该写信或打电话给招聘单位,询问面试结果。

(五) 做好再冲刺准备

应聘中不可能个个都是成功者,万一在一次竞争中失败了,千万不要气馁,这一次失败了,还有下一次,就业机会不止一个,关键是必须总结经验教训,找出失败原因,并针对这些不足重新做准备。

第三节 面 试 问 题

面试过程中,面试官会向应试者发问,而应试者的回答将成为面试官考虑是否接受他的重要依据。对应试者而言,了解这些问题背后的"猫腻"至关重要。本节对面试中经常出现的一些典型问题进行了整理,并给出相应的回答思路和参考答案,清楚告诉大家怎样回答可以加分,怎样回答会减分。同学们无须过分关注分析的细节,关键是要从这些分析中"悟"出面试的规律及回答问题的思维方式,达到"活学活用"。

一、个人判断问题

(1) 你对教师职业的看法,为什么你会选择这个职业?

+分:结合目标工作要求、自己的兴趣、特长和专业。

-分:天马行空的表述,过高过虚的畅想、自由职业、创业等。

(2) 你最大的优点是什么?

+分:符合工作要求,并描述有良好的工作态度。

-分:和工作特质要求无关。

(3) 你最大的缺点是什么?

+分:要有具体的描述,但不能对工作有很大的影响。

-分:很大的缺点,会对工作有较大的影响。

(4) 周围的人如何评价你?

+分:要有具体的描述,以优点为主。

-分:不要强调缺点。

(5) 是否有失败的经历?当时是什么状况?你从中有什么收获?

+分:有,具体描述,不气馁,积极寻求方法,克服困难。

-分:没有。

(6) 是否和别人有冲突的经历?怎么解决的?

+分:有,具体描述,积极沟通,换位思考,较好地解决。

–分:没有,不在意他人的想法。

(7) 给出雇用你而不雇用他人的理由

+分:和工作的要求比较,表明自己如何符合要求。

–分:不知道。

–分:贬低他人,抬高自己。

二、教育经历问题

(1) 高中阶段在哪里就读?

+分:基本功扎实,当时的学习方法、学习成绩、高考情况等。

(2) 你大学期间有什么收获?

+分:能力上获得锻炼,如专业知识的学习、开展研究的方法、社会实践、团队合作、组织协调等,

–分:没有收获,对现有教育制度大加批判。

(3) 你最喜欢和最不喜欢哪门课?为什么?

+分:说出具体的课程,最好和专业相关,谈收获。

+分:没有不喜欢的课程,各门课都是有益的。

–分:没有特别的,对课程大加批判。

(4) 成绩是否能够反映出你的真实能力?为什么?

+分:成绩好的同学:能反映我的学习能力,但不是我的全部,我在×××方面也有出色的能力。

+分:成绩不突出的同学:不完全,我在×××方面也有出色的能力。

–分:不能,批判现有的教育制度。

(5) 你在学校期间参加过哪些活动?

+分:有,社团、志愿者、科研项目、学习小组活动都可以,具体举例,在人际沟通,团队协作,组织协调方面有收获。

–分:没有参加过活动。

三、专业知识问题

(1) 你的专业成绩怎样?有没有获得过专业奖学金?

(2) 有没有相关专业的教学实习经历?

(3) 谈谈你参加相关实习后的感受和收获。

专业知识是面试中很重要的内容,一定要专业知识有归纳。可以请教专业课的老师罗列些专业知识问题,并做些准备。

四、岗位相关问题

(1) 如果需要,你愿意做班主任吗?

(2) 当在你上课时,一个学生在传纸条,你怎么办?

(3) 学生早恋怎么办?你支持学生早恋吗?

(4) 学生家长天天打电话问这问那怎么应对?

另外还会涉及青少年教育学、心理学知识等。

案例 6–1

"为什么要选择教师这个行业""你是怎么看教师这个工作的"等涉及教育观的这类问题被问到的概率最大。金陵中学丁强校长告诉记者,这是来面试的考生必须要回答的问题。每年仅是因回答这两个问题不当而被淘汰的考生就有很多。

案例思考

回答问题一定要实事求是,不要故弄玄虚,比如这样回答就不错:读的就是师范类的专业,做教师符合自己的专业,而且现在公司之类的工作不够稳定,教师稳定性比较高,现在好的学校对教师的培养很好,也能为教师提供很大的发展空间等。

第四节 面 试 礼 仪

当你敲门以后,面试官第一眼看到的就是你的仪容打扮。无论是约会、面试,还是开会,第一印象都是十分重要的。印象的形成,90%以上是来自非语言信息。让自己看起来好一些,对于工作的录取与否是有很大影响的。这一节将着重强调求职中的礼仪部分，使大学生求职者了解面试期间需要注意的礼仪规范以及需要掌握的基本面试礼仪。

案例 6-2

上海某大学，吴同学，男，平时做事比较粗心大条。他通过招聘会获得了某学校的面试机会，到了面试时间，他敲门两声后直接进入了面试场地，面前有三位面试官，均低头在写材料，没人理睬他，吴同学觉得有点尴尬，加上第一次面试有点紧张，于是左顾右盼、东张西望，不知如何是好，突然间，一位面试官抬头请他做简要的自我介绍，并问了几个问题，吴同学还没完全准备好，抓耳挠腮地回答了几题后，面试官宣布面试结束，请他回去等待通知。于是他二话没说，直接站起身离开了现场。回去等了一周后还是没有收到通知，情急之下他拨打了学校的电话，对方称他没有获得第二次面试的机会。吴同学也没在意具体原因，继续投简历、面试，一连参加了好几次面试，都没有结果，他开始有点沮丧了，他自认为问题回答得都不错，现场表现不差，怎么都没有得到“二面”的机会呢？

案例思考

吴同学自认为面试问题回答得不错，现场表现也不差，殊不知他在现场犯了很多基本的面试礼仪问题。

如进入面试房间前，应轻叩房门，获得准许后方可入内，并根据情况决定是否热情地握手，获得就座许可后再就座。面试时，应该保持坐姿端正，眼神自然，面容微笑，态度“略卑不亢”，并在与现场的面试官保持目光接触。在离开面试房间时，收拾好椅子和纸笔，保持抬头挺胸的姿态和饱满的精神，离开面试场地。还有很多面试礼仪的细节吴同学都没有注意，虽然他的问题回答得不错，但是有时细节决定成败，面试礼仪的疏忽使他给面试官一个不佳的第一印象，在同等条件下，面试官会选择其他更注重礼仪的求职者。

一、面试着装

职场竞争激烈，应聘面试，衣着装扮不容马虎。穿上合宜得体的“面试装”

可以为大学生求职者加分，可让自己在应对进退之间更有信心。面试着装一般要求大方、得体，与环境气氛协调，与气候季节协调，与年龄身份协调，与自身身材协调。总之，面试服饰要符合职业特点。教术科，就要穿正装，教体育则要穿运动服。妆容、服饰也要符合所教授学生的年龄层次。教授小学和教授高中，妆容和服饰绝对不一样。女教师要给人感觉既典雅又平易近人。男教师要给人感觉挺拔而充满阳刚之气。总体的目标是要呈现出自然得体、稳重大方、富有朝气的感觉。

（一）女性面试着装

（1）剪裁合适、简单大方的套装，比两件式上下身搭配或洋装更能体现庄重感与专业性。而女性下身应以裙装为主，如穿长裤，应选择质料柔软、剪裁合宜的西装裤。

（2）套装、西装颜色以中性为主，避免夸张、刺眼的颜色。以自己的“肤色属性”为前提（也就是选适合自身皮肤色调的色彩），能让人感受到精力充沛、容光焕发、神采奕奕的清新形象。

（3）避免无袖、露背、迷你裙等性感装束。穿着这类服装会给人一种轻佻、浮躁的感觉，裙长以至少盖住大腿的2/3为宜。

（二）男性面试着装

男性最好选择传统的颜色，如黑色、深蓝色等，衬衣可以稍有花色。一般休闲点的正装也可以选择，如衬衫加休闲西装裤，衬衫也不一定要白色，要符合自己的肤色和体型，除了牛仔裤和T恤不可取之外其他的搭配基本可以，最主要的一点就是符合自己的风格。此外，男性的鞋是关键细节，无论穿着运动鞋或是皮鞋，一定要保证鞋子干净。若是选择皮鞋的话，不建议购买那种油光锃亮的尖头鞋，休闲型的牛皮皮鞋可能更适合大学生求职者。

（三）面试着装的五大忌讳

（1）脏污和皱褶。略显破旧、脏污或是表面有部分皱褶的服装，也许很“酷”，但绝对不适合穿着前去面试，这样的装扮会让人觉得求职者个性吊儿郎当，没有足够的求职诚意。此外，看似时尚流行的仿脏污、故意抓皱褶的前卫风格的服装，也不适合在面试场合穿着。

（2）太过性感或裸露。部分求职者平时可能喜欢比较性感的穿着，但在求职的场合时，最好还是注意收敛一点。

（3）浑身名牌。参加面试，衣着装扮的确要花钱打点，但不代表就必须要浑身名牌。浑身名牌，常会给人一种“败家”“个性娇纵”“不肯吃苦耐劳”的负面印象，就算是应聘精品行业的工作，也不必如此。不过，携带一只材质较好的名牌包袋，一般是可以的，但品牌的Logo不宜太过明显，否则会显得太过刻意。

(4) 装可爱或太花哨。部分求职者可能无法忍受一成不变、比较喜爱“与众不同”,甚至疯狂迷恋粉红色系的娃娃装……由于求职面试比较重要,也许这场面试即将决定求职者的一生,希望能暂时把内心里的“粉红狂”“可爱风”收起来,把身上的粉红娃娃、缤纷花朵、绒毛玩具、公主发夹等一一取下,做好正式的打扮之后再去面试。

(5) 不化妆或过度浓妆艳抹。也许部分求职者是自然主义者,不爱化妆,但面试时,最好还是化点淡妆,适当使用遮瑕膏等遮住黑斑、雀斑和黑眼圈,让自身的气色好一点,整个人显得精神些。当然太过浓烈的浓妆艳抹也不合适,会让求职者显得太过俗气和刻意,建议尽量避免。

二、面试仪态

除了着装以外,面试时大方的举止、适合的谈吐,也能让面试官对求职者的印象加分,这些部分就是面试仪态。

最基本的面试仪态需要注意仪表、仪容、站姿、坐姿、走路和表情等。仪表仪容应符合所面试岗位的特点,女性建议采用淡妆,男性则建议干净整洁;站姿方面,应注意身体直立、视线水平或微微下垂、双手在身体前交叉或自然下垂;坐姿方面,建议坐直、双腿平行或交叉,不要抖动;走路时建议速度偏快些、步幅适中;表情建议自然、放松,脸带笑意、眼也可略带笑意。

面试仪态主要分为等候面试时的仪态、面试过程中的仪态以及面试结束时的仪态。

等候面试时,要准时到达面试的地点,进入面试房间前务必关闭手机,进入用人单位时,应保持诚恳态度,应始终面带微笑,不要过分紧张,对碰到的每位工作人员都应做到彬彬有礼,即使是面对用人单位的后勤、保洁人员也应如此。

进入面试房间前,应轻叩房门,获得进入许可后轻声入内、微笑问好,并根据情况决定是否热情地握手,获得就座许可后再就座。若发现招聘人员正在填写上一位求职者的评估表,不要随意打扰,应表现出一定的理解与合作。但也不要自作聪明,在招聘人员不知晓的情况下等在门外不进去,这也是不恰当的。对招聘人员来说,什么时候填写评估表,写多长时间,都是他自己的工作安排;对求职者来说,如果面试的时间到了,就应该按点敲门,经过许可后进入面试房间。当然如果招聘人员请求职者在门外等候片刻,那就另当别论,此时就应按招聘人员的要求去做。有些招聘人员会在此时请求职者在房间内等候,建议听从他的安排,但注意切忌东张西望、动手动脚、闭目养神或中间插话。这段时间虽然会比较难熬,但忍一忍也就过去了。

面试时，求职者应该保持坐姿端正，眼神自然温和，面容微笑亲切，态度“略卑不亢”，应当与主考官保持目光接触，以表示对主考官的尊重。目光接触的技巧是，盯住主考官的鼻梁处，每次 15 秒左右，然后自然地转向其他地方，例如望向主考官的手，办公桌等其他地方，然后隔 30 秒左右，再次望向主考官的双眼鼻梁处。切忌目光犹疑，躲避闪烁，这是缺乏自信的表现。面试时的嗓音可以看出一个人是否紧张、是否自信等，平时应多练习演讲、交谈的艺术，控制说话的语速，不要尖声尖气，也不要声细无力，应保持音调平稳，音量适中，回答简练，不带“嗯”“这个”等无关紧要的习惯语、口头语，这些都显示出求职者在自我表达方面的不专业，应该尽量避免。

在离开面试房间时，务必注意进退的细节，一定要保持抬头挺胸的姿态和饱满的精神，切忌与人交谈时频繁地耸肩，手舞足蹈，左顾右盼，坐姿歪斜，晃动双腿等，这都是不合时宜的肢体语言。总之，手势不宜过多，需要时适度配合表达即可。

面试结束时，应该轻声起立并将座椅推至原位置，将使用的纸笔收拾好，礼貌地与主考官握手并真诚微笑地表达谢意，面对着门把屋门关好，出用人单位大门时对接待人员同样表示感谢，面试后 24 小时之内建议发出书面感谢信。

总而言之，礼仪在职场中占据相当重要的地位，面试过程中的礼仪表现，关乎面试的成败，要注意在平时养成良好的礼仪习惯，进一步遵循礼仪规范，形成良好的礼仪习惯，掌握作为大学生必备的职场礼仪技巧，以收获成功的面试和将来较为顺利的职场生涯。

第五节　试讲和说课

案例 6-3

上海市教育行业应聘的两种模式：

1. 参加学校笔试面试——上报参加区教育局编制考试——参加市统一心理测试与综合笔试。

2. 参加区教育局编制考试——参加市统一心理测试与综合笔试——参加学校笔试面试。

教师的面试与其他职业的招聘面试有什么不同呢？

案例思考

教师行业招聘一般有三个环节，一是笔试，二是面试，三是试讲和说课，有时候二、三两个环节也会结合在一起进行。笔试内容一般为专业基础知识、教材教法、教育基本理论、心理学理论及运用、教育法律法规(如《中华人民共和国教育法》《中华人民共和国教师法》《中华人民共和国未成年人保护法》)、《基础教育课程改革纲要》、学科教学大纲，班主任工作的理论考试等有关知识。另外，教师的一些基本功(硬笔字、粉笔字)也都在笔试的要求里。本章节将专门就面试过程中的试讲和说课进行分析。一般都是以试讲教学片段的形式对规定教材进行试讲。面试官往往是随意指定教材中任意一个教学片段，要求应聘者在二十几分钟内准备完，然后在规定的时间内(一般是15分钟)进行试讲。这就是考核我们的课堂教学和说课能力了。这时候，我们的朗读、备课、答辩等方面的水平也相应地得到考核。

一、试讲

(一) 什么是试讲

试讲是在有限的时间内，教师通过口语、形体语言和各种教学技能与组织形式的展示而进行的一种教学形式。考查的是教师的综合能力。

面试试讲主要粗略考核应聘人员是否具备教师岗位所需要的基本素质和基本技能，起到初筛的作用。一般在10~15分钟即可。试讲常采用即兴命题的形式，考察应聘者对某门课程的驾驭能力。

(二) 进入试讲地点

如果没有人引导你进入试讲地点，那么你要先敲门，待屋内审核人员说“请进”时，再轻轻推门进入。要注意，从门口到讲台这一段路也是专家在观察你的时候。所以你走路一定要挺拔，给人精神抖擞的第一印象。有些应聘者进门时，臂弯里夹着课本，弯腰驼背，没有一点老师的风度。给审核者的第一印象就不好。

如果有人引导你进入试讲地点，也要有礼貌。进门先打招呼。

(三) 试讲过程

1. 介绍内容

首先表明你所要教授的科目、内容，针对的是几年级、第几次课。例如，新课程标准语文第九册，第二单元、第二课的新授课。

2. 普通话

一定要用普通话。如果你一开口就是口音很重的方言，那么很可能在这时已经被“PASS”了。普通话是教师的基本功，发音要标准，咬字清晰，特别是对于语文科目。

3. 音量

音量要大。不要认为自己对着的只是几名专家，要把他们想象成一个大班的孩子。况且，专家们听了一天的课，可能已经昏昏欲睡了，你的音量要足以让他们精神一振。

4. 音调

语调要抑扬顿挫。要有重音、轻音、拖音，有节奏性。不要有口头禅，例如，是吧、对吧，等等。

5. 语速

语速不能太快。有些应聘者可能太紧张，一上台就开始滔滔不绝地讲，飞快地讲，好像赶任务一样。结果一堂课下来，他自己都不知道在讲些什么，审核人员也没听明白。所以语速要适当控制，较为舒缓的语速也有利于缓和自己紧张的心情。

6. 仪态

抬头挺胸，目视前方。双手可随意放在身体的两侧，也可放在讲台上。腿不要乱抖动。目光要时而环视讲台之下，与学生或审核人员有眼神的交流。

7. 板书

粉笔字也是教师的基本功，一手漂亮的粉笔字可以为老师增彩不少。除了字要工整之外，板书的布局也要掌握好。不要全挤在一边，要照顾到教室左右两侧的学生。

8. 多媒体的应用

熟练操作多媒体。注意讲课、板书和操作课件的衔接，否则会给人讲课中断的感觉。多媒体不能滥用，它只是教学的辅助工具，也不能乱用。不要把多媒体做得花里胡哨，因为你不是在做动画片，而是在授课，课件过于花哨会使学生注意力分散。

9. 课件的选择

选择教授的内容既要能充分发挥自己的优势（自己最熟悉的），又要有代表性（课堂的高潮部分）。让学生有兴趣，也要让审核人员有兴趣。课件的制作要有特色，适当穿插漫画、照片、图表，还要注意背景音乐的应用。

10. 授课

授课要注意启发性。多提问，并留时间让学生思考、自由讨论。授课要有感情、有逻辑。说话要化繁为简、生动活泼。面部表情不要太紧张,要面带微笑。

11. 说课

授课完毕,下一环节就是说课。如果审核人员没有要求你进行说课,也可自己主动要求。以让其对你有更加全面的认识。说课不一定按照固有的程序。因为经过前面的授课,审核人员已经对你的素质有一个大致的定位。这时,说课可以尽量加入你自己对本课独特的理解,或是对你所教授科目的理解。让审核人员认为你有自己的思想在里面。

12. 答辩

如果你成功进入这一环节,成功的概率已有60%。答辩要语言流利,所答问题会就是会、不会就是不会,不要不懂装懂,更不要打断审核人员的提问,进行狡辩。审核人员问得越多,录取的机会就越大。

(四)试讲技巧

1. 态度谦虚

试讲者一旦表现出傲慢或是对面试考官轻视的态度,多半会被淘汰。人无完人,课无完课。无论你的学历有多高、经验有多丰富,没有一个讲课者可以达到完美无缺的境界,保持一种谦虚的态度是最基本的要求,无论是在应聘过程中,还是在教学工作中。

2. 重点突出

讲课内容要有重点,这是基本要求。应聘人员切不可在试讲的时候试图面面俱到,不肯舍得一些不能突出试讲者能力的问题,这只会影响面试成绩。面面俱到既不能突出重点,也不能显示你的特长,而面试试讲是有严格时间限制的,短则15分钟,最多也很少超过30分钟,那么试讲者如何在短时间里发挥出最佳水平,突出自己的能力,在众多应聘者中脱颖而出,取得面试高分,最为重要的一点是,应聘者在试讲过程中尽量做到突出课文重点,达到新课标的要求。

3. 内容务实

大学的授课风格与小学、中学的授课风格有很大的不同,如果试讲者的讲课内容侧重于扩大知识面,或是就一个问题深入讲解太多,都是不适合在小学或是中学授课的,试讲是很难通过的。试讲者在突出课文重点的同时需注意深入理解课文,讲课内容既要有深度,又要切合学生的实际需要。深挖重点,然后再点一下文章其他部分,勾出文章整体思路,给人以整体感。发挥不宜太多,太多了也会冲淡主题。或者更直接地说,讲课像写文章一样,围绕中心(重点)行文(讲课),废话尽量少讲或不讲。深挖课文的同时,最好对课文的思想内容有独到的见解,这是最难、最重要,也是最能体现试讲者水平的地方。

4. 师生互动

试讲时如有学生，那么与学生互动的环节是不可少的，教师在课堂上能否调动学生的积极性、提高学生学习兴趣是衡量教师的一个标准。试讲者在互动环节要注意角色的把握，试讲者主要是发挥启发、引导学生的作用，互动环节要以学生为主体，通过互动最终使学生达到充分理解课文重点内容和新课标要求的目的。

5. 重视仪表

应聘者在面试过程中，对仪表的测定并没有专门的规定，而是由考官在整个面试过程中通过观察给应聘者评定，所以应聘者在整个面试过程中都要始终如一地保持良好的仪态风度。当应聘者进入考场后，考官首先看到的是考生的仪表仪态，考官对应聘者的最初印象或多或少地会影响考官对考生的评价，所以应聘者在仪表仪态方面要给予足够的重视。

特别提醒，应聘者一定要说普通话，说话声音要响亮，语调尽量抑扬顿挫，切记语速不能太快，板书字迹要工整。另外，试讲者的手机一定要设成静音或是关闭，千万不要因为手机声音没关而影响了自己发挥。

（五）试讲注意事项

要把面对的审核人员当成孩子来教。不要想着是一群专家在听课，就任意拔高授课内容。要明确，自己所面对的是所教的小学生、初中生、高中生。

授课时即使自己很紧张，也不要过多地说状态不好，请大家原谅一类的话。

如果在试讲过程中专家很严肃地打断你，说明专家有些不耐烦了。接下来你的授课就要进一步注意互动性，调动气氛。

二、说课

（一）什么是说课

说课是指教师在备课基础上，用口头语言讲解具体课题的教学设想及其依据的一种活动，它是教师将教材理解、教法及学法设计转化为“教学活动”的一种课前预演 。

上课主要解决教什么、怎么教的问题；说课则不仅解决教什么、怎么教的问题，而且还要说出“为什么这样教”。说课重在评价教师掌握教材、设计教学方案、应用教学理论等方面的素质与能力。

说课和试讲不一样，试讲面对的是学生，说课面对的是教学专家，也就是说你是面对专家老师把你的教学思路讲出来，而不是像上课一样面面俱到，千万不要把专家当成学生。

(二) 说课基本步骤

1. 说教材

(1) 教材的地位。从地位、结构、内容、教育意义等方面论述本节教材内容在本课/本书中的地位和作用。

(2) 教学目标。根据新课程标准的要求,学生年龄特点、生活经验、认识问题的层次及程度,学生发展的需要等方面制定出三维学习目标。

(3) 教学重点、难点。从教学内容、课标要求、学生实际、理论层次、对学生的作用等方面找出确立重点难点的依据并确定教学的重点和难点。

2. 说教法

依据《纲要》、课标的四性、新理念、新教法等理论具体说明将在课堂设计中运用哪些方法。这里,可以从大的方面、从宏观上来说一下,具体详细可以放在下一个教学程序里说明。如:参与式、互动式、体验式、讨论式、研究性学习、谈话、对话、辩论、调查、情景模拟、亲历体验、小活动等。

3. 说学法

依据新的教学理念、学习方式的转变,说出所倡导自主、合作、探究等方式方法。达到:体验中感悟情感、态度、价值观;活动中归纳知识;参与中培养能力;合作中学会学习。

4. 说教学程序

说出教学的基本环节、知识点的处理、运用的方法、教学手段、开展的活动、运用的教具、设计的练习、学法的指导等,并说出你这样设计的依据是什么。

5. 说板书

一般正规的说课如果时间允许的情况下,是要在说教学程序的过程中写出板书提纲的。如果时间很紧张,你可以提前写在一张大纸上,然后贴在黑板上。配合讲解适时出示,达到调控学生、吸引注意、使师生思路合拍共振的目的。

同时,说出这样设计的理由。如,能体现知识结构、突出重点难点、直观形象、利于巩固新知识、有审美价值等。

(三) 说课注意事项

说课主要是考查你的思路,以及你的表达能力,所以口齿要清楚、声音要响亮、语速不要太快,最重要的一点是要和在座的专家老师有目光的交流,不要一直低头盯着说课稿或教材。

说课当天有一定的准备时间,会给你教材,有时间让你写说课稿,如果之前把范围内的篇章都准备一下,考试时时间肯定是够用的。

考官的提问可能会涉及说课内容,但主要是关于教育教学发展动态、政治思想理论,或者关于你个人的,比如为什么想当老师,等等。总的来说,提问不是重点,说课才是重点,提问只要如实回答,应该不会有太大问题的。

思考题

1. 求职者在面试前需要做哪些准备?
2. 如何在面试官面前树立良好的第一印象?
3. 试简述求职者初面时常犯错误及如何避免。
4. 试着了解你的目标学校的面试类型与考题,对可能的问题做出回答。

本章练习

1. 请你准备一段中英文自我介绍。

2. 设定一个目标学校的某个岗位招聘,和你的同学或朋友进行模拟面试。

3. 选取一个课题,和你的同学或朋友进行 5~10 分钟的说课练习。

第七章 师范生创业

【本章引例】

俞敏洪这个名字，相信当今大多数年轻人都知道。有人估算，在海外的中国留学生中，有70%是新东方的学生。在国内，大学生要是没有听过俞敏洪的演讲，更被看作落伍。

俞敏洪的成长过程，是一个不断在失败中寻找与把握机会的过程。俞敏洪在北大教书四年后，离开北大申请出国留学，惨遭失败，却对出国考试和出国流程了如指掌，这帮助他抓住了个人生命中最好的一次机会：创办北京新东方学校。

一间10平方米的破屋，一张破桌子，一把烂椅子，一堆用毛笔写的小广告，一个刷广告的胶水桶，俞敏洪就是这样起家的。一个人创业是孤单的，俞敏洪想起了海外的“兄弟”徐小平、王强和包一凡。于是，他不远万里邀请他们回来一起办新东方。靠着这种梁山聚义的“草寇”方式，借着当时的英语学习热和出国热，新东方开始如野草般疯狂生长。

2006年9月7日，纽约证券交易所敲响了新东方教育科技集团上市的钟声，曾经自称“土鳖”的俞敏洪带着中国第一支教育概念股，进入了全球最大、最具流动性的证券交易所。据测算，上市后，俞敏洪资产至少高达1.21亿美元，可谓“中国最富有的教师”。

【案例思考】

俞敏洪用自己的成功证明了教师也可以创业！在校大学生面对创业和就

业，该如何选择？创业与就业有什么不同？其实，创业和就业都有各自的优势和劣势。创业者需要具备一定的素质和能力，并且在创业前做好各方面的准备，制定详细的创业计划，充分认识创业过程中将要面对的各类风险，才有可能登上成功的彼岸。

第一节　创业与就业

2014年9月的夏季达沃斯论坛上，李克强总理提出，要在960万平方公里土地上掀起“大众创业”“草根创业”的新浪潮，形成“万众创新”“人人创新”的新势态。推动大众创业、万众创新，既可以扩大就业、增加居民收入，又有利于促进社会纵向流动和公平正义，同时也能够激发民族的创业精神和创新基因。

一、创业概述

（一）创业的概念

创业有广义、狭义之分。广义的创业，泛指一切带有开拓意义的变革。狭义的创业，是指创业者对自己拥有的资源或通过努力对能够拥有的资源进行优化整合，从而创造出更大经济或社会价值的过程。简单地说，创业就是一个人发现了一个商机并以实际行动转化为具体的社会形态，获得利益，实现价值。

对于大学生来说，自主创业就是指大学生通过个人及团队的努力，利用自身的专业技能、综合素养，以自筹资金、技术入股、吸收风险投资等融资方式，将商业机会不断付诸实践、不断创新、不断创造价值的过程。

（二）创业的要素

创业是一项系统工程，需要考虑人、财、物、进、销、存、市场定位、盈利模式、人事管理、财务管理、风险管控等一系列的问题。创业要素包括创业者、商业机会、产品/服务、技术、资金、团队等方面。

(1) 创业者。创业者是在整个创业过程中处于核心地位的个人或团队。创业者在创业过程中起着关键的领导作用和推动作用，包括识别商业机会、创建企业组织、融资、研发新产品、开拓市场等。创业者是创业的主体，其素质和能力是创业成功的第一要素。

(2) 商业机会。商业机会指尚未被满足的市场需求，它是市场中没有被发现或是现有企业留下的市场空缺。商业机会就是创业机会,是创业过程的关键,具有转化为现实经济利益的潜力。

(3) 产品 / 服务。产品 / 服务是创业行为的价值形式和物质载体,也是区别于其他竞争对手的主要因素。正是通过为社会提供更多更好的产品 / 服务,创业行为才能最终体现其社会价值。

(4) 技术。技术是产品 / 服务的重要基础。产品 / 服务当中蕴含的技术水平,是创业企业满足市场需求的支持和保障,是企业的核心竞争力。

(5) 资金。资金是支撑创业企业运转的核心因素,无论企业处在何种阶段,资金都是至关重要的。

(6) 团队。团队是创业企业的重要资源。组建一支具备管理、技术、市场、营销、财务等知识和经验的团队,并运用合理的组织架构、有效的管理机制和激励机制,对于创业企业而言是十分关键的。

(三) 创业的基本特征

创业的基本特征有以下几个方面。

(1) 创业是一个创造有价值的新事物的过程。这种价值不仅是对创业者本身而言,对社会和市场都是有价值的。

(2) 创业必须付出极大的精力和努力。创业要成功,需要创业者投入大量的精力和努力。

(3) 创业必须承担一定的风险。创业的风险可能来自外部市场,也可能来自企业内部,包括市场风险、政策风险、技术风险、财务风险、管理风险等,创业企业必须想方设法规避相关风险。

(4) 创业者可以获得相应的报酬。追求利润是企业的目标和永恒动力,创业者在承担风险的同时,可以获得丰厚的回报。

(5) 创业是一个决策过程。外部环境不断变化,国际政治格局、国内经济形势都会影响创业企业的发展,企业内部也在不断地演进,创业者面对变化必须进行判断和调整,做出相应的决策。

二、创业的意义

面对未来社会激烈的竞争与快速的发展,每个人都在努力寻找适合自己的社会定位。工薪就业或自主创业日益成为中国绝大部分青年人的重大人生抉择。尤其是对当代大学生来说,中国改革开放 40 多年的积累给每一位年轻人带来全新的机遇与挑战。“将来是否创业”已成为越来越多的大学生正在思考的重大问题,同时也不断冲击着大学生传统的就业观念。毫无疑问,自主创业存在一定的风险与挑战(见表 7–1),面对这个艰难的抉择,大学生们需要结合个人的追求以及自身具体情况仔细思考和权衡。

表 7–1　创业的好处与挑战

创业的好处	创业的挑战
1. 体现个人价值	1. 责任重大
2. 能够决定与实现自己的想法	2. 承担风险
3. 能发挥自己的潜能	3. 时间精力的付出
4. 有获得高收益的潜力	4. 收益不稳定,甚至没有保障
5. 能够掌握人生的主动权	5. 不确定的未来
6. 独立自主	6. 总是面临财务问题
7. 能够控制工作环境	7. 经营结果依赖于团队
8. 改变人生境遇	8. 时刻学习以解决新问题

目前,大学生创业具有以下几方面的意义。

(1) 有利于建设创新型国家战略的实施。当今世界,科技创新能力已经成为决定一个国家综合竞争力的主要因素。创业已成为一个国家发展的重要动力之一,大学生创业直接关系到建设创新型国家战略的实施。

(2) 有利于产业结构的优化。现代企业侧重于新产品、新服务的产生和组合。成功的创业可以推动和加快科技成果转化为现实生产力。

(3) 有利于增加社会就业岗位。大学生自主创业不仅解决了大学生自身的就业问题,而且还为社会创造了就业岗位,解决了自己以及他人的就业问题。因此,自主创业是利己、利人、利国的好事,应予鼓励与支持。

(4) 有利于大学生提升人生价值。选择创业,意味着大学生可以做自己最感兴趣、最愿意做和自己认为最值得做的事业,最大限度地发挥个人才能,实现自己的人生价值。

(5) 有利于培养企业家精神。创业过程中,困难和挫折,甚至失败都在所难免,这就要求自主创业的大学生具备顽强的意志和良好的品格,勇于承担风险,独立自强、艰苦拼搏,这就是难能可贵的企业家精神。

(6) 有利于造就一批未来的青年企业家。大学生创业的艰苦过程,不仅磨炼了创业者的意志,训练了他们的决策管理能力,提高了综合素质,也有助于为国家造就一批年轻的企业管理人才。

三、创业与就业的区别

就业是一个相对于创业而言的对称概念,它是指就业者到别人创办的企业或单位去找一份相对稳定的工作,通过劳动获得一份工资收入的行为。从广义来说,创业也是一种就业。创业不仅能解决个人的就业问题,还能带动身边更多的人共同就业,因此,创业也可以理解为一种更高层次的就业。

大学生创业与就业相比较具有以下本质区别:

(1) 从创业与就业之间的关系看,创业与就业之间是相互依存的。但是创业是主动的,就业是被动的;创业是就业的前提,就业依赖于创业。没有创业也就没有就业,如果社会上创业的人少了,那么社会上就会出现大量的失业者。

(2) 从解决社会就业的角度看,创业者不但解决了自己的就业问题,而且还提供了解决他人就业的工作岗位,从而能为国家解决就业问题排忧解难;就业者依靠创业者提供的就业岗位来解决自身就业问题。从解决社会就业的角度上看,创业者的贡献度更大。

(3) 从自主权和才华施展的角度看,创业者的自主权大,才华可以得到充分施展。这是因为企业是属于创业者自己的,因此创业者有权对自己的企业进行自主经营管理。在这种条件下,创业者有多大的能耐都可以在企业这个平台上最大限度地施展出来,从而也就能充分地发挥自己的才华。而就业者的自主权就比较小,才华的施展往往会受到很大的限制。这是因为企业不属于就业者,就业者没有权利按照自己的意志对企业进行自主经营管理,就业者只能在企业分工的狭小岗位上发挥自己有限的作用;就业者在经营管理方面,虽然也有很多好的点子,但是由于种种原因往往不能被别人认同和采纳,“千里马”往往没有“伯乐”来发现和赏识。因此,就业者的知识和才华往往无用武之地,施展不了。

(4) 从社会贡献的角度看,如果将一个创业者和一个就业者进行比较,那么一个成功的创业者比一个就业者对社会的贡献要大得多。创业者创办企业可以夯实一国国民经济的基础,创业者创办企业可以为国家创造更多的社会财富;创业者创办企业可以解决社会大量的就业问题,创业者如能把创新和创业结合起来,就可以起到引领社会发展的作用。而就业者,只能被动地适应社会的发展变化,去更新知识和技能求得生存。如果就业者不能随着社会的发展变化而及时地更新知识和技能,那么他的生存都会受到威胁。

(5) 从经济收入的角度看,“麦可思—中国 2017 届大学毕业生培养质量跟踪评价”数据显示,相较全国平均水平,自主创业的毕业生月收入明显高于就业者,从经济收入的角度看,创业成功者的收入一般都会比直接就业者的收入高。但也要辩证地看待这一问题,任何创业都必然伴随着或大或小的创业风险,麦可思对2017届大学毕业生毕业半年后自主创业人群的风险因素进行分析发现,其中最主要的风险因素为缺乏企业管理经验,其后是缺少资金、市场推广困难。2014届大学毕业生毕业三年后的创业存活率不到一半,创业失败风险也值得关注。

(6) 从抗挫折能力的角度看,一般来说,创业者抗挫折的能力比较强,而就业者抗挫折的能力比较弱。由于受到主客观因素变化的影响,人们在职业生涯的过程中,无论是创业还是就业都不可能总是一帆风顺的,经受某些挫折是不可避免的。但是,在抗挫折的能力方面,创业者一般都比就业者更强。这是因为主动创业者,往往具有不怕风险和挫折的胆量和勇气,更具有丰富知识和经验的聪慧头脑和不屈不挠的拼搏精神,他们在困难面前敢于勇往直前,绝不退却,千方百计地去寻找摆脱困境的办法,从而渡过难关,最终到达成功的彼岸。而就业者在社会分工细化的当今,已失去了劳动的独立性,一旦失业就很难就业。

(7) 从综合素质和能力要求的角度看,创业对创业者的综合素质和能力要求比较高,而就业对就业者的综合素质和能力要求相对要低得多。这是因为,创业者不仅要掌握与创业相关的专业知识和技能,而且还要学会对企业内部人、财、物的管理和企业外部的市场经营活动以及处理好社会各种公共关系,还要熟知财务、税务、金融、谈判等方面的知识和技能。可见,创业对创业者的综合素质和能力要求得比较高,创业者应是个通才。而就业者相比较而言也就比较单纯了,他只要掌握与就业岗位工作要求相适应的专业知识和技能也就能胜任工作了。这是因为在现实工作中,由于用人单位分工比较细化,每个人往往只干某种专业工作中的某一方面的事情。也正因为如此,许多就业的大学毕业生在学校里学了很多知识,而到了单位工作时只用上了一点知识,就是这个道理。

(8) 从风险的角度看,创业者的风险比就业者的风险要大得多。这是因为,创业者在创业的过程中实实在在地投入了资本、智力、精力和时间等,如果由于种种原因而导致创业失败,这时创业者的所有投入几乎都将化为乌有,因此,创业者的风险比较大。而就业者的风险,一般是由于种种原因而导致就业者临时性失业,相对于创业者来说失业对就业者来说并未造成很大的经济损失,失业后再去找一份工作,那么失业的风险也就化解了。当然,按照市场经济的一般规则,风险大收益往往也就很大,风险小收益往往也就很少,风险和收益两者之间往往成正相关关系。

创业和就业的区别很大，不论是选择哪一种，都需要经过谨慎的选择，而且，创业往往需要一定的经验积累，而积累最好的办法就是就业了。当然，也并不全都是这样，大家还要根据具体行业，以及国家政策，甚至自身条件来决定（见表 7–2）。

表 7–2 大学生创业 SWOT 分析（范例）

优势（Strength）	劣势（Weakness）
1. 年龄。年轻是最大的资本，接受新鲜事物快，大学生的家庭负担和经济压力相对较小 2. 知识。与社会人员相比，大学生受过良好的高等教育，具有较为系统的知识体系和基本素质，善于自主学习，能够熟练运用新技术和新平台 3. 激情。大学生充满朝气，具有“初生牛犊不怕虎”的精神	1. 缺乏社会经验 2. 容易遇挫而退，缺乏吃苦精神 3. 创业资本不足，融资困难
机会（Opportunity）	**威胁（Threat）**
1. 从长期来看，我国经济将保持增长的态势，创业的机会越来越多。特别是在经济发达的大城市，第三产业增加值占 GDP 的比重越来越大且已经达到了相当的水平，这些都是为高科技类创业和咨询服务类创业提供了难得的契机 2. 政策层面，中央和地方政府也已经充分认识到自主创业对促进就业、促进经济社会发展的重要作用。2007 年通过的《中华人民共和国就业促进法》第七条中就明确规定，“国家倡导劳动者树立正确的择业观念，提高就业能力和创业能力；鼓励劳动者自主创业、自谋职业”。同时，各级地方政府纷纷通过建立“大学生创业基金”来鼓励大学生创业。各高校也纷纷依托自身的科技园区，为大学生创业提供便利。在这样一个鼓励自主创业的大背景下，大学生创业有了良好的环境支撑 3. 社会风险投资开始关注大学生创业，纷纷与高校合作开展创业大赛、创业实践，寻觅优秀投资项目	1. 来自其他创业者的竞争 2. 来自家庭的压力 3. 难以承受创业失败的后果

第二节 创业素质与能力

创业是极具挑战性的社会活动，是对创业者自身智慧、能力、气魄、胆识的全方位考验。一个人要想获得创业的成功，必须具备基本的创业素质和能力。

一、创业素质

成功的创业者往往具备以下素质。

（一）具有社会责任意识和使命感

社会责任意识和使命感是驱动创业者不断前进的源动力。成功的创业者具有强烈的社会责任意识和高度的使命感。创业是一项社会性活动，只有对自己、对家庭、对员工、对投资者、对顾客、对供应商以及对社会拥有强烈的社会责任意识和高度的使命感的创业者，才可能赢得信任、尊重和支持。

（二）具备正直守信的品质

正直守信是创业者必备的品质，它是市场竞争的基本原则。正直守信体现了一个人的人格魅力，可以帮助创业者凝聚人心，鼓舞士气，赢得更多合作者的信任和支持。讲信誉，重承诺，能够增进创业团队的凝聚力，是创业成功不可或缺的要素。

（三）具有创新意识

创新是创业精神的核心要素，创新意识是进行创业的内在要求。创业机会的发现和创意的形成需要进行创造性思维，发挥创造力，同样，机会的开发、资源的整合、商业模式的设计更是创新能力的集中体现。

（四）具有冒险精神

在市场经济中，机会与风险共存，只要创业，就必然会有风险。创业的开创性需要有冒险精神，需要有胆略和胆识，同时也要有风险意识，要注意冒险精神和风险意识的平衡，保持理性思维，降低风险损失。

（五）具有强烈的市场竞争意识

竞争是市场经济最重要的特征之一，是企业赖以生存和发展的基础，也是一个人立足社会不可缺的一种精神。随着我国经济社会的不断发展，市场竞争愈来愈激烈，并且无处不在。因此，创业者只有敢于竞争，善于竞争，才能取得成功。

（六）具有坚韧沉稳的心理素质

创业是对人意志力的挑战，需要创业者具有非常强的心理调控能力，能够持续保持一种积极、沉稳的心态去应对挑战。良好的创业心理素质，可以对创业者在创业实践过程中的心理和行为起到调节作用。创业成功与否在很大程度上取决于创业者的创业心理素质。

（七）具有良好的人际关系

在创业的过程中，人际关系是获取各类信息和资源的重要渠道。良好的人际关系能够帮助创业者提高工作效率,是获取有效信息、扩大经济资源、提高创业成功率的重要因素。此外,创业者在遇到困难时,良好的人际关系能够使自己及时得到各方的帮助和支援。

二、创业能力

(一)专业技术能力

创业者是靠自己的服务/产品来换取利润的,这就需要以精通专业操作为基础。即使是具有丰富经验和较高水平的经营管理者,如果不熟悉、不了解某一行业的专业性,就无法充分发挥其能力。从这层意义上讲,专业技术能力是一种最基本的创业能力。

(二)经营管理能力

当今市场经济,小企业要生存、要发展,创业者必须具有良好的经营管理能力。如何把现有的人、财、物通过有效的管理实现最高的效益?如何调动每一位员工的积极性使之全力以赴为企业工作?如何使自己的产品/服务项目被市场认可,受到大众的欢迎?这些都需要依靠创业者所建立起来的高效的管理体系来实现。

(三)领导决策能力

企业在其经营过程中需要处理大量的有关生产、销售、财务等问题,也要在企业中建立各项制度,管理人、财、物。因此,创业者还需要具备出色的领导决策能力,能把企业的员工与日常业务安排得井井有条,并能及时处理所遇到的一切问题。

(四)综合性能力

在创业活动中,综合性能力是一种最高层次的能力,具有很强的综合性特征。主要包括:洞悉市场需求的能力、获取并分析信息的能力、交流沟通能力、创新能力等。这些综合性能力与其他能力相结合,就会全方位地影响和作用于创业过程,使创业方式和效益产生显著的改变。

三、创业者的基本特征

有些人在创业的道路上靠着自己的努力,逐步拥有了自己的事业,但是,还有一部分人虽然同样努力,但事倍功半,事业不见起色。那些创业成功的企业家身上有些什么共同的特征呢?

(一)课堂测试:你的个性特征(见表 7–3)

表 7–3 个性特征测验

从下列 32 组句子中,选择最能反映你个人观点的句子,每组中选择 A 或 B。

1	A. 工作一定要完成。
	B. 我喜欢与优秀的朋友在一起,这样我能够获得他们对我的工作的见解和建议。
2	A. 当我的责任增加时,我会感到更快乐。
	B. 我喜欢把什么事情都先安顿好。
3	A. 我绝不做任何可能使自己受损失的事情。
	B. 理解如何赚钱是创业的第一步。
4	A. 不管是多好的事情,如果这件事情的失败可能使我招致嘲笑,我就不会冒险去做。
	B. 除了工作之外,我还记挂别人的安康。
5	A. 我会为自己开创的任何事业而努力。
	B. 我只会做那些使我开心并有安全感的事。
6	A. 如果我失败了,别人会嘲笑我。
	B. 尽管我对自己很有信心,我还是需要别人的建议。
7	A. 在遇到困难时,我要找到解决的方法。
	B. 如果在新开创的事业中失败,我会继续目前的工作。
8	A. 如果我觉得一个想法是好主意,我就会去实践这个想法。
	B. 我能够比现在做得更好。
9	A. 工作时,我会注意维系良好的人际关系。
	B. 不管发生什么事,都是我从经历中学习的机会。
10	A. 即使我的努力失败了,我也能从中学到东西。
	B. 我喜欢舒适的生活。
11	A. 我只会投资比赛或彩票,总有一天幸运会落到我头上的。
	B. 如果我在工作中失利,我会努力找出原因。
12	A. 我会尊敬我的员工,并对他们一视同仁。
	B. 如果能有更好的工作,我就会离开现在的工作。
13	A. 在实施一个新的想法之前,我会慎重考虑。
	B. 如果我的叔叔去世,我会先去参加葬礼,即便这会导致公司订单延误好几天。
14	A. 只有当我拥有资本时,我才能够发展一份事业。
	B. 我希望能够自己做出重要决定。

续表

15	A. 当别人的好意和信任被背叛时,我不会坐视不理。
	B. 如果事情没有按照我的想法发展,我会寻求其他的替代机会。
16	A. 我可以犯错误。
	B. 我非常喜欢与朋友谈天。
17	A. 我希望我的钱能够安全地存在银行里。
	B. 我完全认可我的工作,同时我也了解它的优劣。
18	A. 我希望能够拥有很多钱从而过上舒适的生活。
	B. 在做决定时我希望能够得到别人的帮助。
19	A. 人们首先应该照顾好自己的亲人和朋友。
	B. 我喜欢解决难题。
20	A. 即便可能损害自己,我也不会做让别人不开心的事情。
	B. 钱是事业发展的必需品。
21	A. 我希望我的事业能够很快发展起来,这样我就不会遇到经济紧张的困境。
	B. 不能因为不成功就去责备自己。
22	A. 我应该能够独立地按照自己的想法去做事。
	B. 只有为自己的未来积累了一大笔钱后我才会幸福。
23	A. 如果我失败了,那主要是别人的错误造成的。
	B. 我只会做那些让我感觉舒服且令我满意的事情。
24	A. 在开始一份工作之前,我会认真考虑它是否会对我的声誉造成不利的影响。
	B. 我希望自己能和别人一样,也买得起昂贵的东西。
25	A. 我希望能够有舒适的房子住。
	B. 我会从失败中吸取教训。
26	A. 在做任何工作之前,我都要考虑它的长期影响。
	B. 我希望每件事情都能按照我的想法进行。
27	A. 金钱能够带来舒适,所以我的主要目标在于赚钱。
	B. 我喜欢在能够经常见到朋友的地方工作。
28	A. 我了解自己正在做的事,我不怕收到别人的批评。
	B. 如果我失败了,我会觉得自己非常差劲。
29	A. 碰到困难是常有的事,我应该去做一些好的新工作。
	B. 在开始新工作之前,我会采纳有经验的朋友的建议。

续表

30	A. 我的所有经历都会激励我前进。
	B. 我希望能有很多钱。
31	A. 我喜欢每天从容不迫,万事顺利,没有任何烦恼。
	B. 不管遇到多大的障碍,我将努力达到目标。
32	A. 我不喜欢别人无故干涉我做事。
	B. 为了赚钱,我可以做任何事情。

根据下表将每题所得分数相加:

(1) A=1 B=2	(9) A=1 B=2	(17) A=0 B=2	(25) A=1 B=2
(2) A=2 B=1	(10) A=2 B=1	(18) A=1 B=0	(26) A=1 B=1
(3) A=0 B=1	(11) A=0 B=2	(19) A=0 B=2	(27) A=1 B=1
(4) A=0 B=1	(12) A=1 B=1	(20) A=1 B=1	(28) A=2 B=0
(5) A=2 B=1	(13) A=2 B=0	(21) A=1 B=0	(29) A=0 B=1
(6) A=0 B=2	(14) A=1 B=1	(22) A=1 B=1	(30) A=2 B=1
(7) A=2 B=0	(15) A=1 B=1	(23) A=0 B=2	(31) A=1 B=2
(8) A=1 B=2	(16) A=2 B=1	(24) A=1 B=1	(32) A=1 B=0

最终分数:

- 0~25:表示你目前并不适合自行创业,应当训练自己为别人工作的技能。
- 26~36:表示你需要在旁人的指导下去创业,才有创业成功的机会。
- 37~47:表示你个性中的特质具有一定创业性,你需要从小事业慢慢开始,并从管理实践中积累经验,成为成功的创业者。
- 48 以上:说明你有无限的潜能,只要掌握时机和运气,你将是未来的商业巨子

(二)课堂测试:你的风险类型

一个人面对风险所表示出来的态度,通常可分为四种类型。

(1) 进取型:进取型的人愿意接受风险以追求高获利。

(2) 中庸型:中庸型的人愿意承担部分风险,求取高于平均的获利。

(3) 保守型:保守型的人则往往为了安全或获取眼前的收益,宁愿放弃可能高于平均的收益。

(4) 极端保守型:极端保守型的人几乎不愿意承担任何风险,宁可把钱放在银行获取安全小利。

你属于哪一类型的人呢?在此提供两组问题让你做自我测试,帮你确定自

己属于哪一类型的人。

第一组问题是用来测试面对风险所采取的态度，不妨仔细想想，根据过去的生活经验，试做解答。问题如下：

(1) 你喜欢赌博吗？

(2) 你会不会在投资亏损的压力下还能保持良好的心态？

(3) 你经常患得患失吗？

(4) 你是否宁可买一只风险甚高的股票，也不愿把钱放在银行里生小钱？

(5) 你对自己的决定是不是乐观、自信？

(6) 你是不是喜欢自己做决定？

(7) 站在股票大厅，你还能控制住情绪吗？

如果你的答案有六个为"是"，你就是进取型的人；如果只有一两个"是"，应该算是极端保守的人；答案若有三至五个是肯定的，可能是中庸型或保守型；肯定的答案越少，越倾向于保守。

第一组测验用来测出个人面对风险的态度，真正要确定承受风险的程度，还必须考虑客观因素，像家庭的收入、开销、抚养小孩等。往往，就算你心态上是进取的，但现实的情况却让人没有能力去承担风险。

第二组问题可以测验你承担风险的能力：

(1) 你有足够的收入以应付家庭的基本所需吗？

(2) 你和家人的人寿、健康等保险够吗？

(3) 万一急需钱，你有把握能借到足够的钱、足够长的时间以缓解财务困难吗？

(4) 万一你失业了，你有没有其他稳定的收入来源？

(5) 如果你在股市中损失了部分钱，你能忍受吗？

如果五个问题的答案都是肯定的，就有资格把自己归为进取型的人；只要有一个否定的答案，就应该把自己列为极端保守型的人，因为你没有本钱去冒险。在选择自己的投资方式时，最好将自己的主观态度和客观条件一并加以考虑。

通过前面的测试，我们可以归纳出创业者的基本特征，参见表 7–4。

表 7–4 创业者的基本特征

特征			
努力工作	自信	愿景构建	以利润为导向
以目标为导向	持之以恒	应对失败	对反馈做出回应
主动	倾听	设定自己的标准	应对不确定性
投入	发挥优势	可靠诚实	风险承担

案例 7-1

创业需要诚信

小张大四了,他和众多毕业生一样投入了求职的征程,但面试了好几家单位后,他发现工资都很低,想要在大上海尽快立足,他认为需要通过创业来实现。大学期间一直在教育培训机构做兼职教师的经历,让他感受到在线教育行业会有很好的发展前景。本身对IT非常感兴趣,自学了相关课程,拥有了一定的技术储备,且大学期间也有过创业的尝试,这些都让他有信心能做好。创业初期是最辛苦的,一个月的时间他几乎都和朋友在电动自行车上度过,忙着做大量的调研,办理创业公司相关的注册。苦心总有收获,毕业前夕,他的小公司终于开张了。

在回顾创业的经历时,他深有感触:他的创业之路走到今天,全靠着两个字——诚信。为人需诚信,这是他对自己的要求,也让他有了很多朋友。

第三节 创业准备

现今很多大学生都非常关注创业,都想当老板,但是并不是每一个人都适合创业,也并非每一个创业者都能成功。创业需要的是一种不满足于现状的冲动,需要的是顽强的意志、持之以恒的奋斗。

一、意向准备

创业前要认真思考、反复评估,考虑成熟再行动。以下几个问题,可以帮助有意进行创业的大学生对自我进行合理的定位。

做出这一决定之前还可以咨询周围的同学或熟悉的老师,也可以去专门的机构咨询、测试等。是创业还是就业?需要有一个准确的定位。

1. 我为什么要创业？我是否有足够的决心？我愿意承担风险吗？过去的利益是否舍得放弃？

2. 我是否具备创业者应有的能力与素质？是否能承受挫折？是否具有综合全面的素质，还是有专项技术特长？

3. 我创业成功的核心资源优势是什么？我具备的条件是：足够的资本？行业经验？客户资源？技术创新？商业运作能力？

4. 是否有足够的耐心与耐力渡过创业期的消耗？估计通过多长时间走过创业瓶颈阶段？自己有多长时间的准备？

5. 创业最大的风险是什么？最坏的结果是什么？我是否能承受？不要只想到乐观的一方面，对风险一定要有充分的心理准备，否则当现实状况与想象的不一样时，会造成信心动摇。

二、心理准备

拥有良好的心态，尤其是对风险具有清醒的认识，并有充分的应对风险的心理准备，是创业成功的必要条件。对一个创业者来说，创业并不像说的那样简单，他几乎是白手起家。创业者会随时随地面临各种各样的问题和挑战。一些成功者从谋生到创业的历程，都充满了艰辛。创业者必须有足够的心理准备，去面对一切困难和喜悦。

三、知识准备

这里所说的知识应包括专业知识和社会共同知识。当你决定或准备创业时，就应该提前学习专业知识和社会知识。必要时可以参加一些创业知识和技能的培训活动。创业需要企业注册、管理、市场营销与资金融通等多方面的丰富知识。在缺乏相应知识储备的情况下，仓促创业不仅难以融到必需的资金，而且在残酷的市场竞争中也将处于劣势。

四、能力和经验准备

受年龄及学识的限制，大学生很难拥有关于创业的直接经验，在这种情况下大学生创业及在公司运营中肯定会遇到各种不可预见的问题，以致创业困难。丰富的工作和社会经验能让人更好更快地适应新的工作环境，而创新能力、人际交往能力、市场开拓能力、协调管理能力,在创业活动中同样不可缺少。

大学生应围绕自己的创业目标有目的地积累工作经验。最好以相关的专业学科工作经验为先。方式上包括利用寒暑假时间参加一些社会活动;参与“挑战杯”创业计划大赛或学校举办的“商业计划书大赛”等小型的创业实践活动;走访身边的企业,有目的地观察和体验;访谈创业校友,学习创业经验等。

五、人际关系准备

人际关系包括团队、人脉。最重要的是团队,团队需要精心去组织,需要热心去融合。团队中需要敞开心扉和更多的人交流,分享自己的想法并认真聆听他人的创意,积极主动地帮助他人,不怯于请教和求助他人。

大学是打造人际关系的“天堂”。这时候是你积累人脉的关键期,因为老师和同学是最无私的。这一时期可以广泛结交各地的朋友,或许就能从中找到一群一辈子的战友。许多知名的教授学者也都愿意和学生交流,可以近距离接触,把他们在业界的人脉关系转化为自己的。另外,家人也是人脉资源的一部分,他们是给予无私帮助的坚强后盾。

六、资源准备

创业要有足够的资源。很多人在初次创业的时候,资源都是十分欠缺的。资源不足,使创业成功的概率降低,但要有完全充分的资源也是不可能的。在资源准备上,一般来说,要符合两种条件:一是要有进入一个行业起码的资源,另一方面是具备差异性资源。如果任何条件均不具备,创业成功的可能性很小。

创业资源条件主要包括以下几方面。

1. 业务资源:赚钱的模式是什么?
2. 客户资源:谁来购买?
3. 技术资源:凭什么赢取客户的信赖?
4. 经营管理资源:经营能力如何?
5. 财务资源:是否有足够的启动资金?
6. 行业经验资源:对该行业信息与常识的积累如何?
7. 行业准入条件:某些行业受到一些政策保护与限制,是否满足进入资格条件?
8. 人力资源条件:是否有合适的专业人才?

以上资源,创业者不需要100%地具备,但至少应具备其中一些重要的条件,其他条件可以通过市场化方式来获取。如缺乏财务管理能力,可聘请专业的财务人员或财务机构。

七、底线准备

创业者必须要明确自己的底线是什么,面对创业时不断冲击而来的各种挑战和不确定因素,能够坚持多久。什么时候,在怎样的情况下,自己才可以停止,重新抉择?

八、课堂测试:创业时机是否成熟

1. 你在哪一种条件下,会决定创业?( )
   A. 等有了一定工作经验以后
   B. 等有了一定经济实力以后
   C. 等找到天使或风投投资以后
   D. 现在就创业,尽管自己口袋里没钱
   E. 一边工作一边琢磨,等想法成熟了就创业
2. 你认为创业成功的关键是( )。
   A. 资金实力　B. 好的想法
   C. 优秀团队　D. 政府资源和社会关系
   E. 专利技术
3. 以下哪项是创业公司生存的必要因素?( )
   A. 高度的灵活性　B. 严格的成本控制　C. 可复制性
   D. 可扩展性　E. 健康的现金流
4. 开始创业后你立刻做的第一件事情是( )。
   A. 找资金、找风投　B. 撰写商业计划书
   C. 物色创业伙伴　D. 着手研发产品
   E. 选择办公地点
5. 创业公司应该( )。
   A. 低调埋头苦干　B. 努力到处自我宣传
   C. 看情况顺其自然　D. 借别人的势进行联合推广

6. 招聘员工时最重要的是(　　)。

A. 学历高低　　B. 朋友推荐

C. 成本高低　　D. 工作经验

7. 产品进入市场的最佳策略是(　　)。

A. 价格低廉　　B. 广告投入

C. 口碑营销　　D. 品质过硬

8. 和投资人交流最有效的方式是(　　)。

A. 出色的现场 PPT 演示

B. 详细的商业计划书和财务预测

C. 样品当场测试

D. 有朋友的介绍和引荐

E. 通过财务顾问的代理

9. 选择投资人的关键因素是(　　)。

A. 对方是一个知名投资机构

B. 投资方和团队不设对赌条款

C. 谁估值高就拿谁的钱

D. 谁出钱快就拿谁的钱

E. 只要能融到钱,谁都一样

10. 你认为以下哪一项是 VC 投资决策中最重要的因素?(　　)

A. 商业模式　　B. 定位　　C. 团队

D. 现金流　　E. 销售合约

11. 从哪句话里可以知道风投其实对你的公司并没有实际兴趣?(　　)

A. "我们有兴趣,但是最近太忙,做不了此项目"

B. "你们的项目还偏早一些,我们还要观察一段时间"

C. "你们如果找到领投的风投,我们可以考虑跟投一些"

D. "我们这个行业不熟悉,不敢投"

E. 上面任何一句话

12. 创业团队拥有 51% 的股份就能绝对控制公司?(　　)

A. 正确　　B. 错误

13. 创业公司的 CEO,首要的工作责任是(　　)。

A. 制定公司的远景规划　　B. 销售、销售、销售

C. 人性化的管理　　D. 领导研发团队

E. 搞进投资人的钱来

14. 凝聚创业团队的最好办法是(　　)。

A. 期权　　B. 公司文化

C. CEO的魅力　　D. 工资和福利

E. 团队的激情

15. 创业公司的财务预测中最重要的是(　　)。

A. 销售增长　　B. 毛利率

C. 成本分析　　D. 资产负债表

16. 创业公司的日常运营中，以下工作最重要的是(　　)。

A. 会议记录的及时存档

B. 业绩指标的合理安排和及时跟踪

C. 团队的经常性培训

D. 奖惩制度

E. 管理流程的IS09000认证

17. 创业公司的日常运营中，最棘手的问题是(　　)。

A. 人的管理　　B. 销售增长　　C. 研发的速度

D. 资金到位情况　　E. 扩张力度

18. 创业公司产品市场推广效果的衡量标准是(　　)。

A. 广告投入量和覆盖面　　B. 营销推广的精准程度

C. 产品出色的品质保证　　D. 广告投入和产出比例

E. 产品价格的打折力度　　F. 品牌的市场渗透率

19. 防止竞争的最有效手段是(　　)。

A. 专利

B. 产品包装

C. 质量检查

D. 不断研发新产品

E. 比竞争对手更快地占领市场

20. 创业公司的第一个大客户竟然是个“土财主”，你会(　　)。

A. 一视同仁地对他提供你公司的标准服务

B. 指导他如何来积极配合你的工作

C. 修理他，给他些颜色看看是为了他的提高

D. 提供全面服务+免费成长辅导

21. 你认为创业公司中的最大风险是(　　)。

A. 市场的变化　　B. 融资的成败

C. 产品研发的速度　　　　D. CEO 的个人能力和素质

E. 决策机制的合理性

22. 当创业公司账上的现金低于三个月的时候,应该采取哪项措施?(　　)

A. 立刻启动股权融资

B. 通知现有公司股东追加投资

C. 立刻大幅削减运营成本,包括裁员

D. 打电话给银行请求贷款

E. 把自己的存折和密码交给公司会计

23. 创始人之间发生矛盾时,你会(　　)。

A. 坚持原则,据理力争　　　　B. 决定离开,另起炉灶

C. 委曲求全,弃异求同　　　　D. 引入新人,控制局势

24. 投资创业公司的理想退出方式是(　　)。

A. 上市　　　　B. 被收购　　　　C. 团队回购

D. 高额分红　　　　E. 以上都是

参考答案:

1. D　2. C　3. E　4. D　5. B　6. D　7. D　8. C
9. E　10. C　11. E　12. B　13. B　14. B　15. A　16. B
17. A　18. D　19. E　20. D　21. D　22. C　23. C　24. E

如果你的得分是 1~8 分:还不具备创业的基本知识,不要贸然创业哦;

如果你的得分是 9~16 分:游走在创业的梦想和现实之间,继续打磨打磨吧;

如果你的得分是 17~24 分:已经做好了创业的基本准备,大胆往前走喽!

九、大学生创业的常见风险

创业环境的不确定性,创业机会与创业企业的复杂性,创业者、创业团队与创业投资者的能力与实力的有限性,是创业风险的根本来源。

(一) 管理风险

创业失败大多与管理不当相关,如决策随意、信息不及时、理念不清、患得患失、用人不当、忽视创新、急功近利、盲目跟风、意志薄弱等,特别对于大学生来说,经验不足、资金和工作能力有限,心理脆弱等,会进一步增加在管理上的

风险。

(二) 资金风险

资金风险在创业初期会一直伴随在创业者左右。对于创业企业来说,创办企业和企业运转都离不开资金。任何时候现金流中断都会给企业带来极大的威胁。相当多的企业会在创办初期因资金紧缺而错失商机,不得不关门大吉。

(三) 竞争风险

如何面对竞争是每个企业都要考虑的事,对创业企业更是如此。如果创业者选择的行业是一个竞争非常激烈的领域,那么在创业之初极有可能受到同行的强烈排挤。低价是一些大企业吞并或挤垮小企业常用的手段。因为对于大企业来说,短时间的降价并不会对它造成致命伤害,而对创业企业则可能意味着彻底毁灭。因此,考虑好如何应对来自同行的残酷竞争是创业企业生存的必要准备。

(四) 核心竞争力缺乏的风险

核心竞争力在创业之初可能不是最重要的问题,但要谋求长远的发展,就是最不可忽视的问题。对于具有长远发展目标的创业者来说,企业是否具有自己的核心竞争力就是最主要的风险。没有核心竞争力的企业终究会被淘汰出局。

(五) 人力资源流失风险

一些研发、生产或经营性企业需要面向市场,大量的高素质专业人才或业务队伍是这类企业成长的重要基础。在那些依靠某种技术或专利创业的企业中,拥有或掌握这一关键技术的业务骨干的流失是创业失败的最主要风险源。

十、大学生创业的认识误区

众所周知,创业成功率低,大学生创业成功率更低。大多数大学生创业失败的原因是管理不善。但是,大学生对创业存在诸多认识误区也是直接或间接制约和影响成功创业的重要原因。下面介绍一些常见的认识误区。

误区一:什么赚钱干什么

做企业像做人一样,时时刻刻都会面临各种“利益”的诱惑。千万不要过分贪心,只看到钱赚的多少而忽略自身的情况和其背后所要付出的代价,否则很可能抓到的不是“馅饼”而是“陷阱”。

误区二:具有技术优势就等于创业成功

大学生创业容易拥有技术优势,有的甚至握有专利,但是创业是一种商业行为,技术的先进性不等于成熟性。技术型创业有投入周期,技术转变为产品再成为盈利产品是需要时间的,在技术创业之前必须经过周密的市场调研和论证以及对商业和管理知识的学习与运用。

误区三:复制别人成功的商业模式就一定成功

有的人在选择项目时,看到此类项目在国外或国内其他省市有运行成功的商业模式便原版复制过来,忽略了本地具体的创业条件和市场发育状况。殊不知,在国外成功并不意味着国内也能成功,别人成功也并不意味着自己也能成功。

误区四:创业大赛获奖就等于创业成功

如今各类创业大赛层出不穷,为大学生了解创业、尝试创业提供了很好的渠道,但是创业大赛不同于真正的创业,仍然只是“纸上谈兵”,真实的创业过程中,最终的评委是客户。在时机成熟之前,不妨先到行业领先企业或其他创业型企业历练,培养自己的综合素质能力和对市场和商业的理解力。

误区五:好朋友就等于好团队

好友共同创业成功的案例不少,但并不意味着只要是好朋友就一定成为创业的好伙伴。价值观一致、能力和经验互补、明确的决策模式是建立好团队的必要条件。技术型创业要特别注意吸收理解技术而擅长商业运作的团队伙伴,而且应当在实际的合作中磨合以达到默契。

误区六:拿到风险投资就等于创业成功

拿到第一笔风险投资对于创业团队来说无疑是一剂强心针。获得投资,意味着投资人对项目和团队的看好,但是创业团队更应该关注第一笔投资如何发挥其最大的效益,否则项目很快也会草草收场。

第四节 创业的一般步骤

创业要成功,需要按部就班,按照一定的步骤稳扎稳打,这样才能提高创业成功的概率。

一、创业步骤

创业的过程一般可以分为以下几个步骤。

(一) 项目选定

创业者首先必须做的便是决定要从事哪一种行业、哪一类项目。下决定前最好了解自己在哪方面较有创意和潜力。

案例 7-2

小刘的创业想法源于一次突然的想法:"小时候不管爸爸妈妈过得多节俭,也不会让我受一点委屈,记得有一年为了给我买一套精装的《十万个为什么》,爸爸妈妈省吃俭用了一个月。"父母对孩子的投入,尤其是教育方面的投入是绝对不会减少的。小刘"经商"的想法大胆地冒了出来,有勇气和梦想,又有年轻的资本,为什么不能怀揣梦想走出这一步呢?创业的想法有了之后,小刘开始了市场调研,把目光聚焦在了与自己的学前教育专业有关的婴幼儿早教产品。选择创业初期在网上经营,从销售市场上成熟的优质产品开始,积累客户和经验后,逐步设计开发自己品牌早教产品的创业思路。经过一段时间的准备,在淘宝网开设了第一家早教产品销售网店,开始了创业之路。

(二) 市场调查研究

市场调研需要弄清楚以下几个问题:

1. 谁是我们的客户?(who):人口数量、增长率、年龄、婚姻状况、教育水平、家庭结构,收入水平、住房情况等。
2. 他们需要什么?(what):客户的需求是什么。
3. 他们何时购买?(when):商业周期、产品循环、消费者循环。
4. 他们在哪里购买?(where):市场、运输、合适的地点、社区利益。
5. 他们为什么购买?(why):有效需求、购买力、购买习惯和趋势。

以上就是"5W"模型,创业者可以运用这个模型框架,收集有关的市场信息,以便更好地把握和预测消费者的购买行为。

此外,对一个创业企业来说,竞争是不可避免的。要像了解你的消费者一样了解你的竞争对手,应采取以下步骤:

第一步:确定谁是你的竞争对手。

(1) 直接竞争者:列出各个竞争者的名称、地址和业务类型。

(2) 间接竞争者:列出这些公司的名称、地址和类型。虽然他们提供的产品或服务的名称与你的不同,但是它们可以替代你的产品或服务。

第二步:分析近年来成立和倒闭的企业。

(1) 列出近两年来新成立的企业。

(2) 列出近两年来倒闭的企业。

(3) 分析近两年来失败企业可能的失败原因。哪些因素可以解释那些新创企业的成功?哪些因素出现在失败的企业里?

第三步:分析现存的企业。

(1) 估算每个竞争对手的销售情况和营业额。

(2) 针对价格、产品或服务的质量、便捷性、广告、促销和销售等方面对竞争对手进行分析。

(3) 分析销售情况较好的企业的业绩,确定企业销售额与其经营方法之间是否具有相关性。对这些企业的运作方式进行全面、彻底的分析,可以得出非常有价值的信息。

(三) 建立合作团队

企业的创办者不可能万事皆通,因此,建立一个由各方面的人才组成的合作团队对创办企业十分必要。一个平衡的、有能力的创业团队,最好包括有经验和能力的财务、销售、产品研发等相关领域的人才。

(四) 撰写商业计划书

一份完整的商业计划书,要包含多个方面的内容,具体如表 7–5 所示。

表 7–5 商业计划书的完整框架

计划书内容	要点
创业机会描述	清晰的产业背景和市场竞争环境;市场机会和有效市场需求,所面对的目标顾客等
产品(服务)描述	准确定义所提供的产品、技术、概念或服务,如何满足市场需求;本项目所具有的独创性、领先性,实现产业化的途径等
市场描述	在市场调查的基础上,分析市场现状、发展趋势、竞争状况,包括竞争分析、目标市场定位、市场容量估算、预计市场份额等
企业战略	企业的商业模式、发展战略等,结合竞争优势确立分阶段目标,企业的研发方向和生产线扩张策略,主要合作伙伴与竞争对手等
营销策略	结合创业项目特点制定合适的市场营销策略,包括定义产品、技术、服务,制定恰当的价格、销售渠道、推广策略等,确保顺利进入市场并保持和提高市场占有率
融资与财务	明确股本结构和规模、资金来源于运用、盈利模式、盈利能力分析、风险投资退出策略等
关键风险和问题	客观阐述本项目面临的技术、市场、财务等关键风险问题,提出合理、可行的规避计划
管理团队	介绍团队各成员与管理企业有关的教育和工作背景,成员的分工,企业的组织架构及领导层成员,创业顾问以及主要的投资人和持股情况

(五) 融资

大学生创业离不开资金的支持。大学生创业所获得的资金主要是来自以下一些渠道:① 个人资金;② 家庭和朋友资金;③ 金融机构贷款;④ 风险投资等。成功的创业者能善用各种渠道去募集充足的资金,而非只从单一渠道取得资金,以免一旦资金吃紧时找不到后路来救急。

(六) 企业选址

创办企业,选址很重要,如果是以门市为主的线下教育培训等服务业,店面的选择,往往是成败的关键。企业选址的一般因素有以下几方面。

(1) 经济因素:地区经济情况、人们收入水平、交通情况等。

(2) 人口因素:产品针对人群的数量、人口稳定性等。

(3) 竞争因素:如有多少竞争者,该地区近两年有多少类似企业开张和关闭。

(4) 个人因素:企业主个人的价值观。

(5) 地理因素:提供的产品和服务有特殊地理要求。

(6) 地方性法律和法规:各类法规、法令和行为限制。

在选择经营场地时,各行业的考虑重点各不相同,但租金给付的能力和租约的条件一定要重点考虑。经营场地租金是最固定的营运成本之一,中小学生教育培训等机构,最好设在租金低,有居民区集中的地段。

(七) 申请营业证照

营业证照的申请分两种:一种是申请企业营业执照,由市场监督管理部门核发;另一种是资本较小的,只需办理营利事业登记,由当地县市级以上市场监督管理部门核发。除了营业证照的申请办理外,如果想要自家招牌为自己专用,还须向市场监督管理部门申请服务商标注册。

(八) 准备设备物资

无论是创办企业还是开店,生产物资和设备都必不可少。以开店为例,从收款机、计算机、刷卡机到桌椅、音响乃至名片、店章等都要一应俱全。

(九) 生产与经营

经过前几个步骤的准备工作,创业企业可以正式开始组织与经营相关的各种活动,如市场营销、渠道建立与销售、产品生产、建立服务体系、人才招聘与培训等。

二、商业计划书的撰写

商业计划书是企业或项目开展融资、寻求合作、指导运营的必备工具,是全面展示企业和项目状况、未来发展潜力、执行策略的书面材料，要求体现项目的核心竞争力、市场机会、成长性、发展前景、盈利水平、抗风险能力、回报等。商业计划书是企业融资成功的重要因素之一，也是企业的行动纲领和执行方案，可以使企业有计划地开展商业活动，增加成功的概率。

（一）商业计划书的重要性

（1）足够好的项目，是不需要商业计划书的。足够闪亮的项目，投资人都是追着去的，不过这种传说级别的项目毕竟是少数。因此对于大多数创业者而言，创业计划书是要高度重视的，才能赢得与更多人接触交流的机会。

（2）商业计划书是对自己商业的梳理。商业计划书是给投资人看的，更是给自己看的，通过商业计划书梳理自己企业的发展状态、发展战略和资本部署是非常必要的。好的商业计划书可帮你提炼和梳理创业思路，指导你分析市场和用户、找到好的定位和切入点、明确产品逻辑和业务走向、规划发展路径、搭建团队、制定资金规划。落实到纸面上，迫使你检查自己的运作构思是否可行，帮你改正不切实际的想法，降低试错的代价。

（3）商业计划书是找投资人的敲门砖。打动投资人，从来不是一份商业计划书就可以做到的事，它只能帮你打开大门，进门以后的路会有更多的挑战。写好一份商业计划书，不仅是对投资人的尊重，更是对自我创业初衷的肯定。商业计划书更利于交流，更容易把你的商业构思讲给供应商听，讲给客户听，写出来的商业计划书能让你的交流和视野聚焦在重点上。

（4）帮你简洁快速地展示你的项目。一份简历，如果没在5秒钟内引起HR的兴趣，就会被扔到垃圾桶。同理，想在堆积如山的商业计划书中脱颖而出拿到融资，更需要功夫。

（5）一份好的商业计划书为企业加分不少。调查显示，曾做了商业计划书的创业者，企业发展更快，更容易从供货商那里拿到原材料，更快拿到第一笔订单，在产品改善方面的工作会更出色，失败的概率会更低。在企业的发展中，商业计划书一般在早期做出，很难对销售或是企业利润起到直接的作用。但它帮你建起企业，让企业顺利运转，减少失败的可能。

（二）商业计划书的内容

商业计划书，一般都包含产品介绍、商业模式和发展规划、市场和行业分析、竞争分析、团队介绍、财务规划与预测、融资需求、退出机制等内容。

1. 产品介绍

（1）你做的是什么。一句话概括你要做的事情。把想做的事情，提炼成一句话是很考验人的，这个提炼的过程，也是不断取舍产品定位。

（2）你是怎么做的。发现需求后，你拿出了什么解决方案、提供什么服务？

你和竞争对手的做法有什么差异化？你的方案有什么优势？

(3) 取得了什么样的效果。应提供相应的运营数据来支撑，包括用户数、转化率、营收等。

2. 商业模式和发展规划

(1) 商业模式。说明你的企业是怎么赚钱的，主要包括向谁提供产品或服务，产品或服务主要内容是什么，如何收款，以及产品或服务是如何制作与提供的，等等。

(2) 盈利模式。一个切实可行的盈利模式往往是投资人最关心的事，你需要告诉投资人商业盈利模式是怎么样的，阐明这样的模式是可靠并且有盈利期望的。

(3) 战略思想。产品做出来以后，如何推广，打算用多少时间做到多少的用户量，公司会怎么去扩展，希望占有多少的市场份额，这一步做好以后，下一步会怎么做，公司长远的发展，等等。投资人需要了解这家企业长远的发展规划。

3. 市场和行业分析

(1) 你的产品或服务针对的市场。需求背后的商业价值有多大？目标是占有多大的市场份额？用简洁有力的话语来描述市场规模和潜在的远景。

(2) 可能使用你的产品或服务的用户数量。市场预期不能仅看用户数量，一些用户数少但平均单价高的产品或服务也可以被认为有很大的市场预期。

(3) 市场竞争情况。市场中生产这种产品或提供这种服务的企业数量，行业和市场的细节情况等，尽量列出与竞争对手的对比分析，表明当前的商业机会。

(4) 行业分析。突出对行业的理解和认知，但不要简单地罗列数据，应描述在目前的市场背景下，你的项目抓住了一个用户的需求，或者你的项目可以为用户带来更高性价比的产品或服务。

4. 竞争分析

(1) 核心竞争力。突出自己的亮点，明确说明你的优势，为什么这件事情你能做，而别人不能做，你有什么与众不同的地方，你的核心竞争力是什么。

(2) 渠道优势。自己或团队的亲朋好友提供的资源等，都是渠道优势的一部分。相比技术和团队，渠道优势并非真的优势，因为渠道是别人也可以用的。渠道仅做锦上添花，而不能成为核心竞争力。

(3) 差异化。保持产品或服务的差异化，将有限资源集中到一个简单明确的点上。

5. 团队介绍

(1) 团队的重要性。企业融资最应该关注的是团队，而投资者最关注的也是团队。有这样一种说法:“宁可投资一流的人,二流项目;也不投一流项目,二流的人。”只要团队好,模式、市场与利润都是可以创造的。

(2) 团队匹配度。需要介绍团队主要成员的背景和特长,强调个人的能力适合该岗位,团队的组合适合创业项目。稳定的团队利于融资,互补的管理团队是企业的核心。

(3) 团队经验。投资人希望看到你要做的事是适合你做的,创业者做项目,需要有相关气质,积累过相关经验,在要做的事情上有过积累,不能只是因为你想做一件事你就去做。

6. 财务规划与预测

未来一年或者六个月需要多少钱,用这些钱干什么,如果业务成功,什么时候能达到盈利,如果业务遇到问题,自己的财务状况能够继续支持企业运营多久,这些都是创业者需要思考的问题。不要预测过高、过于夸大和吹牛,难以置信的利润和回报是不足取信的。

7. 融资需求

在财务分析的基础上,表明你的融资计划,需要多少资金和准备稀释多少股份,稀释的股份要少于 30%,稀释太多你就是打工的了,稀释太少投资人可能不太感兴趣。若有前几轮投资,则需说明前几轮融资是谁投的,当时怎么遇到或者决定的。估值应该基于投资者真正支付金额的合理估算,早期没有必要特别纠结估值的问题,更重要的是拿到一笔钱先把项目启动起来,这比纠结估值更重要。

8. 退出机制

风投最关心的问题之一是如何退出。一般有上市、公司并购和管理层回购三种退出方式。上市是风投最满意的退出方式;公司并购指的是卖给差不多大的公司,双方进行换股,旧股票变成新股票,风投和创始团队根据自己的股票比例大小分;管理层回购则形同虚设,目前受风投投资管理层再“赎身”的事并无前例。

思考题

好未来:课外教辅龙头,用科技推动教育进步

好未来创立于 2003 年,起步于小班奥数辅导,并于 2010 年于美国纳斯达克主板上市。成立以来,公司先后上线运营中考网、作文网、高考网等线上教辅咨询平台,公司目前拥有 10 余个线上品牌,业务范围包括幼儿教育、小学教辅、初高中教辅、考试咨询及出国留学服务。

公司主要业务为向 K–12 阶段学生提供小班教学、一对一教辅及其他咨询服务业务。截至 2017 年 2 月 28 日财年，公司于全国 30 所城市共计招收线上线下 393.5 万学员，共计拥有线下教学网点 507 个。

2016 年，好未来 94.4% 的营业收入来自线下 K–12 课外教辅，4.0% 的营业收入来自 K–12 线上教辅，累计占比 98.4%；2017 年，公司 K–12 业务收入占总体营业收入的比例仍为 95.8%。

K–12 阶段课外教辅机构短期内难以形成口碑。一方面由于学生成绩的提升及稳定在短期内难以见效。另一方面，由于 K–12 课外教辅的消费者为在校学生，而购买者及口碑传递者则往往是学生家长，消费者与服务购买者之间相互割裂。K–12 课外教辅见效慢、消费者及口碑传递者之间的割裂导致了课外辅导机构品牌建立较为困难。

针对学生与家长之间的角色割裂导致口碑形成困难，好未来坚持开放式课堂制度、允许并鼓励家长旁听课程、近距离参与课堂学习活动。

针对学生成绩提升及巩固难以见效问题，公司为没有“中考”及“高考”成绩量化指标的“小升初”学生创立杯赛，量化了“小升初”学员的学习效果。另外，公司建立的“家长帮”给学生家长提供线上讨论及品牌传播平台。

开放课堂、杯赛及“家长帮”论坛较好解决了服务消费者及服务口碑传递者之间的裂痕，有效树立了好未来品牌。

问题：好未来公司目前的成功，可能是因为哪些原因？

本章练习

生活中我们每个人每天都在跟不同的企业打交道，只是我们似乎从来都没有从经营企业的角度去考察他们，企业与企业之间到底有什么不同？为什么同样生意的企业效益会大相径庭？为什么有的企业可以做大，有的却生意萧条？

通过有目的地观察和体验，学生会发现对待顾客的态度会直接影响企业的效益。不同的装修、不同的广告、不同的橱窗摆设，其实都跟企业的效益息息相关。

自行安排时间，走访校区或者社区周边的企业，并填写表格（见表 7–6）。学生在走访小企业的创业过程中，要不断思考，带着问题到走访中去寻求答案，再把自己在实践中发现的问题带到课堂上，经过老师答疑和同学互动讨论，可以进一步加深对小企业的认识。

表 7-6 走访教育培训机构记录表

产品	服务商品（有形无形）	服务质量（好中差）	经济效益（好中差）	装修环境（好中差）
婴幼儿早教				
中小学补课				
职业技能培训				
语言培训				
在线教育				

1. 这些企业有什么不同？用自己的感受如实表述。

2. 这些企业的服务哪个最好？生意怎样？整体感觉如何？

3. 观察他们的装修跟其他同类企业有什么异同？对生意影响大小如何？

4. 他们为顾客提供的产品有什么不同？哪个企业最盈利？

附 录

2012 年，为构建教师专业标准体系，建设高素质专业化教师队伍，教育部研究制定了《幼儿园教师专业标准(试行)》《小学教师专业标准(试行)》和《中学教师专业标准(试行)》(以下简称《专业标准》)。《专业标准》是国家对幼儿园、小学和中学合格教师专业素质的基本要求，是教师实施教育教学行为的基本规范，是引领教师专业发展的基本准则，是教师培养、准入、培训、考核等工作的重要依据。

2014 年，上海师范大学作为牵头高校，联合上海理工大学、上海海事大学、上海海洋大学、上海工程技术大学、上海电力学院、华东政法大学、上海对外经贸大学等高校，合作完成了上海高校毕业生就业工作创新基地重点项目——《基于人岗匹配的大学生职业生涯发展教育体系建设》。项目基于个性心理学理论、霍兰德的职业匹配理论、胜任力模型理论、行动学习理论和职业能力研究等微观方面的理论研究，开展基于"人岗匹配"的大学生职业生涯发展教育应用研究，按照中小学、幼儿园教师岗位工作流程和工作内容、要求进行工作描述，形成中小学、幼儿园教师岗位描述的标准和模板。

表 1　幼儿教师的岗位描述

一、岗位基本资料			
岗位名称	带班教师	岗位人数	2
所属部门	教师岗	岗位等级	
直接上级	年级组长或幼儿园园长	直接下级	/
工作地点	生活创意馆、生活科探馆、宝贝当家、操场、教室、形体房、会议室		
工资等级	随教龄增长、担任职务的变化、岗位不同而变化，基本是按劳分配		
二、岗位工作概述(职业特点概述)			
幼儿教师是幼儿生活的照料者、是幼儿学习的支持者、是幼儿与社会沟通的中介者，很多时候还要当好幼儿及家长人际矛盾的调解员和裁判者。幼儿教师在教育教学中要充分发挥其弹、唱、跳、画、讲等基本技能，把枯燥乏味的知识形象化，调动幼儿学习的兴趣，激发学习热情，使教育教学达到最优化的效果。			

续表

三、岗位职责
1. 树立正确的教育观、儿童观,热爱幼儿、尊重幼儿
2. 遵循幼儿身心发展规律,针对幼儿的年龄特点及个体差异,独立制定各类教育教学计划 a) 班级计划:每学期一次,突出对孩子们的分析、班级发展方向和教师想实施的措施。 b) 月计划:根据月份和学习主题制定计划,将班级计划按月执行。 c) 周计划:五大领域,语言、艺术、科学、社会和健康。 d) 日计划:每日一次,突出具体内容实施的步骤、反馈与调整。
3. 观察、评估每个幼儿的发展情况,保证各类计划正常有序地实施 a) 每天进班时,应作好充分的课前准备,包括计划、教具、学具等。 b) 保证幼儿每天 2 小时的户外活动时间(含 1 小时运动时间)及 1 小时的游戏时间。 c) 循序均衡地开展各类教学活动,使幼儿获得全面发展。 d) 根据教育重点,有针对性地记录、反馈。 e) 为班级中幼儿设立成长档案,促使每个幼儿在原有水平上的提高与发展(个案跟踪和记录)。 f) 根据学习主题的变化及需要,适时适宜地调整班级的格局与墙面布置,每月至少一次。 g) 指导助理教师(实习教师)、生活教师或保育员(由后勤园长)制作完成教学具,记录幼儿观察反馈,调整环境(民办为主)。
4. 了解幼儿的家庭教育情况,积极有效地开展家长工作 a) 对家长礼貌、热情、公平。 b) 以电话、面谈、家园联系册、亲子活动、Email、家长会、微信等信息平台等形式,经常与每位家长保持联系,并给予个别化的指导。 c) 家长会的内容安排合理。
5. 有效促进幼儿的发展,幼儿各项生理指标整体达标,发展均衡,养成良好的生活卫生学习习惯 a) 创设与保教要求相适应的、安全卫生的环境。 b) 幼儿的生活卫生习惯在抽查中应有上升趋势。 c) 指导配合生活老师保持班级的整洁与卫生。 d) 了解全班幼儿生活状态,及时调整相关策略。
6. 定期进行专题总结,深入研究教育教学,不断加强自身业务能力 a) 有专题研究计划。 b) 积累过程研究资料。 c) 学期末完成研究专题。 d) 指导督促助教、生活老师等完成观察随笔。

续表

7. 组织协调班务管理 a) 管理好班级物品与财产,做好开学前、结束时的清点工作。 b) 离开教室时应关灯、关电扇或空调,经常关心水龙头是否关紧。 c) 班级中若发生事情,应及时向年级组长或园长反映、沟通。 d) 加强自己在政治、业务上的提高。按要求参加进修学习,并积极自学。	
8. 完成上级交给的其他任务	
四、工作权限	
1. 充分享有对于本班级教学工作的实施权限 2. 对保育员进行幼儿保育方面的指导 3. 经得上级同意,可以对园内环境进行相应的布置	
五、绩效考核	
1. 日常课程计划、课程实施质量、幼儿发展情况 2. 每学期结束时,进行一次年底考评 3. 平时进行一定量的公开课,对教师教学工作进行考评 4. 自评、他评(家长、同事、年级组长、领导、院级领导等的综合评价) 5. 各区县各级的评奖	
六、接触对象	
1. 部门内接触对象:幼儿园小朋友、搭班教师、保育员及其他工作人员 2. 部门外接触对象:幼儿家长	
七、工作条件	
1. 工作时间:早班:7:45—4:00　午休:11:45—13:00 晚班:8:30—4:45　午休:10:45—11:30 2. 工作设备:计算机、电视机、钢琴、黑板、多媒体、体育用品等	
八、岗位任职资格	
学　　历	一般幼儿园要求专科及以上学历,示范性幼儿园要求本科及以上学历
相关证书	英语四级、普通话二级甲等、计算机一级、教师资格证
工作经验	有一定的教育经验,如幼儿园教育实习等;用人单位比较看重实习单位,最好是示范性幼儿园
基本技能	• 显性(硬性)技能: 美术制作:基本绘画,制作手工 舞蹈:跳舞,编舞 弹唱:弹钢琴,唱歌,简单舞曲 讲故事:至少能讲50个故事

续表

基本技能	● 隐形(软性)技能: 1. 学前教育专业知识 2. 制定教育教学计划 3. 语言艺术表现力,提高教学效果 4. 人际交往能力,即与幼儿、家长、同事等交往能力 5. 对幼儿身心变化的观察能力 6. 班级事务管理能力,即教室环境创设、物品整理、资料归档、家园沟通、网络信息、组织召开家长会、解决突发事件等 7. 将理论与实践相结合的科学研究能力
基本素质	1. 身体素质:健康,符合教师岗位要求 2. 心理素质:对待幼儿有爱心、有耐心、有亲和力,调节自我情绪,团队合作与信任等 3. 道德素质:较高的道德修养,组织纪律观念强,尊重他人,讲究文明礼貌礼仪,具有人文素养 4. 学习和创新方面的素质:主动学习、创新意识、创新精神等 5. 社会交往和适应素质:具有较强的语言表达、社交活动、社会适应等素质
特殊要求	1. 仪容仪表仪态,具有亲和力,符合教师气质,衣着打扮符合教师形象要求 2. 适合幼儿教育教学的基本素养,热爱和尊重幼儿,热爱教育工作,爱岗敬业,工作责任心强,工作主动性及条理性,人际交往沟通协调性等

表 2　幼儿园教师专业标准(试行)

维度	领域	基本要求
专业理念与师德	(一) 职业理解与认识	1. 贯彻党和国家教育方针政策,遵守教育法律法规。 2. 理解幼儿保教工作的意义,热爱学前教育事业,具有职业理想和敬业精神。 3. 认同幼儿园教师的专业性和独特性,注重自身专业发展。 4. 具有良好职业道德修养,为人师表。 5. 具有团队合作精神,积极开展协作与交流。
	(二) 对幼儿的态度与行为	6. 关爱幼儿,重视幼儿身心健康,将保护幼儿生命安全放在首位。 7. 尊重幼儿人格,维护幼儿合法权益,平等对待每一位幼儿。不讽刺、挖苦、歧视幼儿,不体罚或变相体罚幼儿。 8. 信任幼儿,尊重个体差异,主动了解和满足有益于幼儿身心发展的不同需求。 9. 重视生活对幼儿健康成长的重要价值,积极创造条件,让幼儿拥有快乐的幼儿园生活。

续表

维度	领域	基本要求
专业理念与师德	(三) 幼儿保育和教育的态度与行为	10. 注重保教结合,培育幼儿良好的意志品质,帮助幼儿养成良好的行为习惯。 11. 注重保护幼儿的好奇心,培养幼儿的想象力,发掘幼儿的兴趣爱好。 12. 重视环境和游戏对幼儿发展的独特作用,创设富有教育意义的环境氛围,将游戏作为幼儿的主要活动。 13. 重视丰富幼儿多方面的直接经验,将探索、交往等实践活动作为幼儿最重要的学习方式。 14. 重视自身日常态度言行对幼儿发展的重要影响与作用。 15. 重视幼儿园、家庭和社区的合作,综合利用各种资源
	(四) 个人修养与行为	16. 富有爱心、责任心、耐心和细心 17. 乐观向上、热情开朗,有亲和力 18. 善于自我调节情绪,保持平和心态 19. 勤于学习,不断进取 20. 衣着整洁得体,语言规范健康,举止文明礼貌
专业知识	(五) 幼儿发展知识	21. 了解关于幼儿生存、发展和保护的有关法律法规及政策规定 22. 掌握不同年龄幼儿身心发展特点、规律和促进幼儿全面发展的策略与方法 23. 了解幼儿在发展水平、速度与优势领域等方面的个体差异,掌握对应的策略与方法 24. 了解幼儿发展中容易出现的问题与适宜的对策 25. 了解有特殊需要幼儿的身心发展特点及教育策略与方法
	(六) 幼儿保育和教育知识	26. 熟悉幼儿园教育的目标、任务、内容、要求和基本原则 27. 掌握幼儿园各领域教育的学科特点与基本知识 28. 掌握幼儿园环境创设、一日生活安排、游戏与教育活动、保育和班级管理的知识与方法 29. 熟知幼儿园的安全应急预案,掌握意外事故和危险情况下幼儿安全防护与救助的基本方法 30. 掌握观察、谈话、记录等了解幼儿的基本方法和教育心理学的基本原理和方法 31. 了解 0—3 岁婴幼儿保教和幼小衔接的有关知识与基本方法
	(七) 通识性知识	32. 具有一定的自然科学和人文社会科学知识 33. 了解中国教育基本情况 34. 具有相应的艺术欣赏与表现知识 35. 具有一定的现代信息技术知识

续表

维度	领域	基本要求
专业能力	(八)环境的创设与利用	36. 建立良好的师幼关系,帮助幼儿建立良好的同伴关系,让幼儿感到温暖和愉悦 37. 建立班级秩序与规则,营造良好的班级氛围,让幼儿感受到安全、舒适 38. 创设有助于促进幼儿成长、学习、游戏的教育环境 39. 合理利用资源,为幼儿提供和制作适合的玩教具和学习材料,引发和支持幼儿的主动活动
	(九)一日生活的组织与保育	40. 合理安排和组织一日生活的各个环节,将教育灵活地渗透到一日生活中 41. 科学照料幼儿日常生活,指导和协助保育员做好班级常规保育和卫生工作 42. 充分利用各种教育契机,对幼儿进行随机教育 43. 有效保护幼儿,及时处理幼儿的常见事故,危险情况优先救护幼儿
	(十)游戏活动的支持与引导	44. 提供符合幼儿兴趣需要、年龄特点和发展目标的游戏条件 45. 充分利用与合理设计游戏活动空间,提供丰富、适宜的游戏材料,支持、引发和促进幼儿的游戏 46. 鼓励幼儿自主选择游戏内容、伙伴和材料,支持幼儿主动地、创造性地开展游戏,充分体验游戏的快乐和满足 47. 引导幼儿在游戏活动中获得身体、认知、语言和社会性等多方面的发展
	(十一)教育活动的计划与实施	48. 制定阶段性的教育活动计划和具体活动方案 49. 在教育活动中观察幼儿,根据幼儿的表现和需要,调整活动,给予适宜的指导 50. 在教育活动的设计和实施中体现趣味性、综合性和生活化,灵活运用各种组织形式和适宜的教育方式 51. 提供更多的操作探索、交流合作、表达表现的机会,支持和促进幼儿主动学习
	(十二)激励与评价	52. 关注幼儿日常表现,及时发现和赏识每个幼儿的点滴进步,注重激发和保护幼儿的积极性、自信心 53. 有效运用观察、谈话、家园联系、作品分析等多种方法,客观地、全面地了解和评价幼儿 54. 有效运用评价结果,指导下一步教育活动的开展

续表

维度	领域	基本要求
专业能力	（十三）沟通与合作	55. 使用符合幼儿年龄特点的语言进行保教工作 56. 善于倾听，和蔼可亲，与幼儿进行有效沟通 57. 与同事合作交流，分享经验和资源，共同发展 58. 与家长进行有效沟通合作，共同促进幼儿发展 59. 协助幼儿园与社区建立合作互助的良好关系
	（十四）反思与发展	60. 主动收集分析相关信息，不断进行反思，改进保教工作 61. 针对保教工作中的现实需要与问题，进行探索和研究 62. 制定专业发展规划，积极参加专业培训，不断提高自身专业素质

表 3　小学语文教师岗位描述

一、岗位基本资料

岗位名称	小学语文教师	岗位人数	×
所属部门	课程教学部	岗位等级	小学二级
直接上级	年级语文备课组长 / 年级主任	直接下级	/
工作地点	教室，少数在校外教学实践基地		
工资等级	随教龄增长、职级晋升、担任职务的变化、岗位不同而变化，基本是按劳分配		

二、岗位工作概述（职业特点概述）

小学语文教师是履行中学语文教学工作职责的专业人员，经过严格的培养与培训，具有良好的职业道德，掌握系统的语文专业知识和专业技能，能够根据小学语文教学要求，承担语文课堂教学、课后辅导、教学育人等工作，顺利完成语文教学任务，激发小学生的求知欲和好奇心，培养小学生的语言表达和文字写作能力

三、岗位职责

1. 树立正确的教育观，热爱小学教育事业，尊重小学生权益

2. 对学生的态度与行为

a）关爱小学生，重视小学生身心健康，将保护小学生生命安全放在首位。

b）尊重小学生独立人格，维护小学生合法权益，平等对待每一个小学生；不讽刺、挖苦、歧视小学生，不体罚或变相体罚小学生。

c）信任小学生，尊重个体差异，主动了解和满足有益于小学生身心发展的不同需求。

d）积极创造条件，让小学生拥有快乐的学校生活。

3. 教育教学的态度与行为

a）树立育人为本、德育为先的理念，将小学生的知识学习、能力发展与品德养成相结合，重视小学生全面发展。

b）尊重教育规律和小学生身心发展规律，为每一个小学生提供适合的教育。

c）引导小学生体验学习乐趣，保护小学生的求知欲和好奇心，培养小学生的广泛兴趣、动手能力和探究精神。

d）引导小学生学会学习，养成良好学习习惯。

续表

4. 遵循小学生身心发展规律,针对不同年级教学对象的年龄特点及个体差异,在语文教研室的领导下,以年级为单位,在年级语文备课组长的组织下,制定所在年级的语文教学计划 a) 课前:备课。备教材、备学生,即全面准备教材,课文解读,教学重点等;教学对象学生个体情况分析,班级学情分析等。 b) 课中:教学过程。教学效果的 60% 在课堂中实现,通过课堂教学活动,实现教学内容的传授,解决学生在预习、课堂上产生的问题,要求教学目标明确,教学环节清晰,教学手段合理,关注到学生的参与度。 c) 课后:作业反馈。教学效果的 40% 在课后反馈,批改学生作业,反馈学生问题,通过面批和课后辅导,强调共性,补习、补差、补缺。 d) 考试:以年级为单位,出试卷,批改试卷,课堂分析试卷。
5. 了解中学生的家庭教育情况,积极有效地开展家长工作 a) 对家长礼貌、热情、公平。 b) 以电话、面谈、Email 等形式,经常与家长保持联系,并给予个别化的指导。
6. 定期进行专题总结,深入研究教育教学,不断加强自身业务能力 a) 有专题研究计划。 b) 积累过程研究资料。 c) 学期末完成研究专题。
7. 完成上级交给的其他任务
四、工作权限
1. 一般教学班级为 1 个,同时兼任班主任工作,充分享有对于教学班级语文教学工作的实施 2. 对教学对象小学生进行教学辅导 3. 与中学生家长进行定期沟通与交流
五、绩效考核
1. 语文教学计划、课程实施质量、小学生发展情况 2. 每学期结束时,进行一次年底考评 3. 平时进行一定量的公开课,对教师教学工作进行考评 4. 自评、他评(同年级同事、年级组长、教学备课组和语文教研室领导等的综合评价) 5. 校级、区县等各级的评奖
六、接触对象
1. 部门内接触对象:小学生、同年级其他学科教师、语文教研室教师 2. 部门外接触对象:小学生家长
七、工作条件
1. 工作时间:早上 7:30 至下午 16:30 ,没有午休 2. 工作设备:计算机、黑板、多媒体等

续表

八、岗位任职资格	
学　　历	一般小学要求专科及以上学历
相关证书	英语四级、普通话二级甲等、计算机一级
工作经验	1. 有一定的语文教学的教育经验 2. 用人单位比较看重实习单位,最好是示范性或重点小学
基本技能	1. 专业知识 a) 小学生发展知识方面,了解关于小学生生存、发展和保护的有关法律法规及政策规定;了解不同年龄及有特殊需要的小学生身心发展特点和规律,掌握保护和促进小学生身心健康发展的策略与方法;了解不同年龄小学生学习的特点,掌握小学生良好行为习惯养成的知识;了解幼小和小初衔接阶段小学生的心理特点,掌握帮助小学生顺利过渡的方法;了解对小学生进行青春期和性健康教育的知识和方法;了解小学生安全防护的知识,掌握针对小学生可能出现的各种侵犯与伤害行为的预防与应对方法。 b) 学科知识方面,适应小学综合性教学的要求,了解多学科知识;掌握语文学科知识体系、基本思想与方法;了解语文学科与社会实践的联系,了解与其他学科的联系。 c) 学科教学知识方面,掌握小学教育教学基本理论;掌握小学生品行养成的特点和规律;掌握不同年龄小学生的认知规律;掌握语文学科的课程标准和教学知识。 d) 通识性知识方面,具有相应的自然科学和人文社会科学知识,知识面广;了解中国教育基本情况;具有相应的艺术欣赏与表现知识;具有适应教育内容、教学手段和方法现代化的信息技术知识。 2. 专业能力 a) 教学设计方面,合理制定小学生个体与集体的教育教学计划;合理利用教学资源,科学编写教学方案。 b) 组织与实施方面,建立良好的师生关系,帮助小学生建立良好的同伴关系;创设适宜的教学情境,根据小学生的反应及时调整语文教学活动;调动小学生学习积极性,结合小学生已有的知识和经验激发学习兴趣;发挥小学生主体性,灵活运用启发式、探究式、讨论式、参与式等教学方式;将现代教育技术手段渗透运用到语文教学中;较好使用口头语言、肢体语言与书面语言,使用普通话教学,规范书写钢笔字、粉笔字、毛笔字;妥善应对突发事件;鉴别小学生行为和思想动向,用科学的方法防止和有效矫正不良行为。 c) 激励与评价方面,对小学生语文学习方面的表现进行观察与判断,发现和赏识每一个小学生的点滴进步;灵活使用多元评价方式,给予小学生恰当的评价和指导;引导小学生进行积极的自我评价;利用评价结果不断改进教育教学工作。

续表

基本技能	d) 沟通与合作方面,使用符合小学生特点的语言进行教育教学工作;善于倾听,和蔼可亲,与小学生进行有效沟通;与同事合作交流,分享经验和资源,共同发展;与家长进行有效沟通合作,共同促进小学生发展;协助小学与社区建立合作互助的良好关系。 e) 反思与发展方面,主动收集分析相关信息,不断进行反思,改进教育教学工作;针对教育教学工作中的现实需要与问题,进行探索和研究;制定专业发展规划,不断提高自身专业素质。
基本素质要求	1. 道德素质:热爱小学教育事业,具有职业理想,践行社会主义核心价值体系,履行教师职业道德规范。关爱小学生,尊重小学生人格,富有爱心、责任心、耐心和细心;为人师表,教书育人,自尊自律,做小学生健康成长的指导者和引路人 2. 心理素质:对待小学生有爱心、有耐心、有亲和力,调节自我情绪,团队合作与信任等;尊重小学生权益,以小学生为主体,充分调动和发挥小学生的主动性;遵循小学生身心发展特点和教育教学规律,提供适合的教育,促进小学生生动活泼学习、健康快乐成长 3. 身体素质:健康,符合教师要求 4. 学习和创新方面的素质:主动学习先进小学教育理论,了解国内外小学教育改革与发展的经验和做法;优化知识结构,提高文化素养,培养创新意识和创新精神;具有终身学习与持续发展的意识和能力,做终身学习的典范 5. 社会交往和适应素质:具有较强的语言表达、社交活动、社会适应等素质;把学科知识、教育理论与教育实践相结合,突出教书育人实践能力;研究小学生,遵循小学生成长规律,提升教育教学专业化水平;坚持实践、反思、再实践、再反思,不断提高专业能力
特殊要求	1. 仪容仪表仪态,具有亲和力,符合教师气质,衣着打扮符合教师形象要求 2. 适合小学语文教学的基本素养,热爱和尊重小学生,热爱教育事业,爱岗敬业,工作责任心强,工作主动性及条理性,人际交往沟通协调性等 3. 具有较强的语言表达和文字写作能力,语言教学的表现力强,表情丰富,言辞生动,具有较强的感染力和感召力

表 4　小学数学教师的岗位描述

一、岗位基本资料

岗位名称	小学数学教师	岗位人数	17
所属部门	课程教学部	岗位等级	/
直接上级	教研组长、学科大组长、分管教导、校长	直接下级	/

续表

工作地点	教室、办公室、偶尔为因故不能来校上课的学生进行上门辅导
工资等级	随教龄增长、教师职称的变化而变化，工资基本上按岗位等级和按劳分配，国家工资＋教学工资。

二、岗位工作概述（职业特点概述）

数学教师主要关注培养学生的数感与数学素养，掌握基础知识，训练基本技能，领悟基本思想，积累基本活动经验。让学生学会方法，掌握解题技巧，培养学生逻辑思维和空间观念

三、岗位职责

1. 爱岗敬业，关爱学生，关注学生全面发展

2. 课前做准备
a）年级组学习课程标准，本年段目标、集体备课。
b）各班级老师二次备课，根据班级整体情况，有针对性地备课。
c）熟悉教材，根据单元目标制定课时目标。
d）教案的落实，参考同学科老师的教案的同时，内化自身专业知识和学生情况，形成合理的教案。
e）对新进的班级进行摸底考试。

3. 组织高效的课堂教学
a）坚持因材施教和启发式教育原则，从学生实际出发，上好每一节课，课堂教学要做到目的明确、讲解准确、重点突出、难点突破、指导学法、讲练结合、合理组织、师生互助，注意培养学生的实践能力和创新精神，认真贯彻落实教学常规。
b）根据学生兴趣和能力适当拓展，挖掘学生潜能。

4. 及时做好家访工作，完成教研组安排的各项任务

5. 认真钻研大纲、新课程标准，把握我校学生实际，制定适合我校学生实际的教学计划（教学进度），并认真执行

6. 按规定做好期中，期末考试和各阶段练习模拟的出卷工作；针对学生一周学习情况，设计好周末练习卷；认真做好质量分析，及时反馈，改进教学

四、工作权限

1. 充分享有对于本班级教学工作的实施权限
2. 根据学生个人能力及兴趣，组织兴趣小组，拓展学习

五、绩效考核

1. 教学业绩，考核备、教、批、辅、考、研等常规教学落实情况和教学研究活动参与情况
2. 考勤和工作量
3. 教案的撰写、承担的课题研究、撰写论文的质量
4. 师德的考核（主要通过学生和家长的反馈）

续表

六、接触对象	
1. 部门内接触对象:小学生、各科教师、学科主任、校长 2. 部门外接触对象:学生家长	
七、工作条件	
1. 工作时间:早上 7:45 至下午 16:15 2. 工作设备:多媒体、黑板、粉笔、电子白板、ipad(学校设备)。	
八、岗位任职资格	
学　　历	本科及以上学历
相关证书	教师资格证、普通话二级乙等、计算机一级
工作经验	有一定的教育经验,如在中小学实习等,师徒带教
基本技能	显性(硬性)技能: 1. 必备的数学知识,传道授业解惑 2. 教育教学能力与技巧,培养学生良好的学习习惯
基本素质要求	1. 具备一定的数学文化底蕴,辅助教学 2. 博览群书,提升自身素质,能够开展丰富教学活动,激发学生兴趣 3. 文明用语,为人师表 4. 具备一定的科研能力
特殊要求	1. 具备一定的亲和力 2. 关注学生全面发展

表 5　小学英语教师的岗位

一、岗位基本资料			
岗位名称	小学英语教师	岗位人数	14
所属部门	课程教学部	岗位等级	/
直接上级	教研组长、学科大组长、分管教导、校长	直接下级	/
工作地点	教室、操场(室外活动教学)、偶尔为因故不能来校的学生上门辅导		
工资等级	随教龄增长、教师职称的变化,工资基本上按岗位等级和按劳分配,国家工资 + 教学工资		
二、岗位工作概述(职业特点概述)			
小学英语教师主要关注培养学生的英语会话表达能力,营造良好的英语会话氛围,用英语组织课堂教学,对学生进行语言熏陶,关注每一个学生,引导学生养成用英语主动交际的习惯。			

续表

三、岗位职责
1. 爱岗敬业,关爱学生,关注学生全面发展
2. 课前做准备 a) 积极备课、编写教案,根据单元目标制定课时目标。 b) 根据班级学生情况,选择合适的教学方法。 c) 准备具有一定启发性的适当的教具。
3. 积极开展英语教学活动 a) 掌握小学英语教学大纲,认真制定计划,并按计划完成教学任务,努力探索一条适合小学生的英语教学途径。 b) 以教学目标为导向,围绕目标展开教学。加强科研,努力改进教法,面向全体,加强双基,培养能力,发展智力。 c) 加强口语训练,培养学生学习英语的兴趣,努力改进教法,保证课堂教学质量,努力提高合格率和优秀率。 d) 开展主题式教学,关注学生语用能力和听说读写能力的提高。
4. 不断进行自培,更新教育教学技术和学科知识,提升本身文化素质
5. 在课内落实课程要求,课外积极拓宽学生视野,鼓励学生阅读能力范围内的英文作品
四、工作权限
1. 充分享有对于本班级教学工作的实施权限 2. 可以开展有助于提高学生语用能力和听说读写能力的相关活动或竞赛
五、绩效考核
1. 教育教学业绩,考核备、教、批、辅、考、研等常规教学落实情况和教学研究活动参与情况 2. 考勤和工作量 3. 教研员的培训与考核 4. 校级、区级、市级公开课的开展 5. 成绩达标率 6. 教学态度
六、接触对象
1. 部门内接触对象:小学生、各科教师、学科主任、校长、教研员 2. 部门外接触对象:学生家长
七、工作条件
1. 工作时间:早上 7:45 至下午 16:15(有时会给学生补课,延长至 17:00 下班) 2. 工作设备:电子白板、黑板、粉笔、ipad、多媒体等

续表

八、岗位任职资格	
学　历	本科及以上学历
相关证书	教师资格证、普通话二级乙等、计算机一级、英语四级(至少)
工作经验	有一定的教育经验,如在中小学实习等
基本技能	• 显性(硬性)技能: 1. 标准的英语口语发音 2. 相对专业的英语知识
基本素质要求	1. 具备一定的英语素养,能够基本阅读英文作品 2. 了解西方文化和艺术,辅助教学 3. 文明用语,为人师表 4. 具备一定的科研能力
特殊要求	1. 具备一定的亲和力 2. 了解学生的学习心理

表6　小学音乐教师的岗位描述

一、岗位基本资料			
岗位名称	小学音乐教师	岗位人数	5
所属部门	课程教学部	岗位等级	/
直接上级	音乐组长、艺术总指导、技艺大组长、校长	直接下级	/
工作地点	音乐教室、教室		
工资等级	随教龄增长、教师职称的变化而变化,工资基本上按岗位等级和按劳分配,国家工资+教学工资		

二、岗位工作概述(职业特点概述)

音乐教师要关注学生音乐素养的培养,最重要的是审美素养、气质的培养,音乐课的目的不是教会一首歌,而是要让学生愿意去参与,爱上艺术,最终目的是培养善良、有素养、珍爱生命、热爱大自然的学生

三、岗位职责

1. 爱岗敬业,关爱学生,关注学生全面发展

2. 课前做准备

a) 编写教案、有针对性地制定教学目标,落实音乐器材及上课地点。

b) 所有音乐器材必须分类置放和保管,做到分类合理清楚。

续表

3. 积极开展音乐教学活动 a) 做好本职工作,完成教学任务,开展丰富的音乐教学活动。 b) 根据音乐学科的特点,采取多种有效手段,使学生在基本知识和基本技能等方面得到充分提高。 c) 组织和开展兴趣组活动,丰富学生课余生活及课外活动,并使学生对音乐的兴趣爱好及水平能力逐步提高。 d) 指导学生完成短期作业和长期作业,包括音乐练习、各项音乐比赛及艺术节的反馈等。	
4. 组织并带领学校社团,如舞蹈社团、口风琴社团、京剧社团、街舞社团等	
5. 带领相关的社团及有相关特长的学生参加区、市级比赛,带领学校同学参加艺术节等活动	
6. 推动校园文化建设,积极开发校本课程,配合学校积极开展文艺活动,活跃师生生活	
四、工作权限	
1. 充分享有对于本班级教学工作的实施权限 2. 经得上级同意,可以开展有助于提高学生音乐素养的文艺活动,带领学生参加区、市级比赛	
五、绩效考核	
1. 教育教学业绩,考核备、教、批、辅、考、研等常规教学落实情况和教学研究活动参与情况 2. 考勤和工作量 3. 在区里的获奖情况和影响力 4. 校级、区级、市级公开课的开展	
六、接触对象	
1. 部门内接触对象:小学生、各科教师、学科主任、校长 2. 部门外接触对象:学生家长	
七、工作条件	
1. 工作时间:上午 7:45—下午 16:15 2. 工作设备:乐器、黑板、粉笔等	
八、岗位任职资格	
学　历	本科及以上学历
相关证书	教师资格证、普通话二级乙等、计算机一级、专业技能证书、英语四级(最好有)
工作经验	有一定的教育经验,如在中小学实习等
基本技能	• 显性(硬性)技能: 1. 必备的音乐技能
基本素质要求	1. 具备一定的音乐素养 2. 博览群书,提升自身素质,能够开展丰富教学活动,激发学生学习音乐兴趣 3. 文明用语,为人师表 4. 具备一定的科研能力
特殊要求	1. 具备一定的亲和力

表 7 小学体育教师的岗位描述

一、岗位基本资料

岗位名称	小学体育教师	岗位人数	7
所属部门	课程教学部	岗位等级	1—10 级 / 小学高级
直接上级	教研组长、分管教导、校长	直接下级	/
工作地点	操场、教室		
工资等级	随教龄增长、教师职称的变化而变化，工资基本上按岗位等级和按劳分配，国家工资 + 教学工资		

二、岗位工作概述（职业特点概述）

体育教师既是小学生的教学老师，更是他们的健康教练，上好体育课是他们的本职工作，此外，还需要组织好学校运动队的训练，安排丰富的大课间活动等，作为小学生的体育健康指导老师，还需要关注科研，不断提升自己，给小学生一个阳光健康的体育课堂

三、岗位职责

1. 爱岗敬业，关爱学生，关注学生身心健康与体能发展

2. 课前做准备

a）按照学校要求充分准备，包括体育运动器材的管理，课程教学内容的准备。

b）注重教学资料的积累，上课前必须检查、清理和安排好场地、器材，保证体育课的顺利进行。

c）要完成超周备课教案，课前要重温教案，熟记各环节的教学内容，预习示范动作。

3. 面向全体学生，进行全面培养

a）做好本职工作，完成教学任务，开展丰富的体育教学活动。

b）师生精诚合作，利用学校校本课程，传播学校体育文化，提升师生身体素质。

4. 深入了解学生体能状况，根据学生差异，制定教学目标，因材施教，为学生体质健康考虑，帮助学生发挥优势，积极参与各项体育活动

5. 组织学校运动队的训练，制定合理的训练计划

6. 推动校园文化建设，组织广播操、运动会的开展，传播现代健康的生活理念，多方位影响学生人格、气质、精神

四、工作权限

1. 充分享有对于本班级教学工作的实施权限
2. 经得上级同意，可以开展有助于提高学生体育素养的运动会，带领校运动队参加区、市级比赛
3. 学校文化建设的推动作用，积极向上阳光的体育活动充满活力，缓解学生的学习压力，调节身心，提高学生的交往能力
4. 对体育文化的推动作用
5. 对学生的体质健康有主导作用

续表

五、绩效考核	
1. 教育教学业绩，考核备、教、批、辅、考、研等常规教学落实情况和教学研究活动参与情况 2. 考勤和工作量 3. 校运动队在区里的获奖情况和影响力 4. 校级、区级、市级公开课的开展 5. 区里对学校运动机制的评价，区里活动的参与率和获奖率情况	
六、接触对象	
1. 部门内接触对象：小学生、各科教师、学科主任、校长 2. 部门外接触对象：学生家长	
七、工作条件	
1. 工作时间：上午 7:45 至下午 16:15（每周三次带校运动队训练，延长至 17:00 下班） 2. 工作设备：运动器材、球、垫子	
八、岗位任职资格	
学　　历	本科及以上学历
相关证书	教师资格证、普通话二级乙等、计算机一级、英语四级（最好有）
工作经验	有一定的教育经验，如在中小学实习等
基本技能	• 显性（硬性）技能： 必备的体育技能
基本素质要求	1. 具备一定的体育素养，传播给学生积极向上的体育精神 2. 博览群书，提升自身素质，能够开展丰富教学活动，激发学生兴趣 3. 文明用语，为人师表 4. 具备一定的科研能力，推动体育教学，注重实践的同时关注理论发展
特殊要求	1. 具备一定的亲和力 2. 具备较高的应变能力，能够及时处理课堂上的意外突发状况

表 8　小学美术教师的岗位描述

一、岗位基本资料			
岗位名称	小学美术教师	岗位人数	3
所属部门	课程教学部	岗位等级	10 级
直接上级	教研组长、学科大组长、分管教导、校长	直接下级	/
工作地点	教室、办公室		

续表

工资等级	随教龄增长、教师职称的变化而变化,工资基本上按岗位等级和按劳分配,国家工资+教学工资

二、岗位工作概述(职业特点概述)

美术教师不仅仅要教会学生绘画技能,更重要的是要教会学生学会审美,培养学生热爱自然向往美好的品质,教学中教会学生发现生活的美,并善于利用学生的作品去装点校园,和学生们一起创设美丽校园

三、岗位职责

1. 爱岗敬业,关爱学生,关注学生全面发展

2. 课前做准备

a) 备课,分析教材(自主或和组内教师交流)。

b) 学校环境布置(梳理学生的社团活动作品或课堂作业)。

3. 组织高效的课堂教学

a) 担任快乐走班拓展型课程教学工作。

b) 教师要不断掌握和改进教学方法,课堂中注重调动学生多种感官的参与活动,加强行为规范及基本功的训练。

4. 教师可根据自身的专长,积极组织学生开展课外美术活动。配合学校做好校园文化的宣传氛围,用学生的作品美化校园

5. 组织建设校本课程,例如创设创意魔方环境美育课程,教师要注重自身美术理论的进修与学习,不断提高自身的专业技能

6. 完成学校突发的事务性工作

四、工作权限

1. 教研活动的开展
2. 根据学生个人能力及兴趣,组织兴趣小组,拓展学习

五、绩效考核

1. 教育教学业绩,考核备、教、批、辅、考、研等常规教学落实情况和教学研究活动参与情况
2. 社团活动开展
3. 师德的考核(主要通过学生和家长的反馈)
4. 辅导学生参赛

六、接触对象

1. 部门内接触对象:小学生、各科教师、学科主任、校长
2. 部门外接触对象:学生家长

七、工作条件

1. 工作时间:上午 8:00 至下午 16:30
2. 工作设备:多媒体、黑板、粉笔、相机

续表

八、岗位任职资格	
学　　历	本科及以上学历
相关证书	教师资格证、普通话二级乙等、计算机一级
工作经验	有一定的教育经验,如在中小学实习等。
基本技能	• 显性(硬性)技能: 1. 美术专业技能 2. 有一定的专业特长
基本素质要求	1. 具备一定的美术文化底蕴,辅助教学 2. 文明用语,为人师表 3. 有一定的美术理论基础支撑教学活动的开展
特殊要求	1. 关注学生全面发展 2. 将环境设计与美育相结合

表 9　小学自然教师的岗位描述

一、岗位基本资料			
岗位名称	小学自然教师	岗位人数	7
所属部门	课程教学部	岗位等级	/
直接上级	教研组长、学科大组长、分管教导、校长	直接下级	/
工作地点	教室、办公室		
工资等级	随教龄增长、教师职称的变化而变化,工资基本上按岗位等级和按劳分配,国家工资 + 教学工资		

二、岗位工作概述(职业特点概述)
自然教师是小学生的启蒙老师,除了教给学生科学知识以外,还要关注培养学生的创新思维能力和动手能力,让学生在做中学,在动手中体验科学的奥秘,感受大自然的美好,引发学生对自然的热爱,相信科学,崇尚真善美
三、岗位职责
1. 认真履行任课教师职责,爱岗敬业,关爱学生
2. 认真学习科学教学新《课标》,制定科学教学计划,科学实验学期计划,课前认真备课,准备课程所需教具
3. 严格上课纪律,作业适当,并及时反馈学生作业,使学生既动手又动脑
4. 组织学生开展课外科技活动(如自制标本、科技小制作、小发明、撰写小论文等),组织开展校内科技节,组织学生参加上级相关的竞赛活动

续表

5. 保持实验室、仪器室的整洁，负责做好仪器设备的验收、保管、使用、维修、更新工作，仪器存放要规范，建立仪器设备财产明细账，做到账账相符，账物相符。	
6. 加强自身学习，不断进修提高，积极参加各级各类科学教师竞赛活动	
四、工作权限	
1. 本班级教学工作的实施 2. 根据学生个人能力及兴趣，组织兴趣小组，拓展学习	
五、绩效考核	
1. 通过教师发展性考核评价项目作为参考标准 2. 教师发展性考核评价 3. 基础性、选择性和贡献性发展指标等进行考核	
六、接触对象	
部门内接触对象：小学生、各科教师、学科主任、校长	
七、工作条件	
1. 工作时间：上午 8:00 至下午 16:30 2. 工作设备：计算机，学生实验器材等	
八、岗位任职资格	
学　　历	本科及以上学历，理科比较理想
相关证书	无
工作经验	有一定的教育经验，如在中小学实习等
基本技能	● 显性（硬性）技能： 1. 必备的科学知识 2. 教育教学能力与技巧，培养学生的学习兴趣
基本素质要求	1. 数理化生等知识基础扎实 2. 动手能力强 3. 文明用语，为人师表
特殊要求	具备一定的亲和力

表 10　小学教师专业标准（试行）

维度	领域	基本要求
专业理念与师德	（一）职业理解与认识	1. 贯彻党和国家教育方针政策，遵守教育法律法规 2. 理解小学教育工作的意义，热爱小学教育事业，具有职业理想和敬业精神 3. 认同小学教师的专业性和独特性，注重自身专业发展 4. 具有良好职业道德修养，为人师表 5. 具有团队合作精神，积极开展协作与交流

续表

维度	领域	基本要求
专业理念与师德	(二) 对小学生的态度与行为	6. 关爱小学生,重视小学生身心健康,将保护小学生生命安全放在首位 7. 尊重小学生独立人格,维护小学生合法权益,平等对待每一位小学生。不讽刺、挖苦、歧视小学生,不体罚或变相体罚小学生 8. 信任小学生,尊重个体差异,主动了解和满足有益于小学生身心发展的不同需求 9. 积极创造条件,让小学生拥有快乐的学校生活
	(三) 教育教学的态度与行为	10. 树立育人为本、德育为先的理念,将小学生的知识学习、能力发展与品德养成相结合,重视小学生全面发展 11. 尊重教育规律和小学生身心发展规律,为每一个小学生提供适合的教育 12. 引导小学生体验学习乐趣,保护小学生的求知欲和好奇心,培养小学生的广泛兴趣、动手能力和探究精神 13. 引导小学生学会学习,养成良好学习习惯 14. 尊重和发挥好少先队组织的教育引导作用
	(四) 个人修养与行为	15. 富有爱心、责任心、耐心和细心 16. 乐观向上、热情开朗、有亲和力 17. 善于自我调节情绪,保持平和心态 18. 勤于学习,不断进取 19. 衣着整洁得体,语言规范健康,举止文明礼貌
专业知识	(五) 小学生发展知识	20. 了解关于小学生生存、发展和保护的有关法律法规及政策规定 21. 了解不同年龄及有特殊需要的小学生身心发展特点和规律,掌握保护和促进小学生身心健康发展的策略与方法 22. 了解不同年龄小学生学习的特点,掌握小学生良好行为习惯养成的知识 23. 了解幼小和小初衔接阶段小学生的心理特点,掌握帮助小学生顺利过渡的方法 24. 了解对小学生进行青春期和性健康教育的知识和方法 25. 了解小学生安全防护的知识,掌握针对小学生可能出现的各种侵犯与伤害行为的预防与应对方法
	(六) 学科知识	26. 适应小学综合性教学的要求,了解多学科知识 27. 掌握所教学科知识体系、基本思想与方法 28. 了解所教学科与社会实践、少先队活动的联系,了解与其他学科的联系

续表

维度	领域	基本要求
专业知识	（七）教育教学知识	29. 掌握小学教育教学基本理论 30. 掌握小学生品行养成的特点和规律 31. 掌握不同年龄小学生的认知规律和教育心理学的基本原理和方法 32. 掌握所教学科的课程标准和教学知识
	（八）通识性知识	33. 具有相应的自然科学和人文社会科学知识 34. 了解中国教育基本情况 35. 具有相应的艺术欣赏与表现知识 36. 具有适应教育内容、教学手段和方法现代化的信息技术知识
专业能力	（九）教育教学设计	37. 合理制定小学生个体与集体的教育教学计划 38. 合理利用教学资源，科学编写教学方案 39. 合理设计主题鲜明、丰富多彩的班级和少先队活动
	（十）组织与实施	40. 建立良好的师生关系，帮助小学生建立良好的同伴关系 41. 创设适宜的教学情境，根据小学生的反应及时调整教学活动 42. 调动小学生学习积极性，结合小学生已有的知识和经验激发学习兴趣 43. 发挥小学生主体性，灵活运用启发式、探究式、讨论式、参与式等教学方式 44. 发挥好少先队组织生活、集体活动、信息传播等教育功能 45. 将现代教育技术手段整合应用到教学中 46. 较好使用口头语言、肢体语言与书面语言，使用普通话教学，规范书写钢笔字、粉笔字、毛笔字 47. 妥善应对突发事件 48. 鉴别小学生行为和思想动向，用科学的方法防止和有效矫正不良行为
	（十一）激励与评价	49. 对小学生日常表现进行观察与判断，发现和赏识每一位小学生的点滴进步 50. 灵活使用多元评价方式，给予小学生恰当的评价和指导 51. 引导小学生进行积极的自我评价 52. 利用评价结果不断改进教育教学工作
	（十二）沟通与合作	53. 使用符合小学生特点的语言进行教育教学工作 54. 善于倾听，和蔼可亲，与小学生进行有效沟通 55. 与同事合作交流，分享经验和资源，共同发展 56. 与家长进行有效沟通合作，共同促进小学生发展 57. 协助小学与社区建立合作互助的良好关系

续表

维度	领域	基本要求
专业能力	（十三）反思与发展	58. 主动收集分析相关信息，不断进行反思，改进教育教学工作 59. 针对教育教学工作中的现实需要与问题，进行探索和研究 60. 制定专业发展规划，积极参加专业培训，不断提高自身专业素质

表 11　中学语文教师的岗位描述

一、岗位基本资料

岗位名称	中学语文教师	岗位人数	1
所属部门	课程教学部	岗位等级	中学二级
直接上级	年级语文备课组长 / 年级主任	直接下级	/
工作地点	教室，少数在校外教学实践基地		
工资等级	随教龄增长、职级晋升、担任职务的变化、岗位不同而变化，基本是按劳分配		

二、岗位工作概述（职业特点概述）

中学语文教师是履行中学语文教学工作职责的专业人员，经过严格的培养与培训，具有良好的职业道德，掌握系统的语文专业知识和专业技能，能够根据中学语文教学要求，承担语文课堂教学、课后辅导、教学育人等工作，顺利完成语文教学任务，激发中学生的求知欲和好奇心，培养中学生的语言表达和文字写作能力

三、岗位职责

1. 树立正确的教育观，热爱中学教育事业，尊重中学生权益

2. 对学生的态度与行为

a）关爱中学生，重视中学生身心健康发展，保护中学生生命安全。

b）尊重中学生独立人格，维护中学生合法权益，平等对待每一个中学生。不讽刺、挖苦、歧视中学生，不体罚或变相体罚中学生。

c）尊重个体差异，主动了解和满足中学生的不同需要。

d）信任中学生，积极创造条件，促进中学生的自主发展。

3. 教育教学的态度与行为

a）树立育人为本、德育为先的理念，将中学生的知识学习、能力发展与品德养成相结合，重视中学生的全面发展。

b）尊重教育规律和中学生身心发展规律，为每一位中学生提供适合的教育。

c）激发中学生的求知欲和好奇心，培养中学生学习兴趣和爱好，营造自由探索、勇于创新的氛围。

d）引导中学生自主学习、自强自立，培养良好的思维习惯和适应社会的能力。

续表

4. 遵循中学生身心发展规律,针对不同年级教学对象的年龄特点及个体差异,在语文教研室的领导下,以年级为单位,在年级语文备课组长的组织下,制定所在年级的语文教学计划 a) 课前:备课。备教材、备学生,即全面准备教材,课文解读,教学重点等;教学对象学生个体情况分析,班级学情分析等。 b) 课中:教学过程。教学效果的 60% 在课堂中实现,通过课堂教学活动,实现教学内容的传授,解决学生在预习、课堂上产生的问题,要求教学目标明确,教学环节清晰,教学手段合理,关注到学生的参与度。 c) 课后:作业反馈。教学效果的 40% 在课后反馈,批改学生作业,反馈学生问题,通过面批和课后辅导,强调共性,补习、补差、补缺。 d) 考试:以年级为单位,出试卷,批改试卷,课堂分析试卷。
5. 了解中学生的家庭教育情况,积极有效地开展家长工作 a) 对家长礼貌、热情、公平。 b) 以电话、面谈、Email 等形式,经常与家长保持联系,并给予个别化的指导。
6. 定期进行专题总结,深入研究教育教学,不断加强自身业务能力 a) 有专题研究计划。 b) 积累过程研究资料。 c) 学期末完成研究专题。
7. 完成上级交给的其他任务
四、工作权限
1. 一般教学班级为 2~3 个,充分享有对于教学班级语文教学工作的实施权限 2. 对教学对象中学生进行教学辅导 3. 与中学生家长进行定期沟通与交流
五、绩效考核
1. 语文教学计划、课程实施质量、中学生发展情况 2. 每学期结束时,进行一次年底考评 3. 平时进行一定量的公开课,对教师教学工作进行考评 4. 自评、他评(同年级同事、年级组长、教学备课组和语文教研室领导等的综合评价) 5. 校级、各区县各级的评奖
六、接触对象
1. 部门内接触对象:中学生、同年级其他学科教师、语文教研室教师 2. 部门外接触对象:中学生家长
七、工作条件
1. 工作时间:上午 7:30 至下午 16:30/17:00 ,没有午休 2. 工作设备:计算机、黑板、多媒体等

续表

八、岗位任职资格	
学历	一般中学要求本科及以上学历,高中要求最好是硕士研究生以上学历
相关证书	英语四级、普通话二级甲等、计算机一级
工作经验	1. 有一定的语文教学的教育经验 2. 用人单位比较看重实习单位,最好是示范性或重点中学
基本技能	1. 专业知识 a) 教育知识方面。掌握中学教育的基本原理和主要方法;掌握班级、共青团、少先队建设与管理的原则与方法;掌握教育心理学的基本原理和方法,了解中学生身心发展的一般规律与特点;了解中学生世界观、人生观、价值观形成的过程及其教育方法;了解中学生思维能力、创新能力和实践能力发展的过程与特点;了解中学生群体文化特点与行为方式。 b) 学科知识方面。理解语文学科的知识体系、基本思想与方法;掌握语文学科内容的基本知识、基本原理与技能;了解语文学科与其他学科的联系;了解语文学科与社会实践等活动的联系。 c) 学科教学知识方面。掌握语文学科课程标准;掌握语文学科课程资源开发与校本课程开发的主要方法与策略;了解中学生在学习语文学科内容时的认知特点;掌握针对语文学科内容进行教学和研究性学习的方法与策略。 d) 通识性知识方面。具有相应的自然科学和人文社会科学知识,学识渊博;了解中国教育基本情况;具有相应的艺术欣赏与表现知识;具有适应教育内容、教学手段和方法现代化的信息技术知识。 2. 专业能力 a) 教学设计方面。科学设计教学目标和教学计划;合理利用教学资源和方法设计教学过程;引导和帮助中学生设计个性化的学习计划。 b) 教学实施方面。营造良好的学习环境与氛围,激发与保护中学生的学习兴趣;通过启发式、探究式、讨论式、参与式等多种方式,有效实施语文教学;有效调控教学过程,合理处理课堂偶发事件;引发中学生独立思考和主动探究,发展学生创新能力;发挥好社会实践等集体活动、信息传播等教育功能;将现代教育技术手段整合应用到语文教学中。 c) 班级管理与教育活动方面。建立良好的师生关系,帮助中学生建立良好的同伴关系;注重结合语文学科教学进行育人活动;针对中学生青春期生理和心理发展特点,有针对性地组织开展有益身心健康发展的教育活动;指导学生理想、心理、学业等多方面发展;妥善应对突发事件。 d) 教育教学评价方面。利用评价工具,掌握多元评价方法,多视角、全过程评价学生发展;引导学生进行自我评价;自我评价教育教学效果,及时调整和改进教育教学工作。

续表

基本技能	e）沟通与合作方面。了解中学生，平等地与中学生进行沟通交流；与同事合作交流，分享经验和资源，共同发展；与家长进行有效沟通合作，共同促进中学生发展；协助中学与社区建立合作互助的良好关系。 f）反思与发展方面。主动收集分析相关信息，不断进行反思，改进教育教学工作；针对教育教学工作中的现实需要与问题，进行探索和研究；制定专业发展规划，积极参加专业培训，不断提高自身专业素质。
基本素质要求	1. 道德素质：热爱中学教育事业，具有职业理想，践行社会主义核心价值体系，履行教师职业道德规范，依法执教；关爱中学生，尊重中学生人格，富有爱心、责任心、耐心和细心；为人师表，教书育人，自尊自律，以人格魅力和学识魅力教育感染中学生，做中学生健康成长的指导者和引路人 2. 心理素质：对待中学生有爱心、有耐心、有亲和力，调节自我情绪，团队合作与信任等；尊重中学生权益，以中学生为主体，充分调动和发挥中学生的主动性；遵循中学生身心发展特点和教育教学规律，提供适合的教育，促进中学生生动活泼学习、健康快乐成长，全面而有个性的发展 3. 身体素质：健康，符合教师要求 4. 学习和创新方面的素质：主动学习先进中学教育理论，了解国内外中学教育改革与发展的经验和做法；优化知识结构，提高文化素养，培养创新意识和创新精神；具有终身学习与持续发展的意识和能力，做终身学习的典范 5. 社会交往和适应素质：具有较强的语言表达、社交活动、社会适应等素质；把学科知识、教育理论与教育实践相结合，突出教书育人实践能力；研究中学生，遵循中学生成长规律，提升教育教学专业化水平；坚持实践、反思、再实践、再反思，不断提高专业能力
特殊要求	1. 仪容仪表仪态，具有亲和力，符合教师气质，衣着打扮符合教师形象要求 2. 适合中学语文教学的基本素养，热爱和尊重中学生，热爱教育事业，爱岗敬业，工作责任心强，工作主动性及条理性，人际交往沟通协调性等 3. 具有较强的语言表达和文字写作能力，语言教学的表现力强，表情丰富，言辞生动，具有较强的感染力和感召力

表 12　中学数学教师的岗位描述

一、岗位基本资料

岗位名称	中学数学教师	岗位人数	14
所属部门	课程教学部	岗位等级	/
直接上级	教研组长、教导处分管领导	直接下级	/
工作地点	教室、办公室、会议室		
工资等级	随教龄增长、教师职称的变化，工资基本上按岗位等级和按劳分配		

续表

二、岗位工作概述
中学数学教师是履行中学数学教育教学工作职责的专业人员，需要经过严格的培养与培训，具有良好的职业道德，掌握系统的专业知识和专业技能
三、岗位职责
1. 遵守师德、学生为本 a）贯彻党和国家教育方针政策，遵守教育法律法规。 b）理解中学教育工作的意义，热爱中学教育事业，具有职业理想和敬业精神。 c）执行学校各项教育教学常规，具有良好的职业道德修养，为人师表。 d）关爱中学生，尊重中学生独立人格和个体差异，平等对待每一位中学生。不讽刺、挖苦、歧视中学生，不体罚或变相体罚中学生。 e）树立育人为本、德育为先的理念，将中学生的知识学习、能力发展与品德养成相结合，重视中学生的全面发展。
2. 教育教学、能力为重 a. 科学设计教学目标和教学计划，根据中学数学学科课程标准和学生特点，合理利用教学资源和方法设计教学过程。 b. 营造良好的学习环境与氛围，通过启发式、讨论式、探究式等多种方式，利用现代教育技术手段，有效实施中学数学学科教学。 c. 培养中学生学习数学的学习兴趣和良好的学习习惯，引导中学生发展逻辑思维和主动探究的能力。 d. 合理利用评价工具，掌握多元评价方法，多视角、全过程评价学生发展，引导学生进行自我评价。 e. 主动收集分析相关教育教学信息，不断进行总结反思，及时调整改进教育教学工作。 f. 建立良好的师生关系，平等地与中学生进行沟通交流。 g. 建立良好的同事关系，定期分享经验和资源，共同发展。 h. 与中学生家长进行有效沟通合作，共同促进中学生发展。 i. 针对教育教学工作中的现实需要与问题，进行探索和研究。 j. 制定中学数学学科专业发展规划，积极参加专业培训，不断提高自身专业素质。
四、工作权限
充分享有对于教学工作的计划与实施的权限
五、绩效考核
1. 教育教学业绩，考核备、教、批、辅、考、研等常规教学落实情况和教学研究活动参与情况 2. 考勤和工作量 3. 教学督导、学生以及家长的绩效反馈情况
六、接触对象
1. 部门内的接触对象：中学生、各科教师、学科主任、校长 2. 部门外的接触对象：学生家长、其他学校的数学教师

续表

七、工作条件	
3. 工作时间:上午 8:00 至下午 16:30(根据教学实施情况,时间会略有延长)	
4. 工作设备:黑板(较多)、粉笔、计算机、多媒体设备	
八、岗位任职资格	
学　历	本科及以上学历
相关证书	普通话二级甲等、计算机一级、中学数学教师资格证
工作经验	有一定的教育教学经验,如在中小学实习等
基本知识与技能	1. 掌握基本的教育理论 2. 掌握中学数学学科的基本知识、基本原理和技能 3. 掌握中学数学学科的教学设计、教学实施、教学评价的知识与技能 4. 具有一定的沟通合作的能力,积极开展各项协作与交流 5. 具有一定的反思发展的能力,不断改进教育教学工作和提升自身专业素质
基本修养与行为	1. 富有较强的责任心、耐心、细心和吃苦耐劳的精神 2. 乐观向上、热情开朗、有亲和力,善于自我调节情绪 3. 衣着整洁得体,语言规范健康,举止文明礼貌

表 13　中学英语教师的岗位描述

一、岗位基本资料			
岗位名称	中学英语教师	岗位人数	14
所属部门	课程教学部	岗位等级	/
直接上级	教研组长、教导处分管领导	直接下级	/
工作地点	教室、办公室、会议室		
工资等级	随教龄增长、教师职称的变化,工资基本上按岗位等级和按劳分配		
二、岗位工作概述			
中学英语教师是履行中学英语教育教学工作职责的专业人员,需要经过严格的培养与培训,具有良好的职业道德,掌握系统的专业知识和专业技能			
三、岗位职责			
1. 遵守师德、学生为本 a. 贯彻党和国家教育方针政策,遵守教育法律法规。 b. 理解中学教育工作的意义,热爱中学教育事业,具有职业理想和敬业精神。 c. 执行学校各项教育教学常规,具有良好的职业道德修养,为人师表。 d. 关爱中学生,尊重中学生独立人格和个体差异,平等对待每一位中学生。不讽刺、挖苦、歧视中学生,不体罚或变相体罚中学生。 e. 树立育人为本、德育为先的理念,将中学生的知识学习、能力发展与品德养成相结合,重视中学生的全面发展。			

续表

2. 教育教学、能力为重 a. 科学设计教学目标和教学计划，根据中学英语学科课程标准和学生特点，合理利用教学资源和方法设计教学过程。 b. 营造良好的学习环境与氛围，通过启发式、讨论式、参与式等多种方式，利用现代教育技术手段，有效实施中学英语学科教学。 c. 培养中学生学习英语的学习兴趣和良好的学习习惯，引导中学生发展独立思考和主动探究的能力。 d. 合理利用评价工具，掌握多元评价方法，多视角、全过程评价学生发展，引导学生进行自我评价。 e. 主动收集分析相关教育教学信息，不断进行总结反思，及时调整改进教育教学工作。 f. 建立良好的师生关系，平等地与中学生进行沟通交流。 g. 建立良好的同事关系，定期分享经验和资源，共同发展。 h. 与中学生家长进行有效沟通合作，共同促进中学生发展。 i. 针对教育教学工作中的现实需要与问题，进行探索和研究。 j. 制定中学英语学科专业发展规划，积极参加专业培训，不断提高自身专业素质。
四、工作权限
充分享有对于教学工作的计划与实施的权限
五、绩效考核
1. 教育教学业绩，考核备、教、批、辅、考、研等常规教学落实情况和教学研究活动参与情况 2. 考勤和工作量 3. 教学督导、学生以及家长的绩效反馈情况
六、接触对象
1. 部门内的接触对象：中学生、各科教师、学科主任、校长 2. 部门外的接触对象：学生家长、其他学校的英语教师
七、工作条件
1. 工作时间：上午 8:00 至下午 16:30（根据教学实施情况，时间会略有延长） 2. 工作设备：黑板、粉笔、计算机、多媒体设备（较多）
八、岗位任职资格

学　　历	本科及以上学历
相关证书	全国英语专业八级、普通话二级甲等、计算机一级、中学英语教师资格证
工作经验	有一定的教育教学经验，如在中小学实习等
基本知识与技能	1. 掌握基本的教育理论 2. 掌握中学英语学科的基本知识、基本原理和技能 3. 掌握中学英语学科的教学设计、教学实施、教学评价的知识与技能 4. 具有一定的沟通合作的能力，积极开展各项协作与交流 5. 具有一定的反思发展的能力，不断改进教育教学工作和提升自身专业素质

续表

基本修养与行为	1. 富有较强的责任心、耐心、细心和吃苦耐劳的精神 2. 乐观向上、热情开朗、有亲和力，善于自我调节情绪 3. 衣着整洁得体，语言规范健康，举止文明礼貌

表 14　中学教师专业标准(试行)

维度	领域	基本要求
专业理念与师德	(一) 职业理解与认识	1. 贯彻党和国家教育方针政策，遵守教育法律法规 2. 理解中学教育工作的意义，热爱中学教育事业，具有职业理想和敬业精神 3. 认同中学教师的专业性和独特性，注重自身专业发展 4. 具有良好职业道德修养，为人师表 5. 具有团队合作精神，积极开展协作与交流
	(二) 对学生的态度与行为	6. 关爱中学生，重视中学生身心健康发展，保护中学生生命安全 7. 尊重中学生独立人格，维护中学生合法权益，平等对待每一位中学生。不讽刺、挖苦、歧视中学生，不体罚或变相体罚中学生 8. 尊重个体差异，主动了解和满足中学生的不同需要 9. 信任中学生，积极创造条件，促进中学生的自主发展
	(三) 教育教学的态度与行为	10. 树立育人为本、德育为先的理念，将中学生的知识学习、能力发展与品德养成相结合，重视中学生的全面发展 11. 尊重教育规律和中学生身心发展规律，为每一位中学生提供适合的教育 12. 激发中学生的求知欲和好奇心，培养中学生学习兴趣和爱好，营造自由探索、勇于创新的氛围 13. 引导中学生自主学习、自强自立，培养良好的思维习惯和适应社会的能力 14. 尊重和发挥好共青团、少先队组织的教育引导作用
	(四) 个人修养与行为	15. 富有爱心、责任心、耐心和细心 16. 乐观向上、热情开朗、有亲和力 17. 善于自我调节情绪，保持平和心态 18. 勤于学习，不断进取 19. 衣着整洁得体，语言规范健康，举止文明礼貌
专业知识	(五) 教育知识	20. 掌握中学教育的基本原理和主要方法 21. 掌握班级、共青团、少先队建设与管理的原则与方法 22. 掌握教育心理学的基本原理和方法，了解中学生身心发展的一般规律与特点 23. 了解中学生世界观、人生观、价值观形成的过程及其教育方法 24. 了解中学生思维能力、创新能力和实践能力发展的过程与特点 25. 了解中学生群体文化特点与行为方式

续表

维度	领域	基本要求
专业知识	(六) 学科知识	26. 理解所教学科的知识体系、基本思想与方法 27. 掌握所教学科内容的基本知识、基本原理与技能 28. 了解所教学科与其他学科的联系 29. 了解所教学科与社会实践及共青团、少先队活动的联系
	(七) 学科教学知识	30. 掌握所教学科课程标准 31. 掌握所教学科课程资源开发与校本课程开发的主要方法与策略 32. 了解中学生在学习具体学科内容时的认知特点 33. 掌握针对具体学科内容进行教学和研究性学习的方法与策略
	(八) 通识性知识	34. 具有相应的自然科学和人文社会科学知识 35. 了解中国教育基本情况 36. 具有相应的艺术欣赏与表现知识 37. 具有适应教育内容、教学手段和方法现代化的信息技术知识
专业能力	(九) 教学设计	38. 科学设计教学目标和教学计划 39. 合理利用教学资源和方法设计教学过程 40. 引导和帮助中学生设计个性化的学习计划
	(十) 教学实施	41. 营造良好的学习环境与氛围,激发与保护中学生的学习兴趣 42. 通过启发式、探究式、讨论式、参与式等多种方式,有效实施教学 43. 有效调控教学过程,合理处理课堂偶发事件 44. 引发中学生独立思考和主动探究,发展学生创新能力 45. 发挥好共青团、少先队组织生活、集体活动、信息传播等教育功能 46. 将现代教育技术手段整合应用到教学中
	(十一) 班级管理与教育活动	47. 建立良好的师生关系,帮助中学生建立良好的同伴关系 48. 注重结合学科教学进行育人活动 49. 根据中学生世界观、人生观、价值观形成的特点,有针对性地组织开展德育活动 50. 针对中学生青春期生理和心理发展特点,有针对性地组织开展有益身心健康发展的教育活动 51. 指导学生理想、心理、学业等多方面发展 52. 有效管理和开展班级、共青团、少先队活动 53. 妥善应对突发事件
	(十二) 教育教学评价	54. 利用评价工具,掌握多元评价方法,多视角、全过程评价学生发展 55. 引导学生进行自我评价 56. 自我评价教育教学效果,及时调整和改进教育教学工作

续表

维度	领域	基本要求
专业能力	(十三)沟通与合作	57. 了解中学生,平等地与中学生进行沟通交流 58. 与同事合作交流,分享经验和资源,共同发展 59. 与家长进行有效沟通合作,共同促进中学生发展 60. 协助中学与社区建立合作互助的良好关系
	(十四)反思与发展	61. 主动收集分析相关信息,不断进行反思,改进教育教学工作 62. 针对教育教学工作中的现实需要与问题,进行探索和研究 63. 制定专业发展规划,积极参加专业培训,不断提高自身专业素质

表 15　义务教育学校校长专业标准

专业职责	专业要求	
一　规划学校发展	专业理解与认识	1. 明确学校办学定位,履行实施义务教育的工作使命,保障适龄儿童、少年平等接受有质量的义务教育,着力保障农民工子女、残疾儿童少年、家庭经济困难学生的受教育权利 2. 注重学校发展的战略规划,凝聚师生智慧,建立学校发展共同目标,形成学校发展合力 3. 尊重学校传统和学校实际,提炼学校办学理念,办出学校特色
	专业知识与方法	4. 熟悉国家的法律法规、教育方针政策和学校管理的规章制度 5. 把握国内外学校改革和发展的基本趋势,学习借鉴优秀校长办学的成功经验 6. 掌握学校发展规划制定、实施与测评的理论、方法与技术
	专业能力与行为	7. 诊断学校发展现状,及时发现和研究分析学校发展面临的主要问题 8. 组织社区、家长、教师、学生多方参与制定学校发展规划,确立学校中长期发展目标 9. 落实学校发展规划,制定学年、学期工作计划,指导教职工制定具体行动方案,并提供人、财、物等条件支持 10. 监测学校发展规划的实施,根据实施情况修正学校发展规划,调整工作计划,完善行动方案
二　营造育人文化	专业理解与认识	11. 把德育工作摆在素质教育的首要位置,全面加强学校德育体系建设 12. 将学校文化建设作为学校德育工作的重要方面,重视学校文化潜移默化的教育功能,把文化育人作为办学治校的重要内容与途径 13. 热爱祖国优秀传统文化,充分发挥优秀传统文化的时代意义与教育价值,重视地域文化的重要作用

续表

专业职责		专业要求
二 营造育人文化	专业知识与方法	14. 广泛涉猎自然科学与人文社会科学知识，具有良好的艺术修养和相应的艺术欣赏与表现的知识 15. 了解校园文化建设的基本理论，掌握促进优秀文化融入学校教育的方法和途径 16. 掌握不同年龄阶段学生思想品德形成和健康心理发展的特点与规律，了解学生思想与品行养成过程及其教育方法
	专业能力与行为	17. 绿化、美化校园环境，精心营造人文氛围，建设优良的校风、教风、学风，设计体现学校特点和教育理念的校训、校歌、校徽、校标 18. 精心设计和组织艺术节、科技节等校园文化活动，充分利用好重大节庆日、传统节日等有特殊意义的日子以及学校组织特有的仪式，开展主题教育活动 19. 建设绿色健康的校园信息网络，向师生推荐优秀的精神文化作品和先进模范人物，努力防范不良的流行文化、网络文化和学校周边环境对学生的负面影响 20. 凝聚学校文化建设力量，发挥教师、学生及社团的主体作用，为共青团、少先队、学生社团、班集体活动开展提供必要条件，保证活动时间
三 领导课程教学	专业理解与认识	21. 坚持面向全体学生，因材施教，全面提高教育教学质量 22. 尊重教育教学规律，注重培养学生的责任意识、创新精神和实践能力 23. 尊重教师的教学经验和智慧，积极推进教学改革与创新
	专业知识与方法	24. 掌握学生不同发展阶段的培养目标和课程标准 25. 了解课程编制、课程开发与实施、课程评价的相关知识和教材、教辅使用的政策以及国内外课程教学改革的经验 26. 掌握课堂教学以及教育信息技术应用的一般原理与方法
	专业能力与行为	27. 有效统筹国家、地方、学校三级课程，确保国家课程、地方课程的落实，推动校本课程的开发与实施，为学生提供丰富多样的课程教学资源 28. 认真落实义务教育课程标准，切实减轻学生过重课业负担，不得随意提高课程难度，不得挤占体育、音乐、美术及少先队活动等课程的课时，确保学生每天一小时校园体育活动 29. 建立听课与评课制度，深入课堂听课并对课堂教学进行指导，每学期听课不少于地方教育行政部门规定的课时数量 30. 积极组织开展教研活动和教学改革，建立完善促进学生全面发展的教育教学评价制度，不片面追求学生考试成绩和升学率

续表

专业职责		专业要求
四 引领教师成长	专业理解与认识	31. 教师是学校改革发展最宝贵的人力资源，尊重、信任、团结和赏识每一位教师 32. 校长是教师专业发展的第一责任人，将学校作为教师实现专业发展的主阵地 33. 尊重教师专业发展的规律，激发教师发展的内在动力
	专业知识与方法	34. 把握教师职业素养要求，明确教师的权利与义务 35. 掌握教师专业发展的理论以及指导教师开展教育教学实践与研究的方法 36. 掌握学习型组织建设的方法以及激励教师主动发展的策略
	专业能力与行为	37. 建立健全教师专业发展的制度，推行校本教研，完善教研训一体的机制，落实每位教师五年一周期不少于 360 学时的培训要求 38. 关注每一位教师的发展，指导教师根据自身发展特点制定专业发展计划，加强青年教师培养，支持教师轮岗交流，推进信息技术在教师专业发展中的应用 39. 扎实开展师德师风教育，落实教师职业道德规范要求，严禁教师体罚或变相体罚学生，严禁教师从事有偿补课 40. 维护和保障教师合法权益和待遇，关爱教师身心健康，建立优教优酬的激励制度
五 优化内部管理	专业理解与认识	41. 坚持依法治校，自觉接受师生员工和社会的监督 42. 崇尚以德立校，处事公正、严格律己、廉洁奉献 43. 倡导民主管理和科学管理，坚持教书育人、管理育人、服务育人
	专业知识与方法	44. 把握国家相关政策对校长的职责定位和工作要求 45. 掌握学校管理的基本理论与方法，了解国内外学校管理的变化趋势 46. 熟悉学校人事财务、资产后勤、校园网络、安全保卫与卫生健康等管理实务
	专业能力与行为	47. 形成学校领导班子的凝聚力，认真听取党组织对学校重大决策的意见，充分发挥党组织的政治核心作用 48. 尊重和支持教职工代表大会参与学校管理的民主权利，定期向教职工代表大会报告工作，实行校务会议等管理制度 49. 建立健全学校人事、财务、资产管理等规章制度，提高学校管理规范化水平，不得违反国家规定收取费用，不得以向学生推销或者变相推销商品、服务等方式谋取利益 50. 努力打造平安校园，建立和完善学校各种应急管理机制，定期实施安全演练，正确应对和妥善处置学校突发事件

续表

专业职责	专业要求	
六　调适外部环境	专业理解与认识	51. 坚持把服务社会（社区）作为学校的重要功能，勇于承担社会责任 52. 坚持把合作共赢作为学校对外关系准则，积极开展校内外合作与交流 53. 坚信学校与家庭、社会（社区）的良性互动是办学水平的重要体现
	专业知识与方法	54. 掌握学校公共关系及家校合作的理论与方法 55. 了解所在社区、学生家庭的基本情况，积极获取与学生成长、学校发展相关的信息 56. 熟悉各级各类社会公共服务机构的教育功能
	专业能力与行为	57. 优化外部育人环境，努力争取社会（社区）的教育资源对学校教育的支持 58. 充分发挥家长委员会支持学校工作的积极作用，引导社区和有关专业人士参与学校管理和监督，接受改进学校工作的合理建议 59. 建立健全家校合作育人机制，建立教师家访制度，通过家长学校、家长会、家长开放日等形式，指导和帮助家长了解学校工作情况和学生身心发展特点，掌握科学育人方法 60. 积极发挥学校在社区建设中的作用，鼓励并组织学校师生参与服务社会（社区）的有益活动